ZHIWU FANZUI DIAOCHA
SHIWU JIAOCHENG

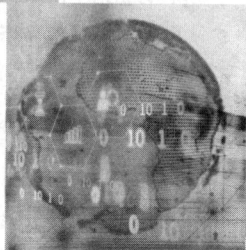

职务犯罪调查
实务教程

张 亮／著

中国检察出版社

图书在版编目（CIP）数据

职务犯罪调查实务教程／张亮著. —北京：中国检察出版社，2021.6
ISBN 978 - 7 - 5102 - 1794 - 4

Ⅰ.①职…　Ⅱ.①张…　Ⅲ.①职务犯罪 - 案件 - 调查研究 - 中国 - 教材
Ⅳ.①D924.304

中国版本图书馆 CIP 数据核字（2021）第 093284 号

职务犯罪调查实务教程

张　亮　著

责任编辑：杜英琴

技术编辑：王英英

美术编辑：曹　晓

出版发行：中国检察出版社

社　　址：北京市石景山区香山南路 109 号（100144）

网　　址：中国检察出版社（www. zgjccbs. com）

编辑电话：(010) 86423704

发行电话：(010) 86423726　86423727　86423728
　　　　　(010) 86423730　86423732

经　　销：新华书店

印　　刷：保定市中画美凯印刷有限公司

开　　本：710 mm × 960 mm　16 开

印　　张：14.5

字　　数：254 千字

版　　次：2021 年 6 月第一版　　2021 年 6 月第一次印刷

书　　号：ISBN 978 - 7 - 5102 - 1794 - 4

定　　价：48.00 元

目 录

第一章　职务犯罪概述

教学目的和要求：要求掌握职务犯罪的概况和基本原理

教学重点和难点：职务犯罪构成的种类、标准和要点

教学方法与手段：PPT 现场授课，结合办案实践讲解，完成作业

一、职务犯罪概念

（一）职务犯罪

职务就是经过一定的程序或手续，当事人依照法律或者接受委托，承担相应的职责与责任，是权力和义务的综合体。

职务犯罪就是利用职务产生的方便和条件进行犯罪。因为职务与权力密切相关，所以职务犯罪也是权力犯罪。

我国法律规定的职务犯罪具有公职、公权力的特征。这个公权力包括国家机构性质的公权力（国家性、全民性）；社会团体或者机构，管理社会公共事务的权力及依据法律成立的各种组织或者机构中管理公共事务、公共财产的权力（公务性、集体性）。

需要注意的是，监察体制改革前检察机关管辖的职务犯罪对象是拥有委任、委派、经手、经管特征的"国家工作人员"，监察体制改革后监察机关管辖的职务犯罪对象是拥有公共事务管理职能的"国家公职人员"、从事政务工作的人员、"国家和集体组织中的公职人员"。

（二）公权力与非公权力

通常所称的职务犯罪，是指公权力犯罪，受国家或者公共团体、组织委派或者委托承担具体的职务，拥有特定的具体权力的国家工作人员，利用其职务形成的方便和条件，故意或者过失实施与其职务有着内在必然联系的、触犯我国刑法且应当受到刑法处罚的行为。

二、职务犯罪主体

职务犯罪的主体范围包括：党政机关（国家公务员职务犯罪）；司法机关

（审判机关、检察机关工作人员职务犯罪）；行政执法机关（公安、海关、市场监督管理、税务等行政执法机关工作人员职务犯罪）；经济管理部门（政府经济管理部门，如通信管理、电力管理、金融管理、港口交通管理等行业、部门工作人员职务犯罪）；国有公司、企业、事业单位（从事管理的人员的犯罪，包括委派到非国有公司、企业、事业单位中从事管理的人员）；人民团体（国家机关、组织中的工会、团委、妇联等机关工作人员职务犯罪）；金融机构（国有银行、证券、保险等金融机构中的工作人员职务犯罪）；其他公职人员（受委托从事公务的人员、基层群众自治组织中管理人员职务犯罪）。

三、监察机关管辖的职务犯罪罪名及立案标准

2018 年 4 月 16 日，中央纪委、国家监委发布了《国家监察委员会管辖规定（试行）》，该规定列举了国家监委管辖的六大类 88 个职务犯罪案件罪名。

（一）贪污贿赂类犯罪

贪污贿赂类犯罪涉及刑法条文 24 条，包括 17 个罪名。

1. 贪污罪（《刑法》第 382 条、第 394 条、第 271 条第 2 款、第 183 条第 2 款）

贪污罪是指国家工作人员利用职务上的便利，侵吞、窃取、骗取或者以其他手段非法占有公共财物的行为。

（1）贪污数额在 3 万元以上不满 20 万元的，属于刑法的"数额较大"，依法判处 3 年以下有期徒刑或者拘役，并处罚金。

（2）贪污数额在 1 万元以上不满 3 万元，具有下列情形之一的，属于刑法规定的"其他较重情节"，依法判处 3 年以下有期徒刑或者拘役，并处罚金：

①贪污救灾、抢险、防汛、优抚、扶贫、移民、救济、防疫、社会捐助等特定款物的；

②曾因贪污、受贿、挪用公款受过党纪、行政处分的；

③曾因故意犯罪受过刑事追究的；

④赃款赃物用于非法活动的；

⑤拒不交待赃款赃物去向或者拒不配合追缴工作，致使无法追缴的；

⑥造成恶劣影响或者其他严重后果的。

（3）贪污数额在 20 万元以上不满 300 万元的，属于刑法规定的"数额巨大"，依法判处 3 年以上 10 年以下有期徒刑，并处罚金或者没收财产。

（4）贪污数额在 10 万元以上不满 20 万元，具有前述（2）中六种情形之一的，属于刑法规定的"其他严重情节"，依法判处 3 年以上 10 年以下有期徒刑，并处罚金或者没收财产。

（5）贪污数额在 300 万元以上的，属于刑法规定的"数额特别巨大"，依法判处 10 年以上有期徒刑、无期徒刑或者死刑，并处罚金或者没收财产。

（6）贪污数额在 150 万元以上不满 300 万元，具有前述（2）中六种情形之一的，属于刑法规定的"其他特别严重情节"，依法判处 10 年以上有期徒刑、无期徒刑或者死刑，并处罚金或者没收财产。

（7）贪污数额特别巨大，犯罪情节特别严重、社会影响特别恶劣、给国家和人民利益造成特别重大损失的，可以判处死刑。符合前述规定的情形，但具有自首，立功，如实供述自己罪行、真诚悔罪、积极退赃，或者避免、减少损害结果的发生等情节，不是必须立即执行的，可以判处死刑缓期二年执行。符合前述规定情形的，根据犯罪情节等情况可以判处死刑缓期二年执行，同时裁判决定在其死刑缓期执行二年期满依法减为无期徒刑后，终身监禁，不得减刑、假释。

2. 挪用公款罪（《刑法》第 384 条、第 185 条第 2 款）

国家工作人员利用职务上的便利，挪用公款归个人使用，进行非法活动的，或者挪用公款数额较大、进行营利活动的，或者挪用公款数额较大、超过三个月未还的，是挪用公款罪。

（1）挪用公款归个人使用，进行非法活动，数额在 3 万元以上的，应当以挪用公款罪追究刑事责任。

（2）挪用公款数额在 300 万元以上的，属于刑法规定的"数额巨大"。

（3）具有下列情形之一的，属于刑法规定的"情节严重"：

①挪用公款数额在 100 万元以上的；

②挪用救灾、抢险、防汛、优抚、扶贫、移民、救济特定款物，数额在 50 万元以上不满 100 万元的；

③挪用公款不退还，数额在 50 万元以上不满 100 万元的；

④其他严重的情节。

（4）挪用公款归个人使用，进行营利活动或者超过 3 个月未还，数额在 5 万元以上的，属于《刑法》第 384 条第 1 款规定的"数额较大"。

（5）数额在 500 万元以上的，属于《刑法》第 384 条第 1 款规定的"数额巨大"。

（6）具有下列情形之一的，属于《刑法》第 384 条第 1 款规定的"情节严重"：

①挪用公款数额在 200 万元以上的;

②挪用救灾、抢险、防汛、优抚、扶贫、移民、救济特定款物,数额在 100 万元以上不满 200 万元的;

③挪用公款不退还,数额在 100 万元以上不满 200 万元的;

④其他严重的情节。

3. 受贿罪(《刑法》第 385 条、第 388 条、第 184 条第 2 款、第 163 条第3 款)

受贿罪是指国家工作人员利用职务上的便利,索取他人财物的,或者非法收受他人财物,为他人谋取利益的行为。

(1)受贿数额在 3 万元以上不满 20 万元的,属于刑法规定的"数额较大",依法判处 3 年以下有期徒刑或者拘役,并处罚金。

(2)受贿数额在 1 万元以上不满 3 万元,具有下列情形之一的,属于刑法规定的"其他较重情节",依法判处 3 年以下有期徒刑或者拘役,并处罚金:

①曾因贪污、受贿、挪用公款受过党纪、行政处分的;

②曾因故意犯罪受过刑事追究的;

③赃款赃物用于非法活动的;

④拒不交待赃款赃物去向或者拒不配合追缴工作,致使无法追缴的;

⑤造成恶劣影响或者其他严重后果的;

⑥多次索贿的;

⑦为他人谋取不正当利益,致使公共财产、国家和人民利益遭受损失的;

⑧为他人谋取职务提拔、调整的。

(3)受贿数额在 20 万元以上不满 300 万元的,属于刑法规定的"数额巨大",依法判处 3 年以上 10 年以下有期徒刑,并处罚金或者没收财产。

(4)受贿数额在 10 万元以上不满 20 万元,具有前述(2)中八种情形之一的,属于刑法规定的"其他严重情节",依法判处 3 年以上 10 年以下有期徒刑,并处罚金或者没收财产。

(5)受贿数额在 300 万元以上的,属于刑法规定的"数额特别巨大",依法判处 10 年以上有期徒刑、无期徒刑或者死刑,并处罚金或者没收财产。

(6)受贿数额在 150 万元以上不满 300 万元,具有前述(2)中八种情形之一的,属于刑法规定的"其他特别严重情节",依法判处 10 年以上有期徒刑、无期徒刑或者死刑,并处罚金或者没收财产。

(7)受贿数额特别巨大,犯罪情节特别严重、社会影响特别恶劣、给国家和人民利益造成特别重大损失的，可以判处死刑。符合前述规定的情形，但具有自首，立功，如实供述自己罪行、真诚悔罪、积极退赃，或者避免、减少损害结果的发生等情节，不是必须立即执行的，可以判处死刑缓期二年执行。符合前述规定情形的，根据犯罪情节等情况可以判处死刑缓期二年执行，同时裁判决定在其死刑缓期执行二年期满依法减为无期徒刑后，终身监禁，不得减刑、假释。

4. 单位受贿罪《（刑法》第 387 条）

单位受贿罪是指国家机关、国有公司、企业、事业单位、人民团体，索取、非法收受他人财物，为他人谋取利益，情节严重的行为，或者在经济往来中，在账外暗中收受各种名义的回扣、手续费的行为。涉嫌下列情形之一的，应予立案：

（1）单位受贿数额在 10 万元以上的；

（2）单位受贿数额不满 10 万元，但具有下列情形之一的：

①故意刁难、要挟有关单位、个人，造成恶劣影响的；

②强行索取财物的；

③致使国家或者社会利益遭受重大损失的。

5. 利用影响力受贿罪（《刑法》第 388 条之一）

利用影响力受贿罪的定罪量刑适用标准，参照受贿罪的规定执行。

6. 行贿罪（《刑法》第 389 条）

（1）为谋取不正当利益，向国家工作人员行贿，数额在 3 万元以上的，应当以行贿罪追究刑事责任。

（2）行贿数额在 1 万元以上不满 3 万元，具有下列情形之一的，应当以行贿罪追究刑事责任：

①向三人以上行贿的；

②将违法所得用于行贿的；

③通过行贿谋取职务提拔、调整的；

④向负有食品、药品、安全生产、环境保护等监督管理职责的国家工作人员行贿，实施非法活动的；

⑤向司法工作人员行贿，影响司法公正的；

⑥造成经济损失数额在 50 万元以上不满 100 万元的。

（3）犯行贿罪，具有下列情形之一的，属于刑法规定的"情节严重"：

①行贿数额在 100 万元以上不满 500 万元的；

②行贿数额在 50 万元以上不满 100 万元，并具有前述（2）中第①至第⑤项

规定的情形之一的；

③其他严重的情节。

（4）为谋取不正当利益，向国家工作人员行贿，造成经济损失数额在 100 万元以上不满 500 万元的，属于刑法规定的"使国家利益遭受重大损失"。

（5）犯行贿罪，具有下列情形之一的，属于刑法规定的"情节特别严重"：

①行贿数额在 500 万元以上的；

②行贿数额在 250 万元以上不满 500 万元，并具有前述（2）中第①至第⑤项规定的情形之一的；

③其他特别严重的情节。

（6）为谋取不正当利益，向国家工作人员行贿，造成经济损失数额在 500 万元以上的，属于刑法规定的"使国家利益遭受特别重大损失"。

7. 对有影响力的人行贿罪（《刑法》第 390 条之一）

对有影响力的人行贿罪的定罪量刑适用标准，参照行贿罪的规定执行。

8. 对单位行贿罪（《刑法》第 391 条）

对单位行贿罪是指为谋取不正当利益，给予国家机关、国有公司、企业、事业单位、人民团体以财物，或者在经济往来中，违反国家规定，给予上述单位各种名义的回扣、手续费的行为。涉嫌下列情形之一的，应予立案：

（1）个人行贿数额在 10 万元以上、单位行贿数额在 20 万元以上的；

（2）个人行贿数额不满 10 万元、单位行贿数额在 10 万元以上不满 20 万元，但具有下列情形之一的：

①为谋取非法利益而行贿的；

②向三个以上单位行贿的；

③向党政机关、司法机关、行政执法机关行贿的；

④致使国家或者社会利益遭受重大损失的。

9. 介绍贿赂罪（《刑法》第 392 条）

介绍贿赂罪是指在行贿人与受贿人之间沟通、撮合，使贿赂行为得以实现，情节严重的行为。涉嫌下列情形之一的，应予立案：

（1）介绍个人向国家工作人员行贿，数额在 2 万元以上的；介绍单位向国家工作人员行贿，数额在 20 万元以上的；

（2）介绍贿赂数额不满上述标准，但具有下列情形之一的：

①为使行贿人获取非法利益而介绍贿赂的；

②三次以上或者为三人以上介绍贿赂的；

③向党政领导、司法工作人员、行政执法人员介绍贿赂的；

④致使国家或者社会利益遭受重大损失的。

10. 单位行贿罪（《刑法》第 393 条）

单位行贿罪是指公司、企业、事业单位、机关、团体为谋取不正当利益而行贿，或者违反国家规定，给予国家工作人员以回扣、手续费，情节严重的行为。涉嫌下列情形之一的，应予立案：

（1）单位行贿数额在 20 万元以上的；

（2）单位为谋取不正当利益而行贿，数额在 10 万元以上不满 20 万元，但具有下列情形之一的：

①为谋取非法利益而行贿的；

②向三人以上行贿的；

③向党政领导、司法工作人员、行政执法人员行贿的；

④致使国家或者社会利益遭受重大损失的。

11. 巨额财产来源不明罪（《刑法》第 395 条第 1 款）

巨额财产来源不明罪是指国家工作人员的财产或者支出明显超出合法收入，差额巨大，而本人又不能说明其来源是合法的行为。涉嫌巨额财产来源不明，数额在 30 万元以上的，应予立案。

12. 隐瞒境外存款罪（《刑法》第 395 条第 2 款）

隐瞒境外存款罪是指国家工作人员违反国家规定，故意隐瞒不报在境外的存款，数额较大的行为。

涉嫌隐瞒境外存款，折合人民币数额在 30 万元以上的，应予立案。

13. 私分国有资产罪（《刑法》第 396 条第 1 款）

私分国有资产罪是指国家机关、国有公司、企业、事业单位、人民团体，违反国家规定，以单位名义将国有资产集体私分给个人，数额较大的行为。涉嫌私分国有资产，累计数额在 10 万元以上的，应予立案。

14. 私分罚没财物罪（《刑法》第 396 条第 2 款）

私分罚没财物罪是指司法机关、行政执法机关违反国家规定，将应当上缴国家的罚没财物，以单位名义集体私分给个人的行为。涉嫌私分罚没财物，累计数额在 10 万元以上的，应予立案。

15. 非国家工作人员受贿罪（《刑法》第 163 条）

非国家工作人员受贿罪中的"数额较大""数额巨大"的数额起点，按照最高人民法院、最高人民检察院《关于办理贪污贿赂刑事案件适用法律若干问题的解释》关于受贿罪相对应的数额标准规定的 2 倍、5 倍执行。

16. 对非国家工作人员行贿罪（《刑法》第 164 条）

对非国家工作人员行贿罪中的"数额较大""数额巨大"的数额起点，按照最高人民法院、最高人民检察院《关于办理贪污贿赂刑事案件适用法律若干问题的解释》第 7 条、第 8 条第 1 款关于行贿罪的数额标准规定的 2 倍执行。

17. 对外国公职人员、国际公共组织官员行贿罪（《刑法》第 164 条第 2 款）

对外国公职人员、国际公共组织官员行贿罪的追诉立案标准参照行贿罪立案标准。

（二）滥用职权类犯罪

滥用职权类犯罪共涉及刑法条文 15 条，包括 15 个罪名。

1. 滥用职权罪（《刑法》第 397 条，全国人大常委会《关于惩治骗购外汇、逃汇和非法买卖外汇犯罪的决定》第 6 条）

滥用职权罪是指国家机关工作人员超越职权，违法决定、处理其无权决定、处理的事项，或者违反规定处理公务，致使公共财产、国家和人民利益遭受重大损失的行为。涉嫌下列情形之一的，应予立案：

（1）国家机关工作人员滥用职权，涉嫌下列情形之一的，属于"致使公共财产、国家和人民利益遭受重大损失"，处 3 年以下有期徒刑或者拘役：

①造成死亡 1 人以上，或者重伤 3 人以上，或者轻伤 9 人以上，或者重伤 2 人、轻伤 3 人以上，或者重伤 1 人、轻伤 6 人以上的；

②造成经济损失 30 万元以上的；

③造成恶劣社会影响的；

④其他致使公共财产、国家和人民利益遭受重大损失的情形。

（2）涉嫌下列情形之一的，属于"情节特别严重"，处 3 年以上 7 年以下有期徒刑：

①造成伤亡达到前款（1）中第①项规定人数 3 倍以上的；

②造成经济损失 150 万元以上的；

③造成前款规定的损失后果，不报、迟报、谎报或者授意、指使、强令他人不报、迟报、谎报事故情况，致使损失后果持续、扩大或者抢救工作延误的；

④造成特别恶劣社会影响的；

⑤其他特别严重的情节。

（3）国家机关工作人员滥用职权，具有下列情形之一，致使盗窃、抢劫、诈骗、抢夺的机动车被办理登记手续，数量达到 3 辆以上或者价值总额达到 30 万元以上的，以滥用职权罪定罪，处 3 年以下有期徒刑或者拘役：

①明知是登记手续不全或者不符合规定的机动车而办理登记手续的；

②指使他人为明知是登记手续不全或者不符合规定的机动车办理登记手续的；

③违规或者指使他人违规更改、调换车辆档案的；

④其他滥用职权的行为。国家机关工作人员实施前款行为，致使盗窃、抢劫、诈骗、抢夺的机动车被办理登记手续，达到前款规定数量、数额标准 5 倍以上的，或者明知是盗窃、抢劫、诈骗、抢夺的机动车而办理登记手续的，属于"情节特别严重"，处 3 年以上 7 年以下有期徒刑。国家机关工作人员徇私舞弊，实施上述行为，构成犯罪的，依照《刑法》第 397 条第 2 款的规定定罪处罚。

（4）林业主管部门工作人员之外的国家机关工作人员，违反森林法的规定，滥用职权，致使林木被滥伐 40 立方米以上或者幼树被滥伐 2000 株以上，或者致使防护林、特种用途林被滥伐 10 立方米以上或者幼树被滥伐 400 株以上，或者致使珍贵树木被采伐、毁坏 4 立方米或者 4 株以上，或者致使国家重点保护的其他植物被采伐、毁坏后果严重的，或者致使国家严禁采伐的林木被采伐、毁坏情节恶劣的，按照《刑法》第 397 条的规定，以滥用职权罪追究刑事责任。

2. 国有公司、企业、事业单位人员滥用职权罪（《刑法》第 168 条）

国有公司、企业、事业单位人员滥用职权罪，是指国有公司、企业、事业单位的工作人员，由于滥用职权，造成国有公司、企业破产或者严重亏损，致使国家利益遭受重大损失，以及国有事业单位的工作人员由于滥用职权，致使国家利益遭受重大损失的行为。国有公司、企业、事业单位的工作人员，滥用职权，涉嫌下列情形之一的，应予追诉，处 3 年以下有期徒刑或者拘役：

（1）造成国家直接经济损失数额在 30 万元以上的；

（2）造成有关单位破产，停业、停产 6 个月以上，或者被吊销许可证和营业执照、责令关闭、撤销、解散的；

（3）其他致使国家利益遭受重大损失的情形。

3. 滥用管理公司、证券职权罪（《刑法》第 403 条）

滥用管理公司、证券职权罪，是指工商行政管理、证券管理等国家有关主管部门的工作人员徇私舞弊，滥用职权，对不符合法律规定条件的公司设立、登记申请或者股票、债券发行、上市申请予以批准或者登记，致使公共财产、国家和人民利益遭受重大损失的行为，以及上级部门、当地政府强令登记机关及其工人员实施上述行为的行为。工商行政管理、证券管理等国家有关主管部门的工作人员，涉嫌下列情形之一的，应予立案：

（1）造成直接经济损失50万元以上的；

（2）工商管理部门的工作人员对不符合法律规定条件的公司设立、登记申请，违法予以批准、登记，严重扰乱市场秩序的；

（3）金融证券管理机构工作人员对不符合法律规定条件的股票、债券发行、上市申请，违法予以批准，严重损害公众利益，或者严重扰乱金融秩序的；

（4）工商管理部门、金融证券管理机构的工作人员对不符合法律规定条件的公司设立、登记申请或者股票、债券发行、上市申请违法予以批准或者登记，致使犯罪行为得逞的；

（5）上级部门、当地政府直接负责的主管人员强令登记机关及其工作人员，对不符合法律规定条件的公司设立、登记申请或者股票、债券发行、上市申请予以批准或者登记，致使公共财产、国家或者人民利益遭受重大损失的；

（6）其他致使公共财产、国家和人民利益遭受重大损失的情形。

4. 食品监管渎职罪（《刑法》第408条之一）

目前还没有具体的关于立案标准的司法解释，可参照玩忽职守等相关罪名。负有食品安全监督管理职责的国家机关工作人员，滥用职权或者玩忽职守，导致发生重大食品安全事故或者造成其他严重后果，同时构成食品监管渎职罪和徇私舞弊不移交刑事案件罪、商检徇私舞弊罪、动植物检疫徇私舞弊罪、放纵制售伪劣商品犯罪行为罪等其他渎职犯罪的，依照处罚较重的规定定罪处罚。负有食品安全监督管理职责的国家机关工作人员滥用职权或者玩忽职守，不构成食品监管渎职罪，但构成前款规定的其他渎职犯罪的，依照该其他犯罪定罪处罚。负有食品安全监督管理职责的国家机关工作人员与他人共谋，利用其职务行为帮助他人实施危害食品安全犯罪行为，同时构成渎职犯罪和危害食品安全犯罪共犯的，依照处罚较重的规定定罪处罚。

5. 故意泄露国家秘密罪（《刑法》第398条）

故意泄露国家秘密罪，是指国家机关工作人员违反保守国家秘密法，故意使国家秘密被不应知悉者知悉，或者故意使国家秘密超出了限定的接触范围，情节严重的行为。国家机关工作人员涉嫌故意泄露国家秘密行为，具有下列情形之一的，应予立案：

（1）泄露绝密级国家秘密1项（件）以上的；

（2）泄露机密级国家秘密2项（件）以上的；

（3）泄露秘密级国家秘密 3 项（件）以上的；

（4）向非境外机构、组织、人员泄露国家秘密，造成或者可能造成危害社会稳定、经济发展、国防安全或者其他严重危害后果的；

（5）通过口头、书面或者网络等方式向公众散布、传播国家秘密的；

（6）利用职权指使或者强迫他人违反国家保守秘密法的规定泄露国家秘密的；

（7）以牟取私利为目的泄露国家秘密的；

（8）其他情节严重的情形。

6. 报复陷害罪（《刑法》第 254 条）

报复陷害罪，是指国家机关工作人员滥用职权、假公济私，对控告人、申诉人、批评人、举报人实行打击报复、陷害的行为。涉嫌下列情形之一的，应予立案：

（1）报复陷害，情节严重，导致控告人、申诉人、批评人、举报人或者其近亲属自杀、自残造成重伤、死亡，或者精神失常的；

（2）致使控告人、申诉人、批评人、举报人或者其近亲属的其他合法权利受到严重损害的；

（3）其他报复陷害应予追究刑事责任的情形。

7. 阻碍解救被拐卖、绑架妇女、儿童罪（《刑法》第 416 条第 2 款）

阻碍解救被拐卖、绑架妇女、儿童罪，是指对被拐卖、绑架的妇女、儿童负有解救职责的公安、司法等国家机关工作人员利用职务阻碍解救被拐卖、绑架的妇女、儿童的行为。涉嫌下列情形之一的，应予立案：

（1）利用职权，禁止、阻止或者妨碍有关部门、人员解救被拐卖、绑架的妇女、儿童的；

（2）利用职务上的便利，向拐卖、绑架者或者收买者通风报信，妨碍解救工作正常进行的；

（3）其他利用职务阻碍解救被拐卖、绑架的妇女、儿童应予追究刑事责任的情形。

8. 帮助犯罪分子逃避处罚罪（《刑法》第 417 条）

帮助犯罪分子逃避处罚罪，是指有查禁犯罪活动职责的司法及公安、国家安全、海关、税务等国家机关工作人员，向犯罪分子通风报信、提供便利，帮助犯罪分子逃避处罚的行为。涉嫌下列情形之一的，应予立案：

（1）向犯罪分子泄露有关部门查禁犯罪活动的部署、人员、措施、时间、地点等情况的；

（2）向犯罪分子提供钱物、交通工具、通讯设备、隐藏处所等便利条件的；

（3）向犯罪分子泄露案情的；

（4）帮助、示意犯罪分子隐匿、毁灭、伪造证据，或者串供、翻供的；

（5）其他帮助犯罪分子逃避处罚应予追究刑事责任的情形。

9. 违法发放林木采伐许可证罪（《刑法》第407条）

违法发放林木采伐许可证罪，是指林业主管部门的工作人员违反森林法的规定，超过批准的年采伐限额发放林木采伐许可证或者违反规定滥发林木采伐许可证，情节严重，致使森林遭受严重破坏的行为。涉嫌下列情形之一的，应予立案：

（1）发放林木采伐许可证允许采伐数量累计超过批准的年采伐限额，导致林木被超限额采伐10立方米以上的；

（2）滥发林木采伐许可证，导致林木被滥伐20立方米以上，或者导致幼树被滥伐1000株以上的；

（3）滥发林木采伐许可证，导致防护林、特种用途林被滥伐5立方米以上，或者幼树被滥伐200株以上的；

（4）滥发林木采伐许可证，导致珍贵树木或者国家重点保护的其他树木被滥伐的；

（5）滥发林木采伐许可证，导致国家禁止采伐的林木被采伐的；

（6）其他情节严重，致使森林遭受严重破坏的情形。

林业主管部门工作人员之外的国家机关工作人员，违反森林法的规定，滥用职权或者玩忽职守，致使林木被滥伐40立方米以上或者幼树被滥伐2000株以上，或者致使防护林、特种用途林被滥伐10立方米以上或者幼树被滥伐400株以上，或者致使珍贵树木被采伐、毁坏4立方米或者4株以上，或者致使国家重点保护的其他植物被采伐、毁坏后果严重的，或者致使国家严禁采伐的林木被采伐、毁坏情节恶劣的，以滥用职权罪或者玩忽职守罪追究刑事责任。

10. 办理偷越国（边）境人员出入境证件罪（《刑法》第415条）

办理偷越国（边）境人员出入境证件罪，是指负责办理护照、签证以及其他出入境证件的国家机关工作人员，对明知是企图偷越国（边）境的人员，予以办理出入境证件的行为。

负责办理护照、签证以及其他出入境证件的国家机关工作人员涉嫌在办理护照、签证以及其他出入境证件的过程中，对明知是企图偷越国（边）境的人员而予以办理出入境证件的，应予立案。

11. 放行偷越国（边）境人员罪（《刑法》第 415 条）

放行偷越国（边）境人员罪，是指边防、海关等国家机关工作人员，对明知是偷越国（边）境的人员予以放行的行为。边防、海关等国家机关工作人员涉嫌在履行职务过程中，对明知是偷越国（边）境的人员而予以放行的，应予立案。

12. 挪用特定款物罪（《刑法》第 273 条）

挪用特定款物罪的立案标准与挪用公款罪、挪用资金罪立案标准相同。挪用用于救灾、抢险、防汛、优抚、扶贫、移民、救济款物归个人使用的，从重处罚。

13. 非法剥夺公民宗教信仰自由罪（《刑法》第 251 条）

非法剥夺公民宗教信仰自由罪，是指国家机关工作人员非法剥夺公民的宗教信仰自由，情节严重的行为。

情节严重，是指非法剥夺宗教信仰自由的手段恶劣，造成被害人精神失常或自杀等严重后果的情况，应当立案追究。

14. 侵犯少数民族风俗习惯罪（《刑法》第 251 条）

侵犯少数民族风俗习惯罪，是指国家机关工作人员侵犯少数民族风俗习惯，情节严重的行为。情节严重，即多次或多人侵犯、手段恶劣、引起民族纠纷、民族矛盾的，造成骚乱、示威游行或社会秩序严重混乱，产生恶劣的政治影响的，应立案追究。

15. 打击报复会计、统计人员罪（《刑法》第 255 条）

打击报复会计、统计人员罪，是指公司、企业、事业单位、机关、团体的领导人员，对依法履行职责，抵制违反会计法、统计法行为的会计、统计人员实行打击报复，情节恶劣的行为。打击报复会计、统计人员罪的立案标准可参照报复陷害罪立案标准。

（三）玩忽职守类犯罪

玩忽职守类犯罪共涉及刑法条文 11 条，包括 11 个罪名。

1. 玩忽职守罪（《刑法》第 397 条，全国人大常委会《关于惩治骗购外汇、逃汇和非法买卖外汇犯罪的决定》第 6 条）

玩忽职守罪，是指国家机关工作人员严重不负责任，不履行或者不认真履行职责，致使公共财产、国家和人民利益遭受重大损失的行为。国家机关工作人员涉嫌下列情形之一的，应予立案：

（1）涉嫌下列情形之一的，属于"致使公共财产、国家和人民利益遭受重大损失"，处 3 年以下有期徒刑或者拘役：

①造成死亡 1 人以上，或者重伤 3 人以上，或者轻伤 9 人以上，或者重伤 2 人、轻伤 3 人以上，或者重伤 1 人、轻伤 6 人以上的；

②造成经济损失 30 万元以上的；

③造成恶劣社会影响的；

④其他致使公共财产、国家和人民利益遭受重大损失的情形。

（2）涉嫌下列情形之一的，属于"情节特别严重"，处 3 年以上 7 年以下有期徒刑：

①造成伤亡达到前款第①项规定人数 3 倍以上的；

②造成经济损失 150 万元以上的；

③造成前款规定的损失后果，不报、迟报、谎报或者授意、指使、强令他人不报、迟报、谎报事故情况，致使损失后果持续、扩大或者抢救工作延误的；

④造成特别恶劣社会影响的；

⑤其他特别严重的情节。

（3）国家机关工作人员疏于审查或者审查不严，致使盗窃、抢劫、诈骗、抢夺的机动车被办理登记手续，数量达到 5 辆以上或者价值总额达到 50 万元以上的，以玩忽职守罪定罪，处 3 年以下有期徒刑或者拘役。国家机关工作人员实施前款行为，致使盗窃、抢劫、诈骗、抢夺的机动车被办理登记手续，达到前款规定数量、数额标准 5 倍以上的，或者明知是盗窃、抢劫、诈骗、抢夺的机动车而办理登记手续的，属于"情节特别严重"，处 3 年以上 7 年以下有期徒刑。国家机关工作人员徇私舞弊，实施上述行为，构成犯罪的，依照《刑法》第 397 条第 2 款的规定定罪处罚。

（4）林业主管部门工作人员之外的国家机关工作人员，违反森林法的规定，滥用职权，致使林木被滥伐 40 立方米以上或者幼树被滥伐 2000 株以上，或者致使防护林、特种用途林被滥伐 10 立方米以上或者幼树被滥伐 400 株以上，或者致使珍贵树木被采伐、毁坏 4 立方米或者 4 株以上，或者致使国家重点保护的其他植物被采伐、毁坏后果严重的，或者致使国家严禁采伐的林木被采伐、毁坏情节恶劣的，以滥用职权罪追究刑事责任。

2. 国有公司、企业、事业单位人员失职罪（《刑法》第 168 条）

国有公司、企业、事业单位人员失职罪，是指国有公司、企业、事业单位的工作人员，由于严重不负责任，造成国有公司、企业破产或者严重亏损，致使国家利益遭受重大损失，以及国有事业单位的工作人员由于严重不负责任，致使国家利益遭受重大损失的行为。国有公司、企业、事业单位的工作人员，严重不负责任，涉嫌下列情形之一的，应予追诉，处 3 年以下有期徒刑或者拘役：

（1）造成国家直接经济损失数额在 50 万元以上的；

（2）造成有关单位破产，停业、停产 1 年以上，或者被吊销许可证和营业执照、责令关闭、撤销、解散的；

（3）其他致使国家利益遭受重大损失的情形。

3. 签订、履行合同失职被骗罪（《刑法》第 167 条）

签订、履行合同失职被骗罪，是指国有公司、企业、事业单位直接负责的主管人员，在签订、履行合同过程中，因严重不负责任而被诈骗，致使国家利益遭受重大损失的行为。国有公司、企业、事业单位直接负责的主管人员，在签订、履行合同过程中，因严重不负责任被诈骗，涉嫌下列情形之一的，应予立案追诉，处 3 年以下有期徒刑或者拘役：

（1）造成国家直接经济损失数额在 50 万元以上的；

（2）造成有关单位破产，停业、停产 6 个月以上，或者被吊销许可证和营业执照、责令关闭、撤销、解散的；

（3）其他致使国家利益遭受重大损失的情形。

金融机构、从事对外贸易经营活动的公司、企业的工作人员严重不负责任，造成 100 万美元以上外汇被骗购或者逃汇 1000 万美元以上的，应予立案追诉。本条规定的"诈骗"，是指对方当事人的行为已经涉嫌诈骗犯罪，不以对方当事人已经被人民法院判决构成诈骗犯罪作为立案追诉的前提。

4. 国家机关工作人员签订、履行合同失职被骗罪（《刑法》第 406 条）

国家机关工作人员签订、履行合同失职被骗罪，是指国家机关工作人员在签订、履行合同过程中，因严重不负责任，不履行或者不认真履行职责被诈骗，致使国家利益遭受重大损失的行为。国家机关工作人员涉嫌下列情形之一的，应予立案：

（1）造成直接经济损失 30 万元以上，或者直接经济损失不满 30 万元，但间接经济损失 150 万元以上的；

（2）其他致使国家利益遭受重大损失的情形。

5. 环境监管失职罪（《刑法》第 408 条）

负有环境保护监督管理职责的国家机关工作人员严重不负责任，不履行或者不认真履行环境保护监管职责导致发生重大环境污染事故，致使公私财产损失30万元以上，或者涉嫌下列情形之一的，属于"致使公私财产遭受重大损失或者造成人身伤亡的严重后果"，应予立案，处3年以下有期徒刑或者拘役：

（1）造成生态环境严重损害的；

（2）致使乡镇以上集中式饮用水水源取水中断12小时以上的；

（3）致使基本农田、防护林地、特种用途林地5亩以上，其他农用地10亩以上，其他土地20亩以上基本功能丧失或者遭受永久性破坏的；

（4）致使森林或者其他林木死亡50立方米以上，或者幼树死亡2500株以上的；

（5）致使疏散、转移群众5000人以上的；

（6）致使30人以上中毒的；

（7）致使3人以上轻伤、轻度残疾或者器官组织损伤导致一般功能障碍的；

（8）致使1人以上重伤、中度残疾或者器官组织损伤导致严重功能障碍的；

（9）其他严重污染环境的情形。

6. 传染病防治失职罪（《刑法》第409条）

传染病防治失职罪，是指从事传染病防治的政府卫生行政部门的工作人员严重不负责任，不履行或者不认真履行传染病防治监管职责，导致传染病传播或者流行，情节严重的行为。

（1）涉嫌下列情形之一的，应予立案：

①导致甲类传染病传播的；

②导致乙类、丙类传染病流行的；

③因传染病传播或者流行，造成人员重伤或者死亡的；

④因传染病传播或者流行，严重影响正常的生产、生活秩序的；

⑤在国家对突发传染病疫情等灾害采取预防、控制措施后，对发生突发传染病疫情等灾害的地区或者突发传染病病人、病原携带者、疑似突发传染病病人，未按照预防、控制突发传染病疫情等灾害工作规范的要求做好防疫、检疫、隔离、防护、救治等工作，或者采取的预防、控制措施不当，造成传染范围扩大或者疫情、灾情加重的；

⑥在国家对突发传染病疫情等灾害采取预防、控制措施后，隐瞒、缓报、谎报或者授意、指使、强令他人隐瞒、缓报、谎报疫情、灾情，造成传染范围扩大或者疫情、灾情加重的；

⑦在国家对突发传染病疫情等灾害采取预防、控制措施后，拒不执行突发传

染病疫情等灾害应急处理指挥机构的决定、命令，造成传染范围扩大或者疫情、灾情加重的；

⑧其他情节严重的情形。

（2）在预防、控制突发传染病疫情等灾害期间，从事传染病防治的政府卫生行政部门的工作人员，或者在受政府卫生行政部门委托代表政府卫生行政部门行使职权的组织中从事公务的人员，或者虽未列入政府卫生行政部门人员编制但在政府卫生行政部门从事公务的人员，在代表政府卫生行政部门行使职权时，严重不负责任，导致传染病传播或者流行，情节严重的，依照《刑法》第409条的规定，以传染病防治失职罪定罪处罚。

在国家对突发传染病疫情等灾害采取预防、控制措施后，具有下列情形之一的，属于《刑法》第409条规定的"情节严重"，应予立案，处3年以下有期徒刑或者拘役：

①对发生突发传染病疫情等灾害的地区或者突发传染病病人、病原携带者、疑似突发传染病病人，未按照预防、控制突发传染病疫情等灾害工作规范的要求做好防疫、检疫、隔离、防护、救治等工作，或者采取的预防、控制措施不当，造成传染范围扩大或者疫情、灾情加重的；

②隐瞒、缓报、谎报或者授意、指使、强令他人隐瞒、缓报、谎报疫情、灾情，造成传染范围扩大或者疫情、灾情加重的；

③拒不执行突发传染病疫情等灾害应急处理指挥机构的决定、命令，造成传染范围扩大或者疫情、灾情加重的；

④具有其他严重情节的。

7. 商检失职罪（《刑法》第412条第2款）

商检失职罪，是指出入境检验检疫机关、检验检疫机构工作人员严重不负责任，对应当检验的物品不检验，或者延误检验出证、错误出证，致使国家利益遭受重大损失的行为。

涉嫌下列情形之一的，应予立案：

（1）致使不合格的食品、药品、医疗器械等商品出入境，严重危害生命健康的；

（2）造成个人财产直接经济损失15万元以上，或者直接经济损失不满15万元，但间接经济损失75万元以上的；

（3）造成公共财产、法人或者其他组织财产直接经济损失30万元以上，或者直接经济损失不满30万元，但间接经济损失150万元以上的；

（4）未经检验，出具合格检验结果，致使国家禁止进口的固体废物、液态废物和气态废物等进入境内的；

（5）不检验或者延误检验出证、错误出证，引起国际经济贸易纠纷，严重影响国家对外经贸关系，或者严重损害国家声誉的；

（6）其他致使国家利益遭受重大损失的情形。

8. 动植物检疫失职罪（《刑法》第413条第2款）

动植物检疫失职罪，是指出入境检验检疫机关、检验检疫机构工作人员严重不负责任，对应当检疫的检疫物不检疫，或者延误检疫出证、错误出证，致使国家利益遭受重大损失的行为。涉嫌下列情形之一的，应予立案：

（1）导致疫情发生，造成人员重伤或者死亡的；

（2）导致重大疫情发生、传播或者流行的；

（3）造成个人财产直接经济损失15万元以上，或者直接经济损失不满15万元，但间接经济损失75万元以上的；

（4）造成公共财产或者法人、其他组织财产直接经济损失30万元以上，或者直接经济损失不满30万元，但间接经济损失150万元以上的；

（5）不检疫或者延误检疫出证、错误出证，引起国际经济贸易纠纷，严重影响国家对外经贸关系，或者严重损害国家声誉的；

（6）其他致使国家利益遭受重大损失的情形。

9. 不解救被拐卖、绑架妇女、儿童罪（《刑法》第416条第1款）

不解救被拐卖、绑架妇女、儿童罪，是指对被拐卖、绑架的妇女、儿童负有解救职责的公安、司法等国家机关工作人员接到被拐卖、绑架的妇女、儿童及其家属的解救要求或者接到其他人的举报，而对被拐卖、绑架的妇女、儿童不进行解救，造成严重后果的行为。涉嫌下列情形之一的，应予立案：

（1）导致被拐卖、绑架的妇女、儿童或者其家属重伤、死亡或者精神失常的；

（2）导致被拐卖、绑架的妇女、儿童被转移、隐匿、转卖，不能及时进行解救的；

（3）对被拐卖、绑架的妇女、儿童不进行解救3人次以上的；

（4）对被拐卖、绑架的妇女、儿童不进行解救，造成恶劣社会影响的；

（5）其他造成严重后果的情形。

10. 失职造成珍贵文物损毁、流失罪（《刑法》第419条）

失职造成珍贵文物损毁、流失罪，是指文物行政部门、公安机关、工商行政管理部门、海关、城乡建设规划部门等国家机关工作人员严重不负责任，造成珍贵文物损毁或者流失，后果严重的行为。涉嫌下列情形之一的，应予立案：

（1）导致国家一、二、三级珍贵文物损毁或者流失的；

（2）导致全国重点文物保护单位或者省、自治区、直辖市级文物保护单位损毁的；

（3）其他后果严重的情形。

11. 过失泄露国家秘密罪（《刑法》第398条）

过失泄露国家秘密罪，是指国家机关工作人员违反保守国家秘密法，过失泄露国家秘密，或者遗失秘密文件，致使国家秘密被不应知悉者知悉或者超出了限定的接触范围，情节严重的行为。国家机关工作人员涉嫌过失泄露国家秘密行为，具有下列情形之一的，应予立案：

（1）泄露绝密级国家秘密1项（件）以上的；

（2）泄露机密级国家秘密3项（件）以上的；

（3）泄露秘密级国家秘密4项（件）以上的；

（4）违反保密规定，将涉及国家秘密的计算机或者计算机信息系统与互联网相连接，泄露国家秘密的；

（5）泄露国家秘密或者遗失国家秘密载体，隐瞒不报、不如实提供有关情况或者不采取补救措施的；

（6）其他情节严重的情形。

（四）徇私舞弊类犯罪

徇私舞弊类犯罪共涉及刑法条文15条，包括15个罪名。

1. 徇私舞弊低价折股、出售国有资产罪（《刑法》第169条）

徇私舞弊低价折股、出售国有资产罪，是指国有公司、企业或者其上级主管部门直接负责的主管人员，徇私舞弊，将国有资产低价折股或者低价出售，致使国家利益遭受重大损失的行为。国有公司、企业或者其上级主管部门直接负责的主管人员，徇私舞弊，将国有资产低价折股或者低价出售，涉嫌下列情形之一的，应予立案追诉，处3年以下有期徒刑或者拘役：

（1）造成国家直接经济损失数额在30万元以上的；

（2）造成有关单位破产，停业、停产6个月以上，或者被吊销许可证和营业执照、责令关闭、撤销、解散的；

（3）其他致使国家利益遭受重大损失的情形。

2. 非法批准征收、征用、占用土地罪（《刑法》第 410 条）

非法批准征收、征用、占用土地罪，是指国家机关工作人员徇私舞弊，违反土地管理法、森林法、草原法等法律以及有关行政法规中关于土地管理的规定，滥用职权，非法批准征收、征用、占用耕地、林地等农用地以及其他土地，情节严重的行为。

（1）涉嫌下列情形之一的，属于"情节严重"，应予立案，处 3 年以下有期徒刑或者拘役：

①非法批准征收、征用、占用基本农田 10 亩以上的；

②非法批准征收、征用、占用基本农田以外的耕地 30 亩以上的；

③非法批准征收、征用、占用其他土地 50 亩以上的；

④虽未达到上述数量标准，但造成有关单位、个人直接经济损失 30 万元以上，或者造成耕地大量毁坏或者植被遭到严重破坏的；

⑤非法批准征收、征用、占用土地，影响群众生产、生活，引起纠纷，造成恶劣影响或者其他严重后果的；

⑥非法批准征收、征用、占用防护林地、特种用途林地分别或者合计 10 亩以上的；

⑦非法批准征收、征用、占用其他林地 20 亩以上的；

⑧非法批准征收、征用、占用林地造成直接经济损失 30 万元以上，或者造成防护林地、特种用途林地分别或者合计 5 亩以上或者其他林地 10 亩以上毁坏的；

⑨非法批准征收、征用、占用草原 40 亩以上的；

⑩非法批准征收、征用、占用草原，造成 20 亩以上草原被毁坏的；

⑪其他情节严重的情形。

（2）涉嫌下列情形之一的，属于"致使国家或者集体利益遭受特别重大损失"，处 3 年以上 7 年以下有期徒刑：

①非法批准征收、征用、占用基本农田 20 亩以上的；

②非法批准征收、征用、占用基本农田以外的耕地 60 亩以上的；

③非法批准征收、征用、占用其他土地 100 亩以上的；

④非法批准征收、征用、占用土地，造成基本农田 5 亩以上，其他耕地 10 亩以上严重毁坏的；

⑤非法批准征收、征用、占用土地造成直接经济损失 50 万元以上等恶劣情节的；

⑥非法批准征收、征用、占用防护林地、特种用途林地数量分别或者合计达到 20 亩以上;

⑦非法批准征收、征用、占用其他林地数量达到 40 亩以上;

⑧非法批准征收、征用、占用林地造成直接经济损失数额达到 60 万元以上,或者造成前述第①项规定的林地数量分别或者合计达到 10 亩以上或者前述第②项规定的林地数量达到 20 亩以上毁坏;

⑨非法批准征收、征用、占用草原 80 亩以上的;

⑩非法批准征收、征用、占用草原,造成 40 亩以上草原被毁坏的;

⑪非法批准征收、征用、占用草原,造成直接经济损失 60 万元以上,或者具有其他特别恶劣情节的。

3. 非法低价出让国有土地使用权罪(《刑法》第 410 条)

非法低价出让国有土地使用权罪,是指国家机关工作人员徇私舞弊,违反土地管理法规,滥用职权,非法低价出让国有土地使用权,情节严重的行为。涉嫌下列情形之一的,应予立案:

(1)非法低价(包括无偿)出让国有土地使用权 2 公顷(30 亩)以上,并且价格低于规定的最低价格的 60% 的;

(2)非法低价出让国有土地使用权的数量虽未达到上述标准,但造成国有土地资产流失价值 20 万元以上或者植被遭到严重破坏的;

(3)非法低价出让国有土地使用权,影响群众生产、生活,引起纠纷,造成恶劣影响或者其他严重后果的。

4. 非法经营同类营业罪(《刑法》第 165 条)

非法经营同类营业罪,是指国有公司、企业的董事、经理利用职务便利,自己经营或者为他人经营与其所任职公司、企业同类的营业,谋取非法利益、数额巨大的行为。国有公司、企业的董事、经理利用职务便利,自己经营或者为他人经营与其所任职公司、企业同类的营业,获取非法利益,数额在 10 万元以上的,应予立案追诉,处 3 年以下有期徒刑或者拘役,并处或者单处罚金。

5. 为亲友非法牟利罪(《刑法》第 166 条)

为亲友非法牟利罪,是指国有公司、企业、事业单位的工作人员,利用职务便利,将本单位的盈利业务交由自己的亲友进行经营,或者以明显高于市场的价格向自己的亲友经营管理的单位采购商品或者以明显低于市场的价格向自己的亲友经营管理的单位销售商品,或者向自己的亲友经营管理的单位采购不合格商品,致使国家利益遭受重大损失的行为。国有公司、企业、事业单位的工作人员，利用职务便利，为亲友非法牟利，涉嫌下列情形之一的，应予追诉，处3年以下有期徒刑或者拘役，并处或者单处罚金：

（1）造成国家直接经济损失数额在10万元以上的；

（2）使其亲友非法获利数额在20万元以上的；

（3）致使有关单位破产，停产、停业6个月以上或者被吊销许可证和营业执照、责令关闭、撤销、解散的；

（4）其他致使国家利益遭受重大损失的情形。

6.枉法仲裁罪（《刑法》第399条之一）

枉法仲裁罪，是指依法承担仲裁职责的人员，在仲裁活动中故意违背事实和法律作出枉法裁决，情节严重的行为。目前还没有具体的关于立案标准的司法解释，可以参照滥用职权等相关罪名把握立案条件。

7.徇私舞弊发售发票、抵扣税款、出口退税罪（《刑法》第405条第1款）

徇私舞弊发售发票、抵扣税款、出口退税罪，是指税务机关工作人员违反法律、行政法规的规定，在办理发售发票、抵扣税款、出口退税工作中徇私舞弊，致使国家利益遭受重大损失的行为。涉嫌下列情形之一的，应予立案：

（1）徇私舞弊，致使国家税收损失累计达10万元以上的；

（2）徇私舞弊，致使国家税收损失累计不满10万元，但发售增值税专用发票25份以上或者其他发票50份以上或者增值税专用发票与其他发票合计50份以上，或者具有索取、收受贿赂或者其他恶劣情节的；

（3）其他致使国家利益遭受重大损失的情形。

8.商检徇私舞弊罪（《刑法》第412条第1款）

商检徇私舞弊罪，是指出入境检验检疫机关、检验检疫机构工作人员徇私舞弊，伪造检验结果的行为。涉嫌下列情形之一的，应予立案：

（1）采取伪造、变造的手段对报检的商品的单证、印章、标志、封识、质量认证标志等作虚假的证明或者出具不真实的证明结论的；

（2）将送检的合格商品检验为不合格，或者将不合格商品检验为合格的；

（3）对明知是不合格的商品，不检验而出具合格检验结果的；

（4）其他伪造检验结果应予追究刑事责任的情形。

9.动植物检疫徇私舞弊罪（《刑法》第413条第1款）

动植物检疫徇私舞弊罪，是指出入境检验检疫机关、检验检疫机构工作人员徇私舞弊，伪造检疫结果的行为。涉嫌下列情形之一的，应予立案：

（1）采取伪造、变造的手段对检疫的单证、印章、标志、封识等作虚假的证明或者出具不真实的结论的；

（2）将送检的合格动植物检疫为不合格，或者将不合格动植物检疫为合格的；

（3）对明知是不合格的动植物，不检疫而出具合格检疫结果的；

（4）其他伪造检疫结果应予追究刑事责任的情形。

10. 放纵走私罪（《刑法》第 411 条）

放纵走私罪，是指海关工作人员徇私舞弊，放纵走私，情节严重的行为。涉嫌下列情形之一的，应予立案：

（1）放纵走私犯罪的；

（2）因放纵走私致使国家应收税额损失累计达 10 万元以上的；

（3）放纵走私行为 3 起次以上的；

（4）放纵走私行为，具有索取或者收受贿赂情节的；

（5）其他情节严重的情形。

11. 放纵制售伪劣商品犯罪行为罪（《刑法》第 414 条）

放纵制售伪劣商品犯罪行为罪，是指对生产、销售伪劣商品犯罪行为负有追究责任的国家机关工作人员徇私舞弊，不履行法律规定的追究职责，情节严重的行为。涉嫌下列情形之一的，应予立案：

（1）放纵生产、销售假药或者有毒、有害食品犯罪行为的；

（2）放纵生产、销售伪劣农药、兽药、化肥、种子犯罪行为的；

（3）放纵依法可能判处 3 年有期徒刑以上刑罚的生产、销售伪劣商品犯罪行为的；

（4）对生产、销售伪劣商品犯罪行为不履行追究职责，致使生产、销售伪劣商品犯罪行为得以继续的；

（5）3 次以上不履行追究职责，或者对 3 个以上有生产、销售伪劣商品犯罪行为的单位或者个人不履行追究职责的；

（6）其他情节严重的情形。

12. 招收公务员、学生徇私舞弊罪（《刑法》第 418 条）

招收公务员、学生徇私舞弊罪，是指国家机关工作人员在招收公务员、省级以上教育行政部门组织招收的学生工作中徇私舞弊，情节严重的行为。涉嫌下列情形之一的，应予立案：

（1）徇私舞弊，利用职务便利，伪造、变造人事、户口档案、考试成绩或者其他影响招收工作的有关资料，或者明知是伪造、变造的上述材料而予以认

可的;

（2）徇私舞弊，利用职务便利，帮助5名以上考生作弊的;

（3）徇私舞弊招收不合格的公务员、学生3人次以上的;

（4）因徇私舞弊招收不合格的公务员、学生，导致被排挤的合格人员或者其近亲属自杀、自残造成重伤、死亡，或者精神失常的;

（5）因徇私舞弊招收公务员、学生，导致该项招收工作重新进行的;

（6）其他情节严重的情形。

13. 徇私舞弊不移交刑事案件罪（《刑法》第402条）

徇私舞弊不移交刑事案件罪，是指工商行政管理、税务、监察等行政执法人员，徇私舞弊，对依法应当移交司法机关追究刑事责任的案件不移交，情节严重的行为。涉嫌下列情形之一的，应予立案:

（1）对依法可能判处3年以上有期徒刑、无期徒刑、死刑的犯罪案件不移交的;

（2）不移交刑事案件涉及3人次以上的;

（3）司法机关提出意见后，无正当理由仍然不予移交的;

（4）以罚代刑，放纵犯罪嫌疑人，致使犯罪嫌疑人继续进行违法犯罪活动的;

（5）行政执法部门主管领导阻止移交的;

（6）隐瞒、毁灭证据，伪造材料，改变刑事案件性质的;

（7）直接负责的主管人员和其他直接责任人员为牟取本单位私利而不移交刑事案件，情节严重的;

（8）其他情节严重的情形。

14. 违法提供出口退税凭证罪（《刑法》第405条第2款）

违法提供出口退税凭证罪，是指海关、外汇管理等国家机关工作人员违反国家规定，在提供出口货物报关单、出口收汇核销单等出口退税凭证的工作中徇私舞弊，致使国家利益遭受重大损失的行为。涉嫌下列情形之一的，应予立案:

（1）徇私舞弊，致使国家税收损失累计达10万元以上的;

（2）徇私舞弊，致使国家税收损失累计不满10万元，但具有索取、收受贿赂或者其他恶劣情节的;

（3）其他致使国家利益遭受重大损失的情形。

15. 徇私舞弊不征、少征税款罪（《刑法》第404条）

徇私舞弊不征、少征税款罪，是指税务机关工作人员徇私舞弊，不征、少征应征税款，致使国家税收遭受重大损失的行为。涉嫌下列情形之一的，应予立案：

（1）徇私舞弊不征、少征应征税款，致使国家税收损失累计达10万元以上的；

（2）上级主管部门工作人员指使税务机关工作人员徇私舞弊不征、少征应征税款，致使国家税收损失累计达10万元以上的；

（3）徇私舞弊不征、少征应征税款不满10万元，但具有索取或者收受贿赂或者其他恶劣情节的；

（4）其他致使国家税收遭受重大损失的情形。

（五）重大责任事故类犯罪

重大责任事故类犯罪共涉及刑法条文11条，包括11个罪名。

1. 重大责任事故罪（《刑法》第134条第1款）

在生产、作业中违反有关安全管理的规定，涉嫌下列情形之一的，应予立案追诉：

（1）造成死亡1人以上，或者重伤3人以上；

（2）造成直接经济损失50万元以上的；

（3）发生矿山生产安全事故，造成直接经济损失100万元以上的；

（4）其他造成严重后果的情形。

2. 教育设施重大安全事故罪（《刑法》第138条）

明知校舍或者教育教学设施有危险，而不采取措施或者不及时报告，涉嫌下列情形之一的，应予立案追诉：

（1）造成死亡1人以上、重伤3人以上或者轻伤10人以上的；

（2）其他致使发生重大伤亡事故的情形。

3. 消防责任事故罪（《刑法》第139条）

违反消防管理法规，经消防监督机构通知采取改正措施而拒绝执行，涉嫌下列情形之一的，应予立案追诉：

（1）造成死亡1人以上，或者重伤3人以上；

（2）造成直接经济损失50万元以上的；

（3）造成森林火灾，过火有林地面积2公顷以上，或者过火疏林地、灌木林地、未成林地、苗圃地面积4公顷以上的；

（4）其他造成严重后果的情形。

4. 重大劳动安全事故罪（《刑法》第 135 条）

安全生产设施或者安全生产条件不符合国家规定，涉嫌下列情形之一的，应予立案追诉：

（1）造成死亡 1 人以上，或者重伤 3 人以上；

（2）造成直接经济损失 50 万元以上的；

（3）发生矿山生产安全事故，造成直接经济损失 100 万元以上的；

（4）其他造成严重后果的情形。

5. 强令违章冒险作业罪（《刑法》第 134 条第 2 款）

强令他人违章冒险作业，涉嫌下列情形之一的，应予立案追诉：

（1）造成死亡 1 人以上，或者重伤 3 人以上；

（2）造成直接经济损失 50 万元以上的；

（3）发生矿山生产安全事故，造成直接经济损失 100 万元以上的；

（4）其他造成严重后果的情形。

6. 不报、谎报安全事故罪（《刑法》第 139 条之一）

在矿山生产安全事故发生后，负有报告职责人员不报或谎报事故情况，贻误事故抢救，具有下列情形之一的，应当认定为《刑法》第 139 条之一规定的"情节严重"：

（1）导致事故后果扩大，增加了死亡 1 人以上，或者加重伤 3 人以上，或增加直接经济损失 100 万元以上；

（2）实施下列行为之一，致使不能及时有效开展事故抢救的：

①决定不报与谎报事故情况或者指使、串通有关人员不报及谎报事故情况的；

②在事故抢救期间擅离职守或者逃匿的；

③伪造及破坏事故现场，或者转移以及藏匿、毁灭遇难人员尸体，或者转移与藏匿受伤人员的；

④毁灭和伪造、隐匿与事故有关的图纸与记录及计算机数据等资料以及其他证据的；

（3）其他严重的情节。

具有下列情形之一的，应当认定为《刑法》第 139 条之一规定的"情节特别严重"：

（1）导致事故后果扩大，增加死亡 3 人以上，或者增加重伤 10 人以上，或者增加直接经济损失 300 万元以上的；

（2）采用暴力、胁迫、命令等方式阻止他人报告事故情况导致事故后果扩大的；

（3）其他特别严重的情节。

7. 铁路运营安全事故罪（《刑法》第 132 条）

铁路职工违反规章制度，致使发生铁路运营安全事故，造成严重后果的，处 3 年以下有期徒刑或者拘役；造成特别严重后果的，处 3 年以上 7 年以下有期徒刑。本罪有具体追诉立案标准，可参照重大责任事故罪立案标准。

8. 重大飞行事故罪（《刑法》第 131 条）

重大飞行事故，根据民航飞行事故划分标准，是指造成死亡 39 人以下，或者飞机失踪，该机机上人员在 39 人以下；或者飞机迫降到无法运出的地方。所谓严重后果，一般是指飞机等航空器或者其他航空设施受到严重损坏，航空器上人员遭受重伤，公私财产受到严重损失等。

9. 大型群众性活动重大安全事故罪（《刑法》第 135 条之一）

举办大型群众性活动违反安全管理规定，涉嫌下列情形之一的，应予立案追诉：

（1）造成死亡 1 人以上，或者重伤 3 人以上；

（2）造成直接经济损失 50 万元以上的；

（3）其他造成严重后果的情形。

10. 危险物品肇事罪（《刑法》第 136 条）

违反爆炸性、易燃性、放射性、毒害性、腐蚀性物品的管理规定，在生产、储存、运输、使用中发生重大事故，涉嫌下列情形之一的，应予立案追诉：

（1）造成死亡 1 人以上，或者重伤 3 人以上；

（2）造成直接经济损失 50 万元以上的；

（3）其他造成严重后果的情形。

11. 工程重大安全事故罪（《刑法》第 137 条）

建设单位、设计单位、施工单位、工程监理单位违反国家规定，降低工程质量标准，涉嫌下列情形之一的，应予立案追诉：

（1）造成死亡 1 人以上，或者重伤 3 人以上；

（2）造成直接经济损失 50 万元以上的；

（3）其他造成严重后果的情形。

（六）公职人员其他犯罪

公职人员其他犯罪共涉及刑法条文 19 条，包括 19 个罪名。

1. 破坏选举罪（《刑法》第 256 条）

国家机关工作人员利用职权，在选举各级人民代表大会代表和国家机关领导人员时，以暴力、威胁、欺骗、贿赂、伪造选举文件、虚报选举票数或者编造选举结果等手段破坏选举或者妨害选民和代表自由行使选举权和被选举权，涉嫌下列情形之一的，属于"情节严重"，应予立案：

（1）以暴力、威胁、欺骗、贿赂等手段，妨害选民、各级人民代表大会代表自由行使选举权和被选举权，致使选举无法正常进行，或者选举无效，或者选举结果不真实的；

（2）以暴力破坏选举场所或者选举设备，致使选举无法正常进行的；

（3）伪造选民证、选票等选举文件，虚报选举票数，产生不真实的选举结果或者强行宣布合法选举无效、非法选举有效的；

（4）聚众冲击选举场所或者故意扰乱选举场所秩序，使选举工作无法进行的；

（5）其他情节严重的情形。

2. 背信损害上市公司利益罪（《刑法》第 169 条之一）

上市公司的董事、监事、高级管理人员违背对公司的忠实义务，利用职务便利，操纵上市公司从事损害上市公司利益的行为，以及上市公司的控股股东或者实际控制人，指使上市公司董事、监事、高级管理人员实施损害上市公司利益的行为，涉嫌下列情形之一的，应予立案追诉：

（1）无偿向其他单位或者个人提供资金、商品、服务或者其他资产，致使上市公司直接经济损失数额在 150 万元以上的；

（2）以明显不公平的条件，提供或者接受资金、商品、服务或者其他资产，致使上市公司直接经济损失数额在 150 万元以上的；

（3）向明显不具有清偿能力的单位或者个人提供资金、商品、服务或者其他资产，致使上市公司直接经济损失数额在 150 万元以上的；

（4）为明显不具有清偿能力的单位或者个人提供担保，或者无正当理由为其他单位或者个人提供担保，致使上市公司直接经济损失数额在 150 万元以上的；

（5）无正当理由放弃债权、承担债务，致使上市公司直接经济损失数额在 150 万元以上的；

（6）致使公司发行的股票、公司债券或者国务院依法认定的其他证券被终止上市交易或者多次被暂停上市交易的；

（7）其他致使上市公司利益遭受重大损失的情形。

3. 金融工作人员购买假币、以假币换取货币罪（《刑法》第 171 条第 2 款）

银行或者其他金融机构的工作人员购买伪造的货币或者利用职务上的便利，以伪造的货币换取货币，总面额在 2000 元以上或者币量在 200 张（枚）以上的，应予立案追诉。

4. 利用未公开信息交易罪（《刑法》第 180 条第 4 款）

证券交易所、期货交易所、证券公司、期货公司、基金管理公司、商业银行、保险公司等金融机构的从业人员以及有关监管部门或者行业协会的工作人员，利用因职务便利获取的内幕信息以外的其他未公开的信息，违反规定，从事与该信息相关的证券、期货交易活动，或者明示、暗示他人从事相关交易活动，涉嫌下列情形之一的，应予立案追诉：

（1）证券交易成交额累计在 50 万元以上的；

（2）期货交易占用保证金数额累计在 30 万元以上的；

（3）获利或者避免损失数额累计在 15 万元以上的；

（4）多次利用内幕信息以外的其他未公开信息进行交易活动的；

（5）其他情节严重的情形。

5. 诱骗投资者买卖证券、期货合约罪（《刑法》第 181 条第 2 款）

证券交易所、期货交易所、证券公司、期货公司的从业人员，证券业协会、期货业协会或者证券期货监督管理部门的工作人员，故意提供虚假信息或者伪造、变造、销毁交易记录，诱骗投资者买卖证券、期货合约，涉嫌下列情形之一的，应予立案追诉：

（1）获利或者避免损失数额累计在 5 万元以上的；

（2）造成投资者直接经济损失数额在 5 万元以上的；

（3）致使交易价格和交易量异常波动的；

（4）其他造成严重后果的情形。

6. 背信运用受托财产罪（《刑法》第 185 条之一第 1 款）

商业银行、证券交易所、期货交易所、证券公司、期货公司、保险公司或者其他金融机构，违背受托义务，擅自运用客户资金或者其他委托、信托的财产，涉嫌下列情形之一的，应予立案追诉：

（1）擅自运用客户资金或者其他委托、信托的财产数额在 30 万元以上的；

（2）虽未达到上述数额标准，但多次擅自运用客户资金或者其他委托、信托的财产，或者擅自运用多个客户资金或者其他委托、信托的财产的；

（3）其他情节严重的情形。

7. 违法运用资金罪（《刑法》第 185 条之一第 2 款）

社会保障基金管理机构、住房公积金管理机构等公众资金管理机构，以及保险公司、保险资产管理公司、证券投资基金管理公司，违反国家规定运用资金，涉嫌下列情形之一的，应予立案追诉：

（1）违反国家规定运用资金数额在 30 万元以上的；

（2）虽未达到上述数额标准，但多次违反国家规定运用资金的；

（3）其他情节严重的情形。

8. 违法发放贷款罪（《刑法》第 186 条）

银行或者其他金融机构及其工作人员违反国家规定发放贷款，涉嫌下列情形之一的，应予立案追诉：

（1）违法发放贷款，数额在 100 万元以上的；

（2）违法发放贷款，造成直接经济损失数额在 20 万元以上的。

9. 吸收客户资金不入账罪（《刑法》第 187 条）

银行或者其他金融机构及其工作人员吸收客户资金不入账，涉嫌下列情形之一的，应予立案追诉：

（1）吸收客户资金不入账，数额在 100 万元以上的；

（2）吸收客户资金不入账，造成直接经济损失数额在 20 万元以上的。

10. 违规出具金融票证罪（《刑法》第 188 条）

银行或者其他金融机构及其工作人员违反规定，为他人出具信用证或者其他保函、票据、存单、资信证明，涉嫌下列情形之一的，应予立案追诉：

（1）违反规定为他人出具信用证或者其他保函、票据、存单、资信证明，数额在 100 万元以上的；

（2）违反规定为他人出具信用证或者其他保函、票据、存单、资信证明，造成直接经济损失数额在 20 万元以上的；

（3）多次违规出具信用证或者其他保函、票据、存单、资信证明的；

（4）接受贿赂违规出具信用证或者其他保函、票据、存单、资信证明的；

（5）其他情节严重的情形。

11. 对违法票据承兑、付款、保证罪（《刑法》第 189 条）

银行或者其他金融机构及其工作人员在票据业务中，对违反票据法规定的票据予以承兑、付款或者保证，造成直接经济损失数额在 20 万元以上的，应予立案追诉。

12. 非法转让、倒卖土地使用权罪（《刑法》第228条）

以牟利为目的，违反土地管理法规，非法转让、倒卖土地使用权，涉嫌下列情形之一的，应予立案追诉：

（1）非法转让、倒卖基本农田5亩以上的；

（2）非法转让、倒卖基本农田以外的耕地10亩以上的；

（3）非法转让、倒卖其他土地20亩以上的；

（4）违法所得数额在50万元以上的；

（5）虽未达到上述数额标准，但因非法转让、倒卖土地使用权受过行政处罚，又非法转让、倒卖土地的；

（6）其他情节严重的情形。

13. 私自开拆、隐匿、毁弃邮件、电报罪（《刑法》第253条）

具有下列情形之一的，应予立案：

（1）私拆或者隐匿、毁弃邮件、电报、次数较多或数量较大的；

（2）私拆或者隐匿、毁弃邮件，并从中窃取财物的；

（3）私拆或者隐匿、毁弃邮件、电报，虽然次数不多，数量不大，但给国家、集体利益以及公民合法权益造成严重后果的；

（4）私拆或者隐匿、毁弃邮件、电报，造成其他危害后果的。

14. 职务侵占罪（《刑法》第271条第1款）

职务侵占罪中的"数额较大""数额巨大"的数额起点，按照最高人民法院、最高人民检察院《关于办理贪污贿赂刑事案件适用法律若干问题的解释》关于贪污罪相对应的数额标准规定的2倍、5倍执行。

15. 挪用资金罪（《刑法》第272条）

公司、企业或者其他单位的工作人员，利用职务上的便利，挪用本单位资金归个人使用或者借贷给他人，涉嫌下列情形之一的，应予立案追诉：

（1）挪用本单位资金数额在1万元至3万元以上，超过3个月未还的；

（2）挪用本单位资金数额在1万元至3万元以上，进行营利活动的；

（3）挪用本单位资金数额在5000元至2万元以上，进行非法活动的。

具有下列情形之一的，属于上述规定的"归个人使用"：

（1）将本单位资金供本人、亲友或者其他自然人使用的；

（2）以个人名义将本单位资金供其他单位使用的；

（3）个人决定以单位名义将本单位资金供其他单位使用，谋取个人利益的。

对于受国家机关、国有公司、企业、事业单位、人民团体委托，管理、经营国有财产的非国家工作人员，利用职务上的便利，挪用国有资金归个人使用构成犯罪的，应当依照《刑法》第 272 条第 1 款的规定定罪处罚。

16. 故意延误投递邮件罪（《刑法》第 304 条）

邮政工作人员严重不负责任，故意延误投递邮件，涉嫌下列情形之一的，应予立案追诉：

（1）造成直接经济损失 2 万元以上的；

（2）延误高校录取通知书或者其他重要邮件投递，致使他人失去高校录取资格或者造成其他无法挽回的重大损失的；

（3）严重损害国家声誉或者造成其他恶劣社会影响的；

（4）其他致使公共财产、国家和人民利益遭受重大损失的情形。

17. 泄露不应公开的案件信息罪（《刑法》308 条之一第 1 款）

司法工作人员、辩护人、诉讼代理人或者其他诉讼参与人，泄露依法不公开审理的案件中不应当公开的信息，造成信息公开传播或者其他严重后果的，处 3 年以下有期徒刑、拘役或者管制，并处或者单处罚金。

18. 披露、报道不应公开的案件信息罪（《刑法》第 308 条之一第 3 款）

本罪的客观方面表现为行为人公开披露、报道依法不公开审理的案件中不应当公开的信息，情节严重的。所谓"披露"，是指发表、公布。所谓"报道"，是指通过报纸、杂志、广播、电视或其他形式把信息告诉公众。"不公开审理案件的不应公开的信息"，包括国家秘密、商业秘密、个人隐私等信息。"情节严重"，应指造成信息公开传播或者因信息泄露而给利益相关者所带来的严重损失，如国家秘密为他人所知悉，将可能造成危害社会稳定、经济发展、国防安全或者其他严重危害后果的，如诉讼参与人的个人隐私为他人所知悉，导致其名誉、人格遭到贬损，甚至引发自伤、自杀等严重后果的，如商业秘密为他人所知悉，给商业秘密所有者带来严重的经济损失的等等。

19. 接送不合格兵员罪（《刑法》第 374 条）

在征兵工作中徇私舞弊，接送不合格兵员，情节严重的，处 3 年以下有期徒刑或者拘役；造成特别严重后果的，处 3 年以上 7 年以下有期徒刑。

四、职务犯罪类型

（一）职务犯罪传统类型

就职务犯罪的形式而言，主要分为两大类：一类是经济犯罪，即《刑法》

第八章贪污贿赂罪，包括贪污罪、贿赂罪、挪用公款罪等共 17 种。另一类是渎职犯罪，即《刑法》第九章渎职罪，包括滥用职权罪、玩忽职守罪等 52 种。

（二）新型贿赂犯罪

2007 年，最高人民法院、最高人民检察院颁布《关于办理受贿刑事案件适用法律若干问题的意见》明确以下 10 种贿赂犯罪行为：（1）以低价买房买车、高价卖房卖车等形式收受贿赂；（2）以收受干股形式收受贿赂；（3）以开办公司等合作投资形式收受贿赂；（4）以委托理财形式收受贿赂；（5）以赌博形式收受贿赂；（6）以特定关系人挂名形式领取工资；（7）以特定关系人收受贿赂；（8）以物品权属没有变更形式收受贿赂；（9）收受贿赂后被迫上交和退还的；（10）在职时为请托人谋取利益离退休后收受财物的。

（三）影响力受贿犯罪

国家工作人员的近亲属或者其他与该国家工作人员关系密切的人，通过该国家工作人员职务上的行为，或者利用该国家工作人员职权或者地位形成的便利条件，通过其他国家工作人员职务上的行为，为请托人谋取不正当利益，索取请托人财物或者收受请托人财物的，以受贿罪追究责任。

离职的国家工作人员或者其近亲属以及其他与其关系密切的人，利用该离职的国家工作人员原职权或者地位形成的便利条件实施前款行为的，以受贿罪追究责任。

五、职务犯罪特点

（一）职务犯罪主体的特点

1. 高学历。公职身份的人员，普遍具有较高的学历，这是进入国家机关、国有企事业等机构组织的基本要求，因此职务犯罪对象普遍具有高学历的特点。

2. 高智商。公职身份的人员，一般需要经过特定程序的选拔、考核才能上岗，在之后的履职过程中有各种形式的学习、培训、考察等不断提高的机会和途径，所以这类人员普遍具有较高的智商。

3. 高能力。公职身份的人员需要在授权的范围内，优质高效地完成本职工作，往往需要理解领会上级的要求和意图，了解工作对象和目标的具体情况，具有解决问题、化解矛盾、获取工作成果的能力，同时也能发现和利用权力形成的机会，普遍具有较高能力。

4. 高地位。公职身份的人员较一般人群而言，具有相对比较高的社会地位和身份，其中绝大多数是共产党员，其中还不乏担任着一定的社会职务和荣誉称号，如人大代表、政协委员，劳动模范、先进工作者等，有的还具有专家、学者、政府特殊津贴获得者等地位和荣誉，因此普遍具有高地位。

5. 高关系。公职身份的人员因为具有履行职责、行使权力的特殊性，其社会交往、制约他人的范围比较大，往往可以利用工作、学习、生活等机会和条件形成各种圈子、关系网，有的还建立起特殊的"靠山"和"保护伞"，因此普遍具有高关系。

（二）职务犯罪案件的内在特点

1. 权力性。职务犯罪就是权力犯罪，必然依附职务或者利用权力实施犯罪。是否利用职务和权力进行犯罪是职务犯罪区别于其他犯罪的主要特点。

2. 智能性。职务犯罪人员普遍具有较高的智商、相应的知识和能力，在实施犯罪过程中必然存在防止暴露、实施反调查等智能成分。

3. 隐秘性。职务犯罪人员的高学历、高智商决定了其明知道贪污贿赂、滥用职权等的违法性，因此其必定千方百计掩盖其犯罪行为，往往在犯罪准备阶段就采取一系列保护措施以防范案发，这也是职务犯罪较难发现的个中原因之一。

4. 缓发性。职务犯罪往往没有直接的被害人，侵犯的客体比较抽象，加上职务犯罪人员的掩饰，因此从实施犯罪至案发，相对普通刑事案件而言，具有比较长的时间，可以说具有慢性缓发性。

5. 防范性。职务犯罪人员实施犯罪一般都要经过缜密的思考和设计，哪些行为比较危险，哪些行为比较安全，哪些人不可信，哪些人很可靠等，一般情况下在犯意产生阶段就有防范失手、防止案发的充分准备。

6. 变化性。职务犯罪人员的特点决定了其实施犯罪的手法变化多端，钻法律空子、打政策的擦边球，根据反腐败形势不断深入发展，甚至采用一些貌似合法的新手法、新伎俩，以此来规避被打击惩处。

7. 单独性。一般而言，职务犯罪单独作案的情况比较多，尤其贿赂犯罪几乎都是"一对一"的情况。

8. 团伙性。近年来职务犯罪中团伙性犯罪增加，利用相互间的权力地位，利用不同的岗位环节，相互勾结实施犯罪，这也是窝串案大幅增加的原因之一。

六、职务犯罪发案领域

职务犯罪可以在与公权力有关的任何领域中滋生、蔓延，当前社会活动中职务犯罪在以下领域比较普遍和突出：

（一）党政管理领域

党委领导及机关拥有对党政民、公检法、教卫文体、国有民营等各个领域的全面领导，政府对司法行政、财政税务、市场监管、教育卫生、城市建设、经济发展、应急抢险等具有各种决定权、指挥权等实质性权力，其中一些国家工作人员可能利用掌握的公权力以权谋私、权钱交易、滥用权力等，实现个人或者小团体的私利。

（二）国企管理领域

国有企业属于社会公共利益和公共权力的组成部分，国有企业中行使管理职能的掌控者具有国有企业的发展规划、重组改制、人力资金、生产销售、质量管理、市场采购、招标投标、员工培训、保险福利等诸多方面的管理权、决定权、选择权，其中一些国有企业中的管理人员（含受委派到非国有企业中从事管理的人员），可能利用公权力进行各种职务犯罪。

（三）事业管理领域

国家事业单位涉及文化、教育、体育、艺术、科研、媒体、出版等各类管理部门，这些单位也具有各种公共权力，在组织、协调、汇演、组稿、展示、行业监督、技术认证、科学规划等过程中，其中一些公权力执掌者在缺乏监督和约束的情况下，往往会经不起诱惑，以各种形式为个人或小团体的利益谋取私利。

（四）社会管理领域

社会管理主要是涉及广大人民群众、普通公民社会生活要求的、以公共管理权力为基础的管理部门，如社会管理、社会保障、社会治理、社会救济、征收动迁、卫生防疫、兵役动员等，其中一些公权力的执掌者便利用主管或协管、分管的职权，以权谋私或滥用权力，甚至不惜以损害公共利益、群众利益来达到谋取个人利益的目的。

七、职务犯罪表现形式

发生在党政管理、国企管理、事业管理、社会管理四个领域的职务犯罪一般具有以下四种表现形式：

（一）谋取私利的个人取向

主要是公权力的执掌者利用手中的公共权力为自己谋取直接的私利和好处。

他们的目的很明确，就是以个人的私利作为公权力行使的出发点和归宿，谋取私利是其第一需要和终极目标。

（二）谋取私利的裙带取向

主要是公权力的执掌者利用手中的公权力为自己的亲属谋取直接的利益，最终也是为自己从中获得直接的或间接的利益。这些人表面上自己并不直接谋取私利，但是利用手中的公权力为亲属圈子谋取私利，脱不了自己才是最大赢家的干系。

（三）谋取私利的朋辈取向

主要是公权力的执掌者利用手中的公权力为熟人、朋友、老乡及特定关系人谋取直接的利益，最终也从中获取直接利益或间接利益。他们玩的是"投桃报李""秋后算账"的把戏，最终从朋辈处获取财产性或非财产性（如情色等）的私利。

（四）谋取私利的团体取向

主要是公权力的执掌者利用手中的公权力为一定的利益群体谋取直接的或间接的利益，最终也是为自己谋取私利。他们表面上似乎没有将谋取的利益放入自己囊中，而是表现为特定的小团体利益，但寻根究底最终也是为了个人的私利。

八、职务犯罪发展形态

职务犯罪的表现形态也是随着社会的发展不断地变化，由简单手段向复杂手段变化发展，由低级阶段向高级阶段变化发展，由满足于生活改善向资本积累变化发展。

（一）单一型腐败犯罪向复合型腐败犯罪发展

从腐败犯罪的性质来看，原来的单一型的腐败正在向复合型的腐败发展。腐败已不仅是贪点钱的问题，而且出现了政治上拉帮结派、利益勾结；经济上贪婪无度、迫切敛财；工作上扯皮推诿、滥用权力；生活上腐败堕落、道德败坏。当前反腐败的主打方向已经从单一的经济类腐败案件提升为政治腐败与经济腐败相交织的利益共同体。

（二）个体型腐败犯罪向群体型腐败犯罪发展

从腐败犯罪的规模来看，原来的个体型腐败有向群体性发展的趋势。原来的贪腐人员是尽可能不让他人知道自己的不法行径，现在则出现了公然组织勾结相关人员并分工合作，为谋取私利而组织形成利益共同体，我中有你、你中有我，腐败犯罪呈谋取私利的集团化发展。

（三）生活资料占有型犯罪向资本积累型犯罪发展

从腐败犯罪的目标来看，原来主要是满足个人或者家庭成员生活享受的需要，而近年来已经发展成为迅速积聚个人资本而不择手段、不顾一切、不计后果地拼命敛财的状况。一些掌握公权力的高官、高管经济腐败犯罪案件的金额从以前几百几千万元发展到几亿、几十亿元的境地。

（四）域内腐败犯罪向跨国腐败犯罪发展

从腐败犯罪的危害来看，原来的腐败犯罪基本上都是发生在域内，其程度、影响、危害相对有限，而近年来的境内外勾结、国内外勾结的腐败犯罪案件明显突出。

（五）普通型腐败犯罪向复杂型腐败犯罪发展

从腐败犯罪的表现来看，以往的腐败犯罪主要是普通的、常见的、比较原始的表现状态，这些年来出现了多种情形交织的复杂状态，即违反党纪、政纪、法纪的状态与职务犯罪并存，贪污贿赂类犯罪与渎职侵权类犯罪并存，政治腐败与经济腐败并存的复杂状态。

九、职务犯罪惩治在新中国成立前的历史发展过程

（一）职务犯罪惩治历史发展过程

职务犯罪的惩治可以上溯到夏朝，西周时期已经具有了惩治职务犯罪的具体条文。如西周时期穆王命吕（浦）侯所作的《吕刑》中就规定了对违法司法官吏的惩治条文。即"五过"制度中明确了"惟货"（受贿而枉法曲断）属于"五过"行为之一。如果司法官员犯有"五过"之行为的，就要"其罪惟均"，即以罪犯之罪处罚。唐朝的《唐律疏议》中的"职制律"（关于对官吏的设置、职守、驿传及其违法惩戒和犯罪处刑等方面的法律）共三卷五十八条。该律可谓是古代惩治渎职犯罪较为完善的法律。《左传·昭公十四年》记载了官吏犯"昏、墨、贼"三种罪要处死刑。这里的"墨"即指官吏的贪污犯罪，又称"贪以败官"为墨。《尚书·伊训》还规定了官吏犯"三风十衍"，应受惩罚。其中"三风"中的"淫风"就是指官吏贪求钱财和女色的犯罪。

自夏朝至明清，历代王朝为巩固自己的统治秩序，都或多或少地在刑法中规

定了惩治官吏犯罪的内容，并建立了相应的查处官吏犯罪的查案机构。如先秦的大理、司寇，秦后的廷尉、大理寺、刑部等机构都具有直接查案职权，且要不折不扣地服从皇帝，皇帝对某些案件（包括官吏的犯罪）有直接的审案权力。《尚书·周官》中记载西周的专门司法机关"司寇"，以负责查案。唐宋时期的"御史台"专门行使国家的监督权。明清时期的"都察院"其职能也相当于"御史台"。这些机构和职权对惩治贪官污吏起到了积极作用。

（二）职务犯罪惩治近代发展过程

民国时期，以孙中山为首的南京临时政府的施政方针，其中重点之一就是明确了建立反贪机制，防止政权的贪腐是新政府的重要工作之一。

孙中山在《临时大总统宣言书》中就对清政府"满清时代藉立宪之名，行敛财之实，杂捐苛细，民不聊生"的状况进行了抨击，并表示南京临时政府将以"诚挚纯洁之精神"，施行廉洁、统一、合理之财政政策与措施。

北京政府，广州、武汉国民政府，南京政府均建立有反贪立法和反贪机构，如广州、武汉国民政府的监察院，审计机构、惩戒机构——惩吏院、审政院；南京政府"五院制度"中也有反贪立法与运作。

但从根本上而言，国民党政府政治上的腐败导致这些制度和机构名存实亡。

（三）新中国成立前，反腐败与惩治职务犯罪在中国共产党领导下的发展过程

早在中国共产党诞生前夕，其早期革命活动家已经有了反对和抵制腐败的思想。

中国共产党早期革命活动家李大钊于1921年3月撰写的《团体的训练与革新的事业》是中国共产党最早的反腐败文献。文中指出："旧式的政党已腐败，必须用新式政党代替，否则不能实行改革事业。"

1921年7月23日至30日，中国共产党第一次全国代表大会在上海举行，31日移至嘉兴一条画舫上闭幕。会上通过的第一个党纲，明确规定地方委员会的财务、活动和政策，应受中央执行委员会的监督，大会还初步制定了党的纪律。

1922年7月，中国共产党第二次全国代表大会进一步明确：中国共产党是中国无产阶级政党，他的目的是要组织无产阶级，用阶级斗争的手段，建立劳农专政的政治，铲除私有财产制度，渐次达到一个共产主义的社会。这次大会通过的《中国共产党章程》中单设"纪律"章，即第四章，对六种情形者，必须开除党籍。

1927 年 4 月，中国共产党第五次全国代表大会选举产生了党内维护和执行纪律的专门机关——中央监察委员会。中央监察委员会主席是王荷波同志。

1933 年，新民主主义革命时期，中国共产党相继颁布了《关于惩治贪污浪费行为的第 26 号训令》。

1934 年 1 月，在江西瑞金召开的第二次全国苏维埃代表大会上，中央政府正式发布训令：要在红色革命根据地的区、县及中央苏维埃政权机关内，开展一次"反贪污、反浪费、反官僚主义"的惩腐肃贪运动。

毛泽东在这次大会的报告中指出："应该使一切政府工作人员明白：贪污和浪费是极大的犯罪。"

中共中央于 1937 年 8 月 25 日，在洛川召开政治局扩大会议，制定并通过了著名的《抗日救国十大纲领》，1939 年 8 月 15 日正式颁布，纲领第 4 条规定：改革政治机构，实行地方自治，铲除贪官污吏，建立廉洁政府。

1941 年，颁布了《晋察冀边区惩治贪污条例》。

1942 年至 1945 年，中共中央在全党范围内展开了著名的延安整风运动。

1944 年 3 月，郭沫若撰写的《甲申三百年祭》在重庆《新华日报》上发表。4 月 12 日，毛泽东在高级干部会议上说："近日我们印发了郭沫若论李自成的文章，也叫同志们引以为戒，不要重犯胜利时骄傲的错误。"

1945 年 7 月 1 日至 5 日，毛泽东在回答应邀访问延安的国民政府参政员黄炎培先生有关中国历史上所有朝代都存在"先兴后亡"周期率的问题时说："我们已经找到了新路，我们能够跳出这个周期率。这条新路，就是让人民来监督政府，政府才不敢松懈，只有人人起来负责，才不会人亡政息。"

1947 年，颁布了《东北解放区惩治贪污暂行条例》。

1949 年 3 月 5 日至 13 日，中国共产党在河北省平山县的西柏坡村召开七届二中全会。毛泽东向全党发出警告："务必使同志们继续地保持谦虚、谨慎、不骄、不躁的作风，务必使同志们继续地保持艰苦奋斗的作风。"

1949 年 3 月 23 日，毛泽东、朱德、刘少奇、周恩来、任弼时等中央领导和中央机关从西柏坡出发进驻北平市。临上车时，毛泽东说："走！进京赶考去！我们决不当李自成，我们都希望考个好成绩。"

在新中国成立前后，毛泽东先后下令或批示处死谢步升、唐达仁、左祥云、唐红达、刘仕祥、黄克功、肖玉壁、黄寿发、刘青山、张子善十个腐败高级官员。

十、境外部分职务犯罪调查机构及模式

世界各国（地区）普遍都设有反腐败（职务犯罪）调查机构，简单情况介绍如下：

（一）中国香港特区——ICAC 廉政公署

香港于 1974 年 2 月 13 日立法局决定设立独立机构专门调查贪污问题，并通过了《香港总督特派廉政专员公署条例》，条例于 2 月 13 日生效，总督特派廉政公署也于该条例生效当日成立。它直属于香港总督。

廉政公署的设立是香港地区肃贪史上的一个里程碑，令香港的反贪进入了一个新纪元。

（一）中国澳门特区——廉政公署

澳门廉政公署是澳门地区的反贪污及反行政违法的独立调查机构。1990 年 7 月 17 日，澳门立法会通过了《反贪污暨行政申诉高级专员公署法案》。

高级专员公署的刑事侦查范围主要有：滥用信用、滥用职权、恐吓、协助偷渡及非法工作、诈骗、走私、行贿及受贿、供假声明、伪造文件、伤害他人身体、公务上之侵占、包庇非法赌博及放债利、财富与官职收入不相称等。

（三）中国台湾地区——"法务部"调查局

根据 1956 年"行政院"规定共有 11 项职权，其中包括贪污渎职事项。1989 年台湾地区当局在"法务部"调查局下设"肃贪处"，以"整顿政风、严惩贪污弊端"，并由调查局副局长兼任肃贪处处长。肃贪处下设五个科，四个地区工作组，肃贪是调查局的重点工作。其主要任务是：

（1）肃贪工作的决策、推动、督导及考核；

（2）政风调查；

（3）防止贪污渎职；

（4）贪污渎职的侦办及有关资料的搜集、统计、分析和运用等。

（四）韩国——不正腐败事犯特别搜查部

韩国不正腐败事犯特别搜查部是韩国检察机关内设的司职国家公务员贪污贿赂等腐蚀腐败案件受理、侦查、起诉职能的机构。成立于 1993 年 3 月。中央搜查本部内设搜查一、二、三科和搜查企划官室、科学搜查指导科、科学搜查运营科。中央特别搜查本部的三个搜查科分别负责高级公务员腐败犯罪、走私犯罪和

新闻方面的犯罪案件的侦查、起诉工作。

（五）日本——特别搜查部

日本地方检察机关内设的特别侦查机构，简称特搜部。日本的检察官对刑事案件的查处起主要作用，检察官对所有的犯罪案件具有侦查权。检察官对所有的罪案都有权指挥警察进行侦查。

特搜部在侦查贪污贿赂案件时的程序和手段是：

（1）获取侦查线索：通过各种渠道获取；

（2）秘密侦查：秘密侦查犯罪嫌疑人的各种情况及有关证据；

（3）实行强制措施：搜查、扣押、防止犯罪嫌疑人逃跑、自杀，通过审讯获取真实可靠的供述。

（六）新加坡——反贪污调查局

反贪污调查局是新加坡反贪污的专门侦查机关，成立于1952年。其是新加坡反贪污贿赂的最高机关，下设行政部、调查部、电话咨询管理支援部等部门；其机构不受地方挟制；其官员不属于公务员；其地位、身份、权力有严格的法律保障，薪金高于其他部门同级官员；其局长、副局长必须由总理任命，局长只对总理负责。

调查局的主要任务是：

（1）负责调查任何被确定为或涉嫌犯新加坡《防止贪污条例》的行为；

（2）负责调查政府公务员与贪污有关的不法行为和失职行为；

（3）通过对容易发生贪污的部门进行监督、检查，防止贪污行为的发生，并且通过向存在管理漏洞的部门首长提出建议，以便堵塞漏洞，加强管理，预防贪污贿赂犯罪。

调查局具有以下特别职权：

（1）特别调查权。经公共起诉人授权可以在任何适当的时候检查银行账目、拿走票据的复制品。

（2）武力搜查权。调查局长可以授权特别侦查员对确有罪证的地方进行必要的武力搜查，夺取或扣押有关文件、物品。

（3）逮捕权。任何调查局人员即使无逮捕证也可逮捕与犯罪有关的任何人。

十一、当前职务犯罪发展态势

当前职务犯罪面临的态势仍然是严峻的，斗争仍然是艰巨的，习近平总书记深刻指出：党的十八大以来，经过全党的努力，我们已经取得了反腐败压倒性的胜利；但反腐败的形势依然严峻，腐败滋长蔓延的势头依然猖獗。

（一）当前职务犯罪发展特点

1. 案件持续高发。党的十八大以来，全国被查处的各类职务犯罪案件持上升的态势，主要原因是十八大以前腐败的"存量"太大，十八大后加大了惩处力度，两个原因一叠加，一个时期职务犯罪案件高发多发不足为奇。

2. 金额不断增大。据统计，党的十八大以来党的国家高级干部、央企重要岗位职务犯罪已超过数百人，其中职务犯罪涉案金额过亿的达10%，最大的贪污贿赂案件金额是几十亿元。

3. 渗透无孔不入。职务犯罪现在向各个领域、各个部门、各个环节全方位渗透，几乎是无孔不入、无处不在，因此预防腐败必须是全方位的、多角度的、立体的、广泛的，也就是中央要求的"零容忍、无禁区、全覆盖"。

4. 手法变化多端。随着惩治腐败的力度越来越大、措施越来越多、要求越来越严，职务犯罪手法也在不断发生变化，出现了以期规避法律、逃避追究、躲避惩处的许多新型职务犯罪的表现形式，出现了以权谋私的"期权交易""预期利益""长期效应"等高端作案伎俩。

（二）十九大进一步强化全面从严治党和深化依法治国实践

党的十九大报告中"法治"出现了33次，"依法治国"出现了19次。深化依法治国实践，全面依法治国是国家治理的一场深刻革命，必须坚持厉行法治，推进科学立法、严格执法、公正司法、全民守法。成立中央全面依法治国领导小组，加强对法治中国建设的统一领导。

加强宪法实施和监督，推进合宪性审查工作，维护宪法权威。任何组织和个人都不得有超越宪法法律的特权，绝对不允许以言代法、以权压法、逐利违法、徇私枉法。

党的十九大将党的纪律建设纳入党的建设总体布局，在修改党章时充实完善了纪律建设相关内容。2018年党中央再次对《中国共产党纪律处分条例》作了修订，并于当年10月1日施行。其特点可以用"一二三四五六七八"来概括：

"一个思想"，即增写"习近平新时代中国特色社会主义思想为指导"。

"两个坚决维护"，即增写"坚决维护习近平总书记党中央的核心、全党的核心地位，坚决维护党中央权威和集中统一领导"。

"三个重点"，即将不收敛、不收手，问题线索反映集中、群众反映强烈，政治问题和经济问题交织的腐败案件作为重点审查内容。

"四个意识""四种形态",即增写"党组织和党员必须牢固树立政治意识、大局意识、核心意识、看齐意识"和运用监督执纪"四种形态"相关内容。

"五处纪法衔接",即对党纪与国法的衔接在第 27 条至第 30 条、第 33 条中作出详细规定,如增加规定党组织在纪律审查中发现党员严重违纪涉嫌犯罪的,原则上先作出党纪处分决定,并按照规定给予政务处分后,再移送有关国家机关依法处理等。

"六个从严",即对组织、利用宗教活动反党,破坏民族团结,搞有组织的拉票贿选或者用公款拉票贿选,扶贫领域侵害群众利益,民生保障显失公平,组织利用宗族势力对抗中央方针政策、破坏基层组织建设,贯彻新发展理念失职等六种违纪行为从重或加重处分。

"七个有之",即充实完善总书记反复强调警惕的"七个有之"问题的处分规定。习近平总书记指出:一些人无视党的政治纪律和政治规矩,为了自己的所谓仕途,为了自己的所谓影响力,搞任人唯亲、排斥异己的有之,搞团团伙伙、拉帮结派的有之,搞匿名诬告、制造谣言的有之,搞收买人心、拉动选票的有之,搞封官许愿、弹冠相庆的有之,搞自行其是、阳奉阴违的有之,搞尾大不掉、妄议中央的也有之。

"八种典型违纪行为",即对干扰巡视巡察工作,党员信仰宗教,借用管理和服务对象钱款、住房、车辆等,民间借贷获取大额回报,利用宗族、黑恶势力欺压群众,形式主义、官僚主义突出表现,不重视家风、对家属失管失教等八种新型违纪行为作出处分规定。

第二章　职务犯罪办案人员法律基础常识

教学目的和要求：要求掌握监察人员必须具备的法律基础常识

教学重点和难点：认罪认罚和以审判为中心的理解与掌握，职务犯罪调查手段的科学运用

教学方法与手段：PPT现场授课，结合办案实践讲解，完成作业

一、非法证据排除规则

非法证据排除规则是对非法取得的供述和非法搜查扣押取得的证据予以排除的统称，也就是说，不得采纳非法证据，将其作为定案的证据，法律另有规定的除外。

（一）来源

非法证据排除规则源自英美法，于20世纪初产生于美国。当今世界各国及国际组织，大都制定了非法证据排除规则。它通常指执法机关及其工作人员采用非法行为取得的证据不得在刑事审判中采纳的规则。"非法"者，本为非法取得之意；"排除"者，初指非法证据不得在刑事审判中采纳为不利于被告的证据，后扩大到包括在审前程序中不得以非法取得的证据为根据签发逮捕证和搜查证等司法行为，以及被告方可以法院未排除非法证据为由进行上诉和请求最高法院审查案件。

（二）范围

非法证据的范围包括：

第一，执法机关违反法定程序制作的调查收集的证据材料。

第二，在超越职权或滥用职权时制作或调查收集证据材料。

第三，执法机关以非法的证据材料为线索调查收集的其他证据。

（三）非法证据排除的重要意义

非法证据排除的提出是基于一个时期以来，全国各地重特大刑事案件中冤

假错案频出，如云南杜培武案、湖北佘祥林案、河南赵作海案、浙江张氏叔侄案、内蒙古呼格吉勒图案、河北聂树斌案等，震惊社会，针对这种严峻的情况，最高法、最高检、公安部、国家安全部、司法部于 2010 年出台了《关于办理死刑案件审查判断证据若干问题的规定》《关于办理刑事案件排除非法证据若干问题的规定》两个证据规定，非法证据排除的意识和具体做法开始进入刑事案件侦查、起诉和审判环节，为公平公正办理刑事案件提供了有力保障。

1. 有利于严肃执法，依法办案。建立非法证据排除规则，使执法人员在实施违法行为之前，就想到其后果。非法证据的排除是对调查取证工作的最终的否定和谴责。有利于公民、法人或其他组织监督执法机关，在执法机关采取非法手段调查收集证据时，公民、法人或其他组织有权拒绝，并在以后诉讼程序中要求予以排除。要想否定一项诉讼行为，最有效的莫过于认定其无效，而想制止办案人员的非法取证行为，最有效的办法就是宣告其违法获取的证据不具有可采性。从而督促办案人员守法并依法办案。

2. 有利于彻底纠正违法行为。非法证据排除规则有利于彻底纠正违法行为，防止或减少冤假错案。实践中，造成冤假错案的原因无不与办案人员违法取证有关，非法证据排除规则尽管可能放纵犯罪，但其最大优点就是要保证言词证据的自愿性，从而达到定罪处罚的准确性的目的。

3. 有利于切实保障诉讼参与人的权利。非法证据排除规则有利于切实保障诉讼参与人的权利，能促进公安、司法机关及其工作人员法治观念的转变。非法证据排除规则是否在刑事诉讼中确立，存在一个价值权衡的问题，如果允许将非法取得的证据作为定案证据，对查明案件的真实情况，实现国家刑罚权是有益的，但这样做是以破坏国家法律所确立的秩序和侵犯公民基本权利为代价的。反过来，如果对非法证据予以排除，又会阻碍对犯罪的查明和惩治，这与该国的刑事诉讼目的、主导价值观念，对公民个人权利重视程序等因素都是相关的。该规则的确立，是一国文明水平的标志，它体现了办案人员法治观念的转变，即从惩罚犯罪第一到注重保护人权的诉讼观念的进步。

（四）宪法依据

《宪法》第 13 条第 1 款规定："公民的合法的私有财产不受侵犯。"第 37 条第 3 款规定："禁止非法拘禁和以其他方法非法剥夺或者限制公民的人身自由，禁止非法搜查公民的身体。"第 39 条规定："中华人民共和国公民的住宅不受侵犯。禁止非法搜查或者非法侵入公民的住宅。"第 40 条规定："中华人民共和国公民的通信自由和通信秘密受法律的保护。除因国家安全或者追查刑事犯罪的需要，由公安机关或者检察机关依照法律规定的程序对通信进行检查外，任何组织或者个人不得以任何理由侵犯公民的通信自由和通信秘密。"这些规定从宪法的高度规定了公民的权利。

（五）刑事诉讼法的规定

《刑事诉讼法》第 52 条规定：审判人员、检察人员、侦查人员必须依照法定程序，收集能够证实犯罪嫌疑人、被告人有罪或者无罪、犯罪情节轻重的各种证据。严禁刑讯逼供和以威胁、引诱、欺骗以及其他非法方法收集证据，不得强迫任何人证实自己有罪。必须保证一切与案件有关或者了解案情的公民，有客观地充分地提供证据的条件，除特殊情况外，可以吸收他们协助调查。

二、无罪推定原则

无罪推定原则，意指"未经审判证明有罪确定前，推定被控告者无罪"。

无罪推定原则是现代法治国家刑事司法通行的一项重要原则，是国际公约确认和保护的一项基本人权，也是联合国在刑事司法领域制定和推行的最低限度标准之一。

无罪推定原则是刑事诉讼法中的一项重要原则。刑事诉讼法较好地把握了无罪推定原则的涵义和特征，确认了它在刑事诉讼法律体系中的地位，理顺了其与其他构成要素之间的关系。

（一）在立法上确认了无罪推定原则

刑事诉讼法以显性方式将这一原则的主要精髓载入，其第 12 条明确规定："未经人民法院依法判决，对任何人都不得确定有罪。"刑事诉讼法对这一刑事原则的确认，对我国的刑事诉讼制度改革产生了不可低估的作用。

（二）具有可操作性和客观强制性

无罪推定原则在具体刑事诉讼中应具有可操作性和客观强制性。例如，根据"未经人民法院依法判决，对任何人都不得确定有罪"的原则精神，公诉案件中在人民检察院审查起诉到人民法院之前，统称为"犯罪嫌疑人"，只有起诉到人民法院后才称为"被告人"；为防止滥捕滥押及其他非法侵犯人身权利的情况出现，对犯罪嫌疑人、被告人采取强制措施的机关、程序、期限作了明确规定，对刑事诉讼各阶段的时间作了规定，对退补侦查的次数也作了限制性规定；为保障犯罪嫌疑人、被告人的诉讼权利和诉讼民主化，对律师介入刑事诉讼的时间也作出规定，并对犯罪嫌疑人、被告人和律师在各个诉讼阶段的权利作了明确规定。同时，本着"疑罪从轻"精神，规定了"证据不足，不能认定被告人有罪的，应当作出证据不足，指控的犯罪不能成立的无罪判决"等。

（三）贯穿刑事诉讼法始终

无罪推定原则是我国刑事诉讼法确立的一项原则，是刑事诉讼的基本原则之一。但我国刑事诉讼法对其并非明文表述，而是通过隐性方式将该原则与具体规则、制度、程序中的其他刑事诉讼原则（如国家起诉原则、不告不理原则等）相关联。由于无罪推定原则与刑事诉讼制度的许多方面具有极其密切的联系，因此，无罪推定原则必然与其他的相关的刑事诉讼原则及这些原则所决定和派生的刑事诉讼制度相匹配、相融合、相制约。

例如，无罪推定原则要求刑事诉讼中应保障以被告人的辩护权为中心的各项诉讼权利，而公民在适用法律上一律平等原则、诉讼参与人依法享有诉讼权利原则中的"公民"和"诉讼参与人"也包括被告人，也要求被告人在适用法律上平等和依法享有诉讼权利，这两项原则也要求保障以被告人的辩护权为中心的各项诉讼权利，这是刑事诉讼原则、诉讼制度相匹配、相融合、相作用的一面。

反之，也有相互制约的一面。例如，刑事诉讼法明确了被害人的诉讼地位，在公诉案件中确认了被害人具有诉讼当事人的主体身份，规定了被害人有申请回避的权利；可以委托诉讼代理人参加刑事诉讼，在一审判决后有权申请人民检察院抗诉；对检察机关不起诉决定不服的可以向上一级人民检察院申请，也可以向人民法院起诉。同时，还规定对有证据证明其人身权利或财产权利受到侵害，公安机关、检察机关不受理的案件，被害人有权直接向法院起诉。这样，在保障被告人诉讼权利的同时，也根据这几项原则，在刑事诉讼立法上通过对被害人的救济程序，依法保护被害人的诉讼权利。也就是说，在寻求被告人权益保障和被害人权益保障均衡的同时，也寻求两者之间的制衡。

（四）与有关刑事诉讼原则形成相互依存、相辅相成的关系

无罪推定原则按照刑事诉讼原则的分类，与司法机关依法独立行使职权原则、不告不理原则、一事不再理原则等，同属于正当程序主义原则，它们的共同特征是有利于正当法律程序的维持，有利于刑事诉讼按照诉讼轨道运行，有利于刑事诉讼中的人权保障。因此，无罪推定原则在刑事诉讼程序设计上必须与上述有关刑事诉讼原则相衔接，相互作用，形成相互依存、相辅相成的关系。

三、罪刑法定原则

（一）罪刑法定原则的内涵

罪刑法定原则，又称罪刑法定主义。其基本含义是指：什么是犯罪，有哪些犯罪，各种犯罪构成条件是什么；什么是刑罚，刑罚有哪些刑种，各个刑种如何适用，以及各种罪的具体量刑幅度如何等，均由刑法加以规定。对于刑法分则没有规定为犯罪的行为，不得定罪处罚。概括来说，就是"法无明文规定不为罪，法无明文规定不处罚"。罪刑法定原则已经成为全世界各国刑法中最普遍、最重要的一项基本原则。

我国1979年颁布的刑法基本上体现了罪刑法定原则的精神，1997年修改后的《刑法》第3条规定："法律明文规定为犯罪行为的，依照法律定罪处刑；法律没有明文规定为犯罪行为的，不得定罪处刑。"该条明确了罪刑法定原则作为我国刑法中的一项基本原则，且在我国刑法立法与刑法适用中发挥着越来越大的作用。

（二）职务犯罪立案最新标准

《刑法修正案（九）》和"两高"《关于办理贪污贿赂刑事案件适用法律若干问题的解释》对职务犯罪立案标准作出规定，体现了罪刑法定原则。

1. 刑法对于贪污贿赂犯罪的规定

《刑法修正案（九）》对于贪污贿赂犯罪的定罪及量刑作出了五方面的重大调整：（1）取消了贪污贿赂量刑的具体数额标准，突出数额之外其他情节在定罪量刑中的作用；（2）对增设死缓减刑为无期徒刑后终身监禁；（3）增设罚金；（4）增设对有影响力的人行贿罪；（5）对行贿罪从宽处罚设定更加严格的条件。

2. "两高"《关于办理贪污贿赂刑事案件适用法律若干问题的解释》遵循的原则

（1）突出依法从严。①明确贪污受贿数额满1万元，具有一定较重情节的就应当追究刑事责任；②赋予终身监禁的制度刚性，明确终身监禁的决定必须在裁判的同时作出，终身监禁一旦作出将无条件执行，不受服刑表现的影响，不得减刑、假释；③加大经济处罚力度，罚金远高于其他犯罪标准；④严密法网，对"财物""为他人谋取的利益"等犯罪构成要件作出解释；⑤受贿与行贿打击并重；⑥从重打击滥用职权损害国家、人民利益的受贿犯罪，明确构成受贿罪和渎职犯罪的，实行数罪并罚。

（2）注重统筹兼顾。①党纪与法律的协调，党纪挺在法律的前面；②罪轻与罪重的协调，数额加情节，尽可能做到罪刑均衡；③不同主体身份职务犯罪的协调。

（3）强调积极稳妥。①财物包括财产性利益和其他支付货币的利益；②超出人情往来范围的，视为承诺为他人谋取利益；③特定关系人收受贿赂，国家工作人员知道后未退回或者上交的，应认定国家工作人员具有受贿故意；④用于公务的，明确存在贪污贿赂故意的，不影响定罪。

（4）体现便于操作。①定罪量刑标准统一；②情节设置上，对不同犯罪数额作出限制；③明确为他人谋取利益前后连续收受的财物均计入受贿数额；④采取绝对数和倍比数相结合的办法规定罚金的判罚标准，在兼顾被判刑人受罚能力的同时，确保罚金充分有效。

3. "两高"《关于办理贪污贿赂刑事案件适用法律若干问题的解释》主要内容

（1）明确贪污罪、受贿罪的定罪量刑标准。①取消贪污罪、受贿罪定罪量刑设数额标准，取而代之以"数额较大""数额巨大""数额特别巨大"以及"较重情节""严重情节""特别严重情节"。②将原来5000元标准调整至3万元。具体犯罪金额标准：1万元以上不满3万元；3万元以上为数额较大；10万元以上不满20万元；20万元以上为数额巨大；150万元以上不满300万元；300万元以上为数额特别巨大。另外，"数额加情节"大体上减半掌握数额标准，从而使数额标准外的其他情节成为影响贪污贿赂定罪量刑的重要因素。

（2）明确贪污罪、受贿罪死刑、死缓及终身监禁的适用原则。

（3）界定贿赂犯罪对象"财物"的范围。①行贿人支付货币购买后转送给受贿人消费；②行贿人在社会上作为商品销售的自有利益，免费提供给行为人消费，如债务免除等。

（4）细化受贿犯罪中"为他人谋取利益"要件的情形。①不论是否实际为他人谋取利益，不论事前还是事后，均不影响受贿犯罪的认定；②国家工作人员索取、收受具有上下级关系的下属或者具有行政管理关系的被管理人员的财物，视为承诺为他人谋取利益，应当以受贿犯罪定罪处罚。

（5）明确行贿罪从宽处理的适用条件。①行贿人在被追诉前主动交待行贿行为；②犯罪较轻的、对侦破重大案件起关键作用的；③有重大立功表现的。犯罪较轻明确为可能判处 3 年以下有期徒刑的；重大案件明确为可能判处 10 年以上有期徒刑的。

（6）明确多次受贿数额累计计算。①虽然每次受贿都没有达到规定的定罪标准，但累计后达到标准的，应当追究；②收受财物与为请托人谋取事项不对应的问题，请托前后多次收受请托人财物的，受请托前收受财物 1 万元以上的，应一并计入受贿数额。对小额不断、多次收受财物的，也应当一并追究刑事责任。

（7）明确贪污、受贿犯罪"故意"的认定。特定关系人收受的财物，国家工作人员知道后未退还或者上交的，应当认定国家工作人员具有受贿故意。特定关系人是指与国家工作人员有近亲属、情妇（夫）以及其他共同利益关系的人。

（8）明确受贿犯罪同时构成渎职犯罪的，实行数罪并罚。国家工作人员利用职务上的便利，收受他人财物，为他人谋取利益，同时构成受贿罪和刑法分则第三章第三节、第九章规定的渎职犯罪的，除刑法另有规定外，以受贿罪和渎职犯罪数罪并罚。

（9）强化赃款赃物的追缴。贪污贿赂犯罪分子违法所得，应当依法予以追缴或者责令退赔；尚未追缴或者尚未足额退赔的，应当继续追缴或者责令退赔。据此，追缴赃款赃物不设时限，一追到底、永不清零，随时发现随时追缴。

（10）明确罚金的判罚标准。①判处 3 年以下的，判处 10 万元以上至 50 万元以下；②判处 3 年以上 10 年以下的，判处 20 万元以上犯罪数额二倍以下的罚金或者没收财产；③判处 10 年以上或者无期徒刑的，判处 50 万元以上犯罪数额二倍以下的罚金或者没收财产；④对刑法规定并处罚金的其他贪污贿赂犯罪，应当在 10 万元以上犯罪数额二倍以下判处罚金。

（11）对非国家工作人员职务犯罪作出规定。①规定了非国家工作人员受贿罪、职务侵占罪、挪用资金罪和对非国家工作人员行贿罪定罪量刑适用标准；②非国家工作人员受贿罪、职务侵占罪"数额巨大"的数额起刑点按照贪污罪、受贿罪数额标准的 5 倍执行；③其他数额标准按照对应国家工作人员犯罪有关数额标准的 2 倍执行。

四、刑事案件认罪认罚从宽制度

认罪认罚从宽制度是指犯罪嫌疑人、被告人自愿如实供述自己的犯罪，对于指控犯罪事实没有异议，同意检察机关的量刑建议，并签署具结书的案件，可以依法从宽处理。认罪认罚从宽充分体现了我国宽严相济的刑事政策，做到该宽则宽、当然则严、罚当其罪。有利于彰显我国刑事法律体系的公平正义。

办理认罪认罚案件必须确保当事人认罪认罚的自愿性。对当事人是否自愿认罪，取证是否合法，有没有刑讯逼供等违法行为，检察机关必须加强法律监督，作为重点审查内容。同样，检察机关起诉到法院的案件，法院在法庭上仍要告知被告人诉讼权利，明确其认罪认罚的法律后果，同时重点审查其认罪的自愿性和认罪过程的合法性。对于调查过程中采用刑讯逼供等手段造成认罪的，必须纠正违法行为，同时认罪供述不能作为认定犯罪的证据使用。

办理认罪认罚案件，在保护被告人合法权益的同时，也要保护刑事被害人的合法权益。人民法院、人民检察院和公安机关应当听取被害人及其代理人意见，并将被告人与被害人是否达成谅解协议作为量刑的重要考量因素。要敦促犯罪嫌疑人、被告人向被害人赔礼道歉、退赃退赔、赔偿损失，保障被害人尽早获得损害赔偿和心理安抚，有效减轻诉累，及时化解矛盾，修复社会关系。

（一）认罪认罚从宽制度的内涵

认罪认罚从宽制度是近年出台的一项重要的刑事司法政策。为了进一步体现公平正义的刑事司法政策效果，突出办理刑事案件政治效果、法律效果和社会效果的统一，进一步提高办案效率，实现案件繁简分流，节省司法成本和资源，2018年刑事诉讼法修改时增加了认罪认罚的规定。

虽然认罪认罚的规定属于刑事诉讼的范畴，但对监察机关办案人员，在查办涉嫌职务犯罪案件过程中把握好这个政策，同样具有重要的意义。

2019年9月，最高人民法院、最高人民检察院、公安部、国家安全部、司法部出台《关于适用认罪认罚从宽制度的指导意见》，监察机关办案人员在办理涉嫌职务犯罪案件过程中，也有必要深刻理解和准确把握"认罪认罚从宽"的执法理念，充分体现党的刑事司法政策的三个效果，取得良好办案效果。

（二）认罪认罚从宽制度适用的重点问题

1. 认罪认罚适用的范围。认罪认罚从宽制度原则上没有限定适用的罪名和刑罚，但是在具体适用时要注意防止"一刀切"、一律从宽。要坚持宽严相济刑事政策，对犯罪性质恶劣、犯罪手段残忍、社会危害严重、群众反映强烈的案件，特别是认罪认罚价值不大的，应当慎重适用认罪认罚从宽制度。

2. 提出认罪认罚处理意见的主体范围。参与刑事诉讼的当事人、律师、办案人员都可以提出。

3. 提出认罪认罚处理意见的时间。法律没有限制提出的时间，基本上是适用于判决前的整个刑事诉讼阶段，总体上是积极主动认罪认罚越早越好，可以得到的从宽幅度也越大，但在不同阶段的任务和具体要求不同。

4. 认罪认罚从宽的适用条件。具体条件：（1）犯罪嫌疑人、被告人自愿如实供述自己的罪行，承认指控的犯罪事实；（2）愿意接受处罚，同意量刑建议；（3）签署认罪认罚具结书。认罪、认罚是实质要件，签署具结书是形式要件。

5. 认罪认罚具结书的签署存在特殊例外。犯罪嫌疑人认罪认罚，有下列情形之一的，不需要签署认罪认罚具结书：（1）犯罪嫌疑人是盲、聋、哑人，或者是尚未完全丧失辨认或者控制自己行为能力的精神病人的；（2）未成年犯罪嫌疑人的法定代理人、辩护人对未成年人认罪认罚有异议的；（3）其他不需要签署认罪认罚具结书的情形。

6. 认罪认罚从宽的适用程序。有多种适用程序，速裁程序、简易程序、普通程序都有可能。

7. 认罪认罚处理意见的内容。具体包括：（1）涉嫌的犯罪事实、罪名及适用的法律规定；（2）从轻、减轻或者免除处罚等从宽处罚的建议；（3）认罪认罚后案件审理适用的程序；（4）其他需要听取相关意见的事项。

8. 认罪认罚时可以提出适用缓刑的量刑建议。犯罪嫌疑人认罪认罚的，人民检察院应当就主刑、附加刑、是否适用缓刑等提出量刑建议，并随案向人民法院移送认罪认罚具结书等材料。

9. 量刑建议被采纳的条件。《刑事诉讼法》第 201 条规定：对于认罪认罚案件，人民法院依法作出判决时，一般应当采纳人民检察院指控的罪名和量刑建议，但有下列情形的除外：（1）被告人的行为不构成犯罪或者不应当追究其刑事责任的；（2）被告人违背意愿认罪认罚的；（3）被告人否认指控的犯罪事实的；（4）起诉指控的罪名与审理认定的罪名不一致的；（5）其他可能影响公正审判的情形。

10. 认罪认罚的案件法官仍然需要审查证据。犯罪嫌疑人、被告人认罪认罚的，法官仍然要审查证据。

11. 提出量刑建议调整的情形。具体包括：（1）检察机关主动提出调整，法院予以支持，主要是被告人积极赔偿、取得谅解、退赔等；（2）因被告人、辩护人对量刑建议提出异议而调整；（3）人民法院经审查发现量刑建议不当，有权建议检察机关进行调整。

五、以审判为中心

以审判为中心是指涉嫌刑事犯罪案件，最终必须经过法院的审判活动予以确认，而其他机关和部门（检察机关侦查部门、监察机关调查部门）刑事案件查办活动都必须服从、服务于法院。

（一）"以审判为中心"的诉讼制度改革的提出

提出"以审判为中心"原因在于长期以来我们的刑事诉讼奉行"审者不定，定者不审"，庭审在事实认定、证据采信、定罪量刑中的作用被淡化。所以，"以审判为中心"的精髓就在于庭审的实质化，使庭审在事实认定、证据采信、定罪量刑中发挥决定性作用，回归审判的司法属性。"以审判为中心"意味着案件事实的认定和证据的采信等均要通过庭审来确定，证据必须通过庭审的调查和辩论才能作为定案的依据，法官在听取控辩双方意见基础上进行定罪量刑。

（二）"以审判为中心"的含义

调查、审查起诉和审判三者相比，审判工作是最重要的。以审判为中心，不是以法院为中心，也不是以法官为中心，而是以庭审活动为中心。在以审判为中心的诉讼制度中，调查和审查起诉阶段形成的案卷材料只能用于作出适用强制措施和起诉等程序性决定；审判中的定罪量刑只能依据经过庭审质证的证据，即直接言词证据原则，而不能依据调查和审查起诉阶段形成的案卷材料。

从犯罪嫌疑人、被告人罪责的角度来看，以审判为中心意味着只有在审判阶段才能最终确定被告人的罪责，调查阶段和审查起诉阶段对于犯罪嫌疑人罪责的认定仅具有程序意义，不产生有罪的法律效果，对审判阶段确定被告人的罪责也没有预决性，这样的原则与刑事诉讼法的规定也是相契合的。

推进以审判为中心的诉讼制度改革，就是要通过强化法庭审判环节，充分保障辩护权利和质证权利，加强控辩双方对抗，从而树立审判在整个刑事诉讼程序中的核心地位。

（三）"以审判为中心"就是要求庭审实质化，提高审判质量

党的十八中四中全会《中共中央关于全面推进依法治国若干重大问题的决定》中论述："推进以审判为中心的诉讼制度改革，确保调查、审查起诉的案件事实证据经得起法律的检验。全面贯彻证据裁判规则，严格依法收集、固定、保存、审查、运用证据，完善证人、鉴定人出庭制度，保证庭审在查明事实、认定证据、保护诉权、公正裁判中发挥决定性作用。"从这段论述来看，以审判为中心就是以庭审作为整个诉讼的中心环节，调查、起诉等审前程序都是开启审判程序的准备阶段，调查、起诉活动都是围绕审判中事实认定、法律适用的标准和要求而展开，法官直接听取控辩双方的意见，依据证据裁判规则作出裁判。简言之，以审判为中心就是要求庭审实质化，提高审判质量。

"以审判为中心"并没有改变宪法和诉讼法确定的职权配置格局，没有否定检察机关在审判阶段行使诉讼监督权的权力基础，不仅没有否定，《中共中央关于全面推进依法治国若干重大问题的决定》中还明确提出"完善检察机关行使监督权的法律制度，加强对刑事诉讼、民事诉讼、行政诉讼的法律监督"。"以审判为中心"的诉讼模式强调的是审判阶段对案件处理的关键作用，但审判阶段的诉讼活动仍然要接受检察机关的诉讼监督，二者并无矛盾。

六、强制措施

（一）监察机关与检察（侦查）机关强制措施相同之处

监察机关职务犯罪的调查权与检察机关职务犯罪侦查权无论从主体性质还是措施种类等方面均存在诸多不同，但就对职务犯罪案件的查处内涵而言，二者也具有相同的特点。

二者都是对职务犯罪嫌疑人最厉害的强制力措施，都具有限制人身权利和财产权利的强制性。

监察机关的强制措施与检察机关的强制措施高度类似，比如，监察法通过国家立法赋予监察机关必要的权限和措施，将原行政监察法已有规定和实践中正在使用、行之有效的措施确定下来，明确监察机关可以采取谈话、讯问、询问、查询、冻结、调取、查封、扣押、搜查、勘验检查、鉴定、留置等措施开展调查。

需要注意的是，监察机关的谈话、讯问、询问、查询、冻结、调取、查封、扣押、搜查、勘验检查、鉴定、留置措施与检察机关的询问、讯问、查询、冻结、调取、查封、扣押、搜查、勘验检查、鉴定、传唤、拘传、取保候审、留置、逮捕措施基本类似，所不同的是对人身限制的措施，监察机关主要是"留置"，检察机关是"留置""逮捕"，在对人身限制程度上而言是基本一致的。

监察机关拥有 12 种强制措施与检察机关职务犯罪调查过程中的强制力措施是高度相似的，其中一些措施的强制力程度如适用对象范围、适用时间长度等甚至大于宽于检察机关。

（二）监察机关与检察机关强制力措施不同之处

监察机关是由国家权力机关设立的监督机关，是党统一领导下的反腐败工作机构；其反腐败针对的职务犯罪与一般刑事犯罪不同，监察机关的调查权不同于公安机关、检察机关等的侦查权，二者主要区别如下：

1. 法律依据不同

监察机关调查权的依据是监察法，突出体现惩戒与教育相结合、宽严相济。检察机关侦查权的依据主要是刑事诉讼法，突出体现司法机关办案时保障人权与打击犯罪并重、公正与效率平衡。

需要特别指出的是，监察机关采取的留置调查措施，不能简单套用或视同执法和司法机关的强制措施。监察法对留置的审批程序、留置场所、调查过程的安全和被留置人员饮食、休息、医疗服务等都有极其严格的规定，强调保障被调查人的人身权、财产权和申辩权等合法权益。凡是采取留置措施的都必须经过监察机关领导人员集体研究决定，设区的市级以下监察机关采取留置措施应报上一级监察机关批准，省级监察机关采取留置措施应报国家监察委员会备案。

2. 行使主体不同

调查权的行使主体是监察机关，监察机关是反腐败专门机关而非司法机关，决定重要调查事项要由同级党委、上级监委批准。

侦查权的行使主体是具有特定主体资格的机关和人员，这种特定的主体资格由法律予以规定和认可。在我国，能够进行侦查的机关只能是公安机关、人民检察院、国家安全机关、监狱、军队保卫部门、海警执法部门，其他任何机关、团体或者公民个人都无权行使侦查权。

二者行使主体虽然不同，但监察机关在办理职务犯罪案件时又与公安机关、检察机关、审判机关等互相配合，互相制约。

对于监察机关移送的案件，人民检察院经审查认为需要补充核实的，应当退回监察机关补充调查，必要时可以自行补充侦查。

监察机关调查涉嫌重大贪污贿赂等职务犯罪，根据需要，经过严格的批准手续，可以采取技术调查措施，交公安机关执行。

3. 适用对象不同

监察机关调查权的适用对象是涉嫌贪污贿赂、滥用职权、玩忽职守、权力寻租、利益输送、徇私舞弊以及浪费国家资财等职务违法和职务犯罪的公职人员，监察对象是行使公权力的公职人员。

公安机关、检察机关等行使的侦查权，适用对象是涉嫌刑事犯罪的人员，涵盖了涉嫌普通刑事犯罪人员和职务犯罪的公职人员，军人违反职责的犯罪和军队内部发生的刑事案件以及其他依照法律和规定应当由其他机关管辖的刑事案件例外；同时，为完善与监察法的衔接机制，保留检察机关在诉讼活动法律监督中，发现司法工作人员利用职权实施非法拘禁、刑讯逼供、非法搜查等侵犯公民权利、损害司法公正的涉嫌犯罪行为的侦查权。

总体来看，监察法确定的监察机关的 12 种调查措施，基本与监察机关承担的职责任务相匹配，有利于监察工作规范化、法治化。

七、技术调查手段

（一）技术侦查与技术调查概念

具有侦查权的机关采用科技手段或者特殊措施辅助办案，称之为技术侦查，监察机关中具有职务犯罪的调查权，因此在监察机关，这个行为便称为"技术调查"。二者在办案技术措施层面而言，没有本质区别。

从侦查实践看，迄今为止专家学者对"技术侦查"概念的解释诸多，所以有必要进行归纳、提炼，提出新的界定。我们认为，技术侦查是采取相应的科学技术手段获取案件信息、证据和查获犯罪嫌疑人等侦查行为的总称，其具有高新科技与高度秘密的特征，具有影响他人相关权益的必然性。

需要注意的是，只有高科技不是技术侦查，如测谎，个别侦查机关引进了加拿大的测谎仪，与美国联邦调查局采用的设备相同，可谓高科技，但它不秘密，测谎需要当事人面对面，并且必须取得当事人的同意和配合；其次，只是秘密也不是技术侦查，如跟踪、贴靠、卧底等，它虽然高度秘密，但不具有高科技的属性。所以技术侦查一定是具有高科技与高度秘密紧密结合的特征。另外，技术侦查措施的使用中一定会影响到他人的相关权益。

（二）技术侦查包含内容

1. 技术侦查

特征：具有及时性、瞬间性、运动性、紧急性

形式：电子跟踪、信息监控、动态窃听、GPS 定位、电脑网络监控、手机信息动态控制分析等，是对正在发生的、正在进行中的案件进行侦查。

2. 侦查技术

特征：具有曾经性、过程性、复原性、静态性

形式：指纹、声纹、脚印、痕迹、体液、DNA、毛发等的鉴定，是现代科技手段对过去数据的处理，一般是对已经发生的案件进行技术数据的复原。

3. 侦查措施

特征：具有强制性、灵活性、阶段性、交替性

形式：各种具有强制力的调查、各种强制措施、搜查、边控、通缉、秘密控

制等限制人身自由、财产权利的司法行为。

4. 侦查手段

特征：具有多样性、结合性、交织性、风险性

形式：行动跟踪、动态监视、化装侦查、贴靠卧底、邮检狱侦、秘密获取等。

5. 侦查方法

特征：具有常规性、重复性、分工性、智能性

形式：内紧外松、围点打援、分化瓦解、引虎下山、欲擒故纵、守株待兔、引狼入室、放虎归山等。

（三）技术侦查与技术调查的使用

之所以把技术侦查界定为特殊侦查措施、手段，是因为隐匿身份和控制下交付是职务犯罪侦查中经常使用的常规方法，而且主要是在初查阶段使用。

职务犯罪侦查是一种特殊的刑事犯罪侦查，与其他侦查机关侦查的普通刑事犯罪不同。

其他侦查机关是"由事到人"，案件发生了，有了基本证据（诸如尸体、血迹、指纹、现场遗留物、各种痕迹等）有足够依据去查获犯罪人，侦查机关采取任何认为有必要的措施都是可以的。

职务犯罪侦查是"由人到事"，先是要以涉嫌犯罪的证据去证明"人"涉嫌犯罪，需要采用的大量调查措施、手段都是在刑事立案前进行，目的在于证明这个"人"涉嫌犯罪，而"人"一旦被证明涉嫌犯罪了，其"人"也就到位了，被依法立案侦查了，也就可以公开地、正常地采用技术侦查措施了。

需要注意的是，不要把正常的调查混同于技术侦查，现阶段监察机关用的是"具有一定技术含量的调查"，不属于"技术侦查"或者"技术调查"。检察机关一旦作出了刑事立案的决定，根据办案需要决定采取技术侦查措施（委托公安机关进行）就是合理合法、理所当然了。

八、留置措施

习近平总书记在党的十九大报告中指出，制定国家监察法，依法赋予监察委员会职责权限和调查手段，用留置取代"两规"措施。

用留置取代"两规"措施，实现"两规"的法治化，是法治建设的重大进步，是以法治思维和法治方式反对腐败的重要体现，是反腐败工作思路办法的创

新发展。监察机关在职务违法犯罪案件调查过程中，既要严格依法收集证据，也要用党章党规党纪、理想信念宗旨做被调查人的思想政治工作，靠组织的关怀感化被调查人，让他们真心认错悔过。

（一）留置措施基本问题

1. 留置的渊源

以前，监察机关有权责令有违反行政纪律法规嫌疑的人员在指定的时间、地点就调查事项涉及的问题作出解释和说明，也就是俗称的"双指"（党内对象是"双规"）；检察机关可以对职务犯罪嫌疑人采取刑事拘留、逮捕措施。

现在，监察委员会的 12 项措施中，没有留置、逮捕措施。《监察法》第 47 条第 1 款规定，"对监察机关移送的案件，人民监察院依照《中华人民共和国刑事诉讼法》对被调查人采取强制措施"。

至于纪委的"双规"措施，党的十九大报告指出"依法赋予监察委员会职责权限和调查手段，用留置取代'两规'措施"。

"双指"则因《监察法》第 69 条规定废止《行政监察法》而不复存在。

2. 留置期限与批准

《监察法》第 43 条第 2 款规定，"留置时间不得超过三个月。在特殊情况下，可以延长一次，延长时间不得超过三个月。省级以下监察机关采取留置措施的，延长留置时间应当报上一级监察机关批准。监察机关发现采取留置措施不当的，应当及时解除"。

3. 留置期限可折抵刑期

从性质上来看，留置措施限制和剥夺了被调查人的人身自由，应当予以折抵刑期。而且，以前监察机关查办职务犯罪案件时，被留置、逮捕的时间可以折抵刑期，现在由于体制改革，转为监察委员会查办职务犯罪案件，从公平公正的角度考虑，留置也应当可以折抵刑期。

《监察法》第 44 条第 3 款规定："被留置人员涉嫌犯罪移送司法机关后，被依法判处管制、拘役和有期徒刑的，留置一日折抵管制二日，折抵拘役、有期徒刑一日。"

4. 留置期间律师不可介入

第一，留置是监察措施，监察机关不是司法机关，监察机关履行职责的法律依据不是刑事诉讼法（刑事诉讼法规定有法律援助）。

第二，是由职务违法、职务犯罪调查工作的特殊需要决定的。职务违法、职务犯罪最多的表现就是行贿受贿，而针对行贿受贿又很难拿到物证，多数都是言词证据，要想使被调查对象如实交待情况，最大的挑战就是串供、隐藏证据，甚至销毁证据。在调查过程中要排除可能出现的上述干扰。另外，这类案件往往涉及机密、秘密，律师也不宜介入。

第三，有关案件在监察机关移送检察机关，进入司法程序之后，律师完全可以介入。在司法阶段，被调查人（被告人）是能够充分享受到他们应该得到的法律援助的。

需要注意的是，留置措施必须依法严格掌握，慎重使用。留置是监察机关调查职务违法和职务犯罪的重要手段，审批程序和使用期限都有严格限制，这就倒逼监察机关必须把基础工作做扎实。

5.《监察法》对留置作出的规定

"留置"一词在《监察法》中出现了 22 次。

被调查人涉嫌贪污贿赂、失职渎职等严重职务违法或者职务犯罪，监察机关已经掌握其部分违法犯罪事实及证据，仍有重要问题需要进一步调查，并有下列情形之一的，经监察机关依法审批，可以将其留置在特定场所：（1）涉及案情重大、复杂的；（2）可能逃跑、自杀的；（3）可能串供或者伪造、销毁、转移、隐匿证据的；（4）可能有其他妨碍调查行为的。

对涉嫌行贿犯罪或者共同职务犯罪的涉案人员，监察机关可以依照前款规定采取留置措施。

（二）留置措施适用过程中的重点难点问题

留置措施对监察机关办案，特别是对一些大案要案、疑难复杂案件的调查作用是不可低估的，但留置措施绝对不能滥用，可留可不留的，坚决不留，有需要留置 5 天的，不得留置 10 天。

1. 牢固树立正确的执法理念

（1）从涉嫌留置到必要留置的考量；

（2）确保留置措施的适度运用；

（3）建立留置必要性条件的证明机制。

2. 善用留置措施有利于办案

（1）把握现有证据，足以证明犯罪事实；

（2）有利案件事实拓展，避免错失良机；

（3）把握国家赔偿底线，杜绝以留代侦。

3. 加强与留置必要性审查有关的工作

（1）建立留置必要性审查评估机制；

（2）拓展信息流通渠道，案管、执纪、调查、审查等各部门之间共同掌握案件及对象动态；

（3）进一步加强非留置状态下办案工作的探索和研究。

4. 监察机关可参考检察机关羁押必要性审查程序设置留置必要性审查

羁押必要性审查，是指人民检察院依据《刑事诉讼法》第 93 条规定，对被逮捕的犯罪嫌疑人、被告人有无继续羁押的必要性进行审查，对不需要继续羁押的，建议办案机关予以释放或者变更强制措施的监督活动。羁押必要性审查案件由办案机关对应的同级人民检察院刑事执行检察部门统一办理。

《刑事诉讼法》第 93 条规定："公安机关逮捕人的时候，必须出示逮捕证。逮捕后，应当立即将被逮捕人送看守所羁押。除无法通知的以外，应当在逮捕后二十四小时以内，通知被逮捕人的家属。"

逮捕是刑事诉讼中不可缺少的强制措施，但也可能侵犯到公民的人身自由权。《刑事诉讼法》第 95 条规定："犯罪嫌疑人、被告人被逮捕后，人民检察院仍应当对羁押的必要性进行审查。对不需要继续羁押的，应当建议予以释放或者变更强制措施。有关机关应当在十日以内将处理情况通知人民检察院。"其目的就是保障人权，防止超期羁押和不必要的羁押。

（1）羁押强制措施的决定和改变的依据及原因。根据刑事诉讼法相关规定，犯罪嫌疑人、被告人虽然被逮捕，但是如果案件证据或者案件事实及情节发生变化，犯罪事实可能不是嫌疑人所为，可能判处无罪；羁押期限将超过依法可能判处的刑期的；或者案情轻微，认罪悔罪，患有严重疾病等情形，经审查，可以改变强制措施。这不但可以降低羁押率，还有利于保障犯罪嫌疑人、被告人的合法权益。

（2）申请羁押必要性审查的程序。犯罪嫌疑人、被告人及其法定代理人、近亲属、辩护人都可以提出申请，检察官也可以依职权开展审查；还可以根据上级交办，人大代表、政协委员建议，或者看守所建议等。主动申请时应当说明不需要继续羁押的理由。有相关证明材料的，应当一并提供。检察院的刑事执行检察部门（批捕部门）收到申请材料后，应当进行初审，并在 3 个工作日以内提出是否立案审查的意见。

（3）羁押必要性审查的重点和范围。通常情况下，检察机关对于涉黑、涉恶、涉毒等严重刑事犯罪分子，一般不予审查，但有法定特殊情形的除外。对于涉嫌犯罪情节较轻的在校学生、未成年人、妇女、老年人、残疾人，具有悔罪、坦白、自首、立功、防卫过当、避险过当、患有严重疾病、生活不能自理等情节的初犯、偶犯、过失犯、预备犯、中止犯、未遂犯、从犯、胁从犯等进行重点审查。

（4）检察机关对符合羁押变更的处理程序。按照法律和有关规定，检察机关刑事执行部门（批捕部门）立案，开展审查，对符合条件的，检察机关承办人制作《羁押必要性审查报告》，经审批后向办案单位发出《羁押必要性审查建议书》或者《对犯罪嫌疑人变更强制措施的建议函》，办案单位依法办理并回复，承办人在法定期限内结案。办案单位采纳的，在押人员就会被释放或者变更强制措施。

（5）启动留置必要性审查的情形。参考检察机关羁押必要性审查程序，有下列情形之一的，监察机关应当启动留置必要性审查：

①案件当事人、近亲属提出申请，提供不适合羁押等有关证明的；

②办案部门申请延长留置期限的；

③留置期间案件事实证据情节发生变化，不适宜继续留置的；

④留置过程中发现有不适合继续留置的；

⑤其他应当启动留置必要性审查的。

（6）继续留置必要性审查。具体步骤如下：

①对需要继续采取留置措施的进行评估；

②向办案部门了解案件取证进展情况；

③听取办案部门、办案人员、看护人员的意见；

④听取对象本人、家属、单位组织等方面的意见；

⑤调查核实对象的身体健康状况；

⑥查阅案卷材料，审查不需要继续留置的理由；

⑦其他方式。

（7）提出留置变更意见的情形。以上③、④、⑤、⑥是审查的必要方式。具有以下情形之一的，应当提出留置变更意见：

①案件证据发生重大变化，不足以证明犯罪事实、犯罪行为是对象所为；

②对象患有严重疾病，生活不能自理的；

③对象正在怀孕或正在哺乳自己婴儿的；

④对象实施新的犯罪、毁灭、伪造证据、干扰证人作证、串供、对被害人、举报人、控告人、证人实施打击报复、自杀或者逃跑等可能性已经排除的；

⑤案件事实或者情节发生变化，或者对象真诚认罪悔罪、积极退赃、赔偿，有坦白、自首或者立功等法定可以从轻减轻条件，可能被判处非实刑的、免刑的、无罪的；

⑥继续留置可能超越可判刑期的；

⑦案件事实基本查清、证据已经收集固定，没有必要继续采取留置措施的；

⑧其他不需要继续采取留置措施的。

第三章　职务犯罪线索

教学目的和要求：要求了解职务犯罪线索的基本常识和管理使用方法
教学重点和难点：职务犯罪线索的发现和甄别
教学方法与手段：PPT现场授课，案例研究及作业

一、线索概述

（一）线索概念

监察机关通过各种有效途径发现和掌握的、需要初核并有可能进入调查程序的、反映国家工作人员、公职人员涉嫌职务犯罪的有关信息、情报等形成的材料。

线索是进入调查视野、经过审批、进入程序、具有可查性的、最终得出结论的涉嫌贪污贿赂、渎职侵权等职务犯罪的信息。

（二）线索的特定性

职务犯罪线索具有特定性，我们可以从否定的角度来理解这个特定性。

1. 信息不是线索。

2. 无特定内在联系的不是线索。

3. 无法调查、侦查的不是线索。

4. 没进入程序的不是线索。

5. 没有经过筛选的不是线索。

线索的外延过大、范围过宽、使用过滥不符合职务犯罪调查领域的客观实际，不利于对线索的深入研究、规范管理和充分开发利用。

（三）线索与信息、迹象、情报、材料的区别

掌握这些概念的不同与联系，对完整理解和把握线索具有积极的作用。

1. 信息

信息是音讯、消息。

信息是事物存在方式或运动状态，以及这种方式、状态的直接或间接的表述，是事物反映出来的属性。

信息是消息的接收者预先不知道的报道。

信息是客观事物运动变化的外在反映，这种反映不以人们的意志为转移，完全是一种自在之物。

调查范围中的信息，是可能涉嫌犯罪的客观事实原始的、外在的表现形式和状态。

信息是可以被感知、提取、传输、计量、处理、变换、储存和使用的。

信息不一定是线索，线索一定是信息。

2. 迹象

迹象是一种客观事物表现形式。

迹象通常是一种连续状态的客观表现形式，由抽象表现和具体表现两种方式。

调查范围中的迹象，是指可能涉嫌犯罪的人和事其所表现出来的客观事实的外在反映，是更具体的、更具有痕迹的客观反映，在一般的刑事侦查中（区别于职务犯罪调查）接触和涉及较多。

迹象可以被记录、测量、实验、鉴定等。

迹象不一定是线索，线索一定有客观迹象的表现。

3. 情报

情报是关于某种情况的消息和报告。

获取的他方有关情况以及对其分析判断的成果。

情报是系统化的信息，专门针对特定的事项，在传递手段上要求和限制更为严格。

情报的特征是其被限定在一定的范围内，出于特殊的秘密状态，情报一旦被公开就成为公共的信息。

调查范围中的情报，是指监察机关调查部门以特定的人员或特殊的手段，秘密获取的与涉嫌职务犯罪有关的人和事的信息和报告。

情报不一定是线索，某些情报可以成为有一定质量的线索。

4. 材料

材料泛指一般供参考用的数据。

社会文化领域中的材料是指围绕一定主旨或主题而形成的文字记载。

调查范围中的材料，是指可能涉嫌职务犯罪的有关迹象、信息、情报、交待、证据、研究等制作形成的、书面文字形式的或者音像图文形式的记载。

材料不一定是线索，线索的载体一定是材料，线索一定是材料的客观表现和内涵之一。

5. 迹象、信息、情报、材料的特征

迹象——更多的是为较容易发现、采获、固定、重复、再现的一种客观事物的痕迹表现，属于信息的性质范畴。

信息——表现形式的多样性、变幻性、公开性，其既可客观、具体、直接表现，也可抽象、零散、间接表现，在表现过程中其容量会递进或弱化，且其对整个空间而言，是公开的，即对任何需采获的人来说是同一的、平等的。

情报——具有获取的主动性、内容的秘密性、手段的隐蔽性，需有特定的人或特殊的手段来采获和传递。也可以说情报是信息的一种特殊表现形式、信息的高级阶段。

材料——通常以书面、选择、汇总、归纳、加工等形式表现，可以由主、被动任何一方运用或制作。就侦查机关而言，即是对侦查活动有一定价值和意义的书面的文字记载。

6. 迹象、信息、情报、材料之联系

迹象——是更趋客观具体的信息，是一种痕迹的运动表现方向，更多的是在普通刑事案件的侦查过程中应用。经过确认的迹象往往就是具体的线索。

信息——是客观事物运动变化的外在反映，是包括迹象、情报在内一切事物的表现形式。在形成被确认的材料之前，它是原始的、零星的、分散的、未被储存的。

情报——是系统的、高级的、特定的信息，通常都经过筛选，其是客观的、具体的、选择的、提炼的、集中的，是信息的一种特殊的表现形式，是信息的高级阶段。

材料——范围最广、周延最宽、内涵最小，其来源包括信息、情报等，是迹象、信息、情报的具体化、提炼化、归纳化、文字化。

二、线索的意义

（一）查办职务犯罪活动的基础和依据

案件线索直接关系到反腐败工作的总体状态，反映反腐败工作的力度和质量，是反腐败工作的泉之源、林之木、炊之粮。

（二）贪污贿赂等职务犯罪案件暴露、被揭露的渠道

所有职务犯罪案件都必然要经过案件线索这个调查过程，因而也是其固定的形式和程序，是案件被揭露的渠道，其意义十分重大。

（三）查处案件的行进脉络

案件线索的初核和涉嫌犯罪的调查，必须根据线索反映出来的脉络逐步深入、循序渐进，此外没有捷径，无法回避。

（四）获取职务犯罪证据的具体指向

案件事实的方位，确定事实真相的各种证据也必须依据线索来确定方向，为调查工作顺利进行到起到有效导向作用。

（五）职务犯罪案件质量的源头保证

线索的内在质量如何、对线索的运作质量如何，直接关系到职务犯罪案件调查过程所反映出来的总体质量。

三、线索的主要特征

（一）客观性

职务犯罪案件线索必须要有一定的客观事实、客观现象、客观内容、客观依据、客观表现，这是其最主要的根本特征。一切离开客观真实所反映的、杜撰的、想象的、猜疑的疑点都不是职务犯罪调查意义上的线索。

（二）针对性

职务犯罪案件线索必须针对一定的犯罪（公权力犯罪）、一定的人物（具体的涉嫌职务犯罪对象，即使是单位犯罪，其刑事责任也要追究具体的自然人）、一定的行为（实施的具体手段和客观作为或不作为的迹象）、一定的结果（职务犯罪产生的后果），否则不属于职务犯罪调查意义上的线索。

（三）对应性

职务犯罪案件线索要根据客观事实信息的性质、职级、地域等对应相关的监察机关，即要符合监察法、刑事诉讼法等有关法律的规定，具有管辖对应的意义。

（四）价值性

职务犯罪案件线索要具有刑事追究的可能性，不具有刑事犯罪构成要件的、不符合刑事立案标准、或者明显看出其最终发展达不到刑事立案标准的，一般而

言不是线索（实践中个别需要排除疑点、证明无辜、需要结论的除外），监察机关具有违纪违法、涉嫌犯罪一并调查的优势，相对比较好处理。

（五）可查性

职务犯罪案件线索要具有经过调查、初核、立案，可以达到获取证据、查清疑点、得以刑事追究的可能性，如出现了当事人死亡、唯一的重要证人死亡（或失去了行为能力），唯一的重要书证灭失且无其他证据替代，或明显过了刑事追诉期限的，即失去了调查的可查性。

（六）规范性

职务犯罪案件线索只有经过一定的程序，如经过了案管部门的登记、领导的审批、办案部门的备案分流，才是真正意义上的线索，其特征是线索运作结束必须得出结果、作出结论，如对特定的人员（署名举报人、被害人、单位指控方等），还必须履行结果的书面告知义务。

四、线索的来源与发现途径

职务犯罪案件线索来源非常广泛，办案实践中笔者概括总结了以下来源渠道，案件调查人员可以在实践中通过这些内容丰富想象力、穷尽范围面、提高利用率。

（一）公民举报

这是最为常规的线索来源渠道，是获取线索的重要渠道。虽然群众举报成案率不足百分之十，但它毕竟是查办职务犯罪案件重要的案源渠道之一。

（二）单位指控

单位指控职务犯罪也是一个重要渠道，其特点是有明确的指控人，能够积极配合提供必要的证据，反映的问题一般比较具体，但实践中这类情况有趋向少见的趋势。

（三）办案部门直接收到

办案部门直接收到举报信也是一个重要的渠道。

（四）案件拓展和发现

通过案件侦查而发现新的线索是线索来源的又一个重要渠道，而且有越来越重要的趋势，据上海地区统计，立案侦查的案件中，案中发现的线索占 39.15%（近40%），这个数据已经大大超过了群众举报的比例，可以预见，案中拓展线索是今后线索来源的主渠道，这需要依靠办案人员的办案意识和侦查技能，需要发挥主观能动性。

（五）专门机关移送

专门机关指公安、法院、海关、工商行政管理、税务等司法机关、行政执法机关，他们在工作中发现职务犯罪线索向监察机关移送也是一种常规的做法，这些线索因为经过了一定的审查，成案价值较大。

（六）职能部门移送

职能部门指审计事务机构、会计事务机构、司法鉴定机构、造价事务所、价格鉴定等专门的事务部门，这些单位的工作性质往往能够发现相关线索，所以这是线索来源的一个渠道，而且线索的指向往往比较明确。

（七）知情人提供

知情人提供线索往往是价值比较高的线索的来源，证据比较明确，问题是发现知情人、争取知情人、保护知情人的要求比较高，这要靠办案人员的高超能力和多种方法，所以这是自选动作。知情人包括家属，不要因为他是对象的亲属，我们就排斥、我们就防范，要尽可能积极争取，大多数都可以被我们依靠的。

（八）涉案人员检举揭发

通过办案，动员犯罪嫌疑人检举揭发他人涉嫌犯罪的线索是案中拓展线索的一个重要渠道，要靠办案人员的能力和技巧，包括政策宣传能力、分化瓦解能力、指点迷津能力和个人的人格力量等。

（九）技术手段获取

根据疑点通过技术调查手段（非技术侦查同一概念）发现线索是当前线索来源的一个重要渠道，如运用秘密跟踪、GPS 定位技术、运用测谎技术、控制下交付、静态监听等，都是发现线索的合法有效的手段，但需要严格的报批程序和周密的设计和保障。

（十）新闻媒介传播提示

新闻媒介是大众传媒，它发布的是公共信息，但办案人员能够从普通群众不经意的信息中发现案件线索，这与办案人员的主观能动性密切相关。

（十一）办案人员主动发现

办案人员在与社会各界的接触中，凭借敏锐的嗅觉发现职务犯罪线索，这要靠办案人员的主动性、开拓性和洞察力。

（十二）研究分析判断选择

纪检监察部门根据社情、舆情进行分析、判断案件发生的可能性、发生案件可能的部位，然后围绕这个设定进行调查，这是线索的来源之一。

（十三）模拟比较推理

举一反三、同类比较是线索来源的重要的、有效的渠道，据上海地区统计，立案侦查的案件中，这类案件占10.5%。推销员不会只向一家单位推销、包工头不会只向一个甲方送钱，由此及彼、由表及里是办案人员应具备的办案素质。

（十四）敦促自首投案

对可能涉嫌的人员进行具有针对性的有效工作，促使其坦白自首是线索来源的重要渠道，据上海地区统计，立案侦查的案件中，犯罪嫌疑人属于自首的占10.2%，这不能算是一个小数字，这要靠办案人员的卓有成效的努力和付出。

（十五）单位已处理的人员中筛选

一些单位对自行发现的内部违纪违法人员进行内部处理，为的是保住声誉、保住荣誉、保住待遇，而办案人员对这些情况进行认真的复查，可以发现其中有一些属于职务犯罪，属于监察机关管辖范围，这是线索来源的一种新的重要的渠道，不能小看其作用。

（十六）重大事故、事件后果中发现

凡是发生了严重后果的事件，其中往往存在着职务犯罪，这已经是一个不争的事实，上海的"楼脆脆"倒楼事故、"11·15"高楼火灾事故，都从中发现了贪污贿赂和渎职侵权类的职务犯罪案件，这要靠办案人员的意识。

（十七）矛盾纠纷等特殊环节中发现

职务犯罪案件中大量存在的是对偶犯、同案犯、共同犯；存在知情人、关系人、牵连人，他们平时是利益共同体，但一旦利益受到威胁，一定出现缝隙、发生矛盾，利用他们之间的矛盾、内杠发现线索，是线索来源之一，要依靠办案人员的针对性工作。

（十八）盲点死角区域挖掘

经过认真仔细的调查研究，对长期无案的单位进行梳理，从盲点、死角区域挖掘，也是线索来源的一个渠道，当然这要避免无中生有、主观臆断的弊端，坚持实事求是、客观事实讲话,来不得半点失误。

(十九) 网络分析获取

通过互联网的信息来发现线索,是线索来源的一个全新的渠道,而且有越来越被看好的趋势,"天价烟"中的周久耕、车祸现场微笑的"表哥"杨达才,都是靠网民的力量被挖出来的贪官,办案人员有侦查权、调查权,就要把它运用好。

(二十) 及时研究新情况新领域新热点

通过社会热点问题、人民群众关注的问题、反映强烈的问题进行调查研究,从中发现线索是线索重要渠道之一,如强拆事件层出不穷,难道背后就没有权钱交易黑幕吗?如全国的土方车不断肇事,把人命不当一回事,难道背后没有值得思考的原因吗?全国那么多豪华车多是"888""666""999"的吉祥号牌,除了少量靠竞拍的以外,没有钱的能够弄到吗?这里面没有什么说道吗?显然,是需要探究的。

五、线索的评估

(一) 线索评估的概念

评估,一般是指评议、估计。贪污贿赂等职务犯罪案件线索分析评估,是指监察机关调查部门对受理的管辖范围内的举报、控告、揭发及其他途径获悉的与犯罪有关的信息,进行集体综合评判、甄别、分析、估计、预测的过程。其目的是客观公正地确定处理这些信息,确保尊重和保护人权,防止错案的发生,同时进一步挖掘线索的价值,提高线索的成案率,为初核和调查指明方向。

在职务犯罪案件线索评估的基础上,根据需要进行组织、决策、指挥的设计。就相对具有价值的线索而言,评估和决策是密不可分、紧密联系的。

(二) 线索评估的作用与意义

1. 为案件查处寻找最佳途径。往往一个线索仁者见仁智者见智,查处途径不止一条,但如何查能达到付出最少、副作用最小、效果最好,这就要通过集体评估、集思广益才能找到最佳途径,所以线索评估的首要作用就是寻找捷径。

2. 为公正执法提供理性思考。经过集体评估,能够更加理性地分析判断线索,避免感性偏强、理性不足的弊端,这是线索评估的第二个作用。

3. 为案件质量奠定扎实基础。通过线索评估,可以更加清晰地把握线索的关键所在,其特征、弱点、证据通过集体把关,看得更加全面、把握得更加到位;其切入点、突破口、可行性通过集思广益,可以更理性、更客观、更科学,这就为案件的质量奠定了扎实的基础，所以确保案件质量是线索评估的第三个作用。

4. 为防止错案设立首道防线。对难以把握的疑难复杂的线索，一定要认真进行评估，群策群力，才可能避免因为个别人认识错误、决策错误而导致冤假错案，这是线索评估的第四个作用。

（三）线索评估的要求与原则

1. 集体性。所谓评估，指的是集体评估，这个集体模式不是固定的，一成不变的，首先他是指不同层面的指挥决策人员和骨干；其次可以根据案件线索的不同，决定评估的人数，可以三五个人，也可以十来个人，对于特别重要的线索，还可以邀请相关部门的领导、骨干参加。

2. 及时性。评估必须把握最佳的时机和节点，根据不同线索的需要，在调查的每一个重要的环节之前，都要进行事先评估，如线索接受初、实施初查前、取证过程中、遇到变故时、接触询问前，充分预判、预估，研究最佳对策。

3. 周密性。对线索的评估要有一定的程序和规则，特别是要对评估意见中的可行性做科学、严谨的比较，然后归纳、总结，形成评估意见，最后与会者要在评估意见上署名，表示对自己发表的意见负责任。

4. 客观性。评估过程应遵循客观事物的发展规律和调查实践的提炼、总结，进行有理、有利、有节的分析，言之有物、观点鲜明。

5. 前瞻性。评估的一个重要的特征是前瞻性，就是通过集体评估这种形式，进行科学合理的分析预断，准确把握下一步的发展趋势，还要提出应对各种情况的方法和措施，特别是对可能出现的意外情况、突发情况、提出见解。

6. 主导性。评估的实质是帮助办案负责人进行科学、合理、正确的指挥、指导和决策，在案件线索查办过程中，正确的指导方针始终处在主导地位，及时、有效地引导办案工作的进行。

（四）线索评估的关键与要点

1. 分析可查性。线索价值的程度是评估重点之一，线索的价值性程度，决定了其可查性，但对于价值程度不高的线索，也不一定就没有成案价值，关键是解决价值程度不高的对策有没有效。

2. 注意时效性。线索评估要解决有关效力的问题，其中包括追究刑事责任的时效、管辖范围、企业转制变化的情况、是否曾经被其他有关部门调查过及结论如何等。

3. 围绕客观性。线索评估要冷静、客观，要注意排除无端的猜疑。

4. 确定重点性。评估要全面，但不泛泛而谈、面面俱到，一定要围绕关键的核心来展开。

5. 明确针对性。评估的一个重要作用是选择和确定获取证据和突破对象的合适抓手，如有多少证据要获取、重要证据有哪些、先获取证据、容易变化的证据是哪些、证据达到什么程度可以接触对象、接触对象采取什么方法、办案人员怎么分管协作等，这些针对性的工作是评估的必要内容。

6. 运用灵活性。明确线索价值以后，就要研究应采取什么样的调查方法，这就要综合具体情况灵活运用。

7. 手段多样性。线索初查过程中可以使用的方法和措施包括：化装调查（隐蔽身份获取信息）；静态窃听（包括控制下交付）；跟踪贴靠（含 GPS、"北斗"掌控动向）；手机信息调查分析（已广泛运用）；计算机网络信息调查（人肉搜查）；财产调查（含特定关系人调查）；出境调查（出入境管理信息获取）；测谎仪使用；隐私嗜好调查（接触人员圈子）；其他各种必要的调查手段。应当注意的是，不得采用限制人身自由和财产权利的手段。

8. 方案的复合性。线索评估时要尽可能对不利的方面估计得充分些，尽可能找到两个或两个以上的突破口，尤其对于重要的具有一定影响的对象要多准备几套方案。

（五）线索评估的时机

1. 收到分流来的线索后的第一时间。拿到线索以后一定要先看一遍。

2. 初步摸清基本情况后的较近时间。可以通过网络查一查，摸清犯罪主体基本情况、犯罪的客观性等再评估一次。评估不是一次，而是多环节多渠道，但要注意及时。

3. 外围调查基本清楚的基础上。外围调查基本清楚的情况下，再分析一次，外围调查都清楚了，要直接遇到要害环节了，再评估一次，要害环节先找谁、何时找、怎么找，做到心中有数，准备充分。

4. 掌握了初步证据和材料的基础上。在掌握初步证据的基础上，分析如何进一步获取直接证据、重要证据、间接证据，如何确保证据的证明程度，研究证据是否能够形成锁链。

5. 取得一定的阶段性结果的基础上。取得阶段性结果后不要心急，要再评估一下，看看是不是有扩大战果的可能。

6. 遇到重大阻力和困难的情形下。遇到重大阻力和困难情形下也要评估一下，集体讨论怎样化解。

7. 经过久查而进展不大的情形下。久查而进展不大的，要再一次评估，转换思路另辟蹊径。

8. 遇到特殊的机会和新的切入点时。遇到特殊的机会和新的切入点，如突然来个自首对象等，这个时候要评估一下，看看新情况给案件带来了什么样的转机。

（六）审查评估过程中如何捕捉线索中的有效信息

在对线索审查评估过程中，要捕捉线索中的重要信息，应掌握以下几点：

1. 详细阅读。对线索材料无论是洋洋万言还是寥寥数语，都要认真阅读、反复阅读、交替阅读，以充分了解线索的全部内容，特别是对匿名的材料，应从字里行间尽可能去发现和掌握各种信息，对字迹、语气、用词、心态、真实意图认真分析、揣摩、判断，甚至对材料的原始信封也要纳入阅读的范围，信封上包括邮戳、邮票、快递单、快递标贴有时也会隐藏着某些重要的信息。

2. 注意聆听。对当事人或举报人以当面口头或者通过电话等语言举报的，要注意耐心听取陈述人所说的全部内容，在此基础上对要害问题、关键情节通过主动发问（顺问、反问、假设、请教等）启发陈述人提供更详尽、更具体的信息、情况，同时引导陈述人对一些专门知识、行业特点、内部关系以及其他关联的地位、环境、态度、动向、喜好等进行介绍和解释。

3. 仔细分析。在围绕线索材料分析获取一定信息的基础上，办案人员先要针对原始材料进行详细分析，诸如线索材料提供人的动机、地位、处境、心态、角度、关系及线索材料内容的可靠程度、发展的空间、时间、证据的存在方式、形式，并在第一时间衡量出线索材料的最初价值所在，为集体评估决策准备好必要的第一手基础材料。

4. 理性思考。有些线索看似普通、平常，没有什么惊人之处，但结合办案人员的工作阅历、生活经验、办案实践、信息积累、细节揣摩，经过反复的理性思索和考虑，往往能发现其中隐藏着犯罪信息的蛛丝马迹。所以，办案工作不能粗枝大叶，不能马虎大意，不能草率自负，每个线索都有其特殊点，只有经过理性的考虑才能作出准确的判断。

六、线索的分析

(一)线索分析的概念

案件线索分析是办案人员对线索材料所反映信息进行假想、推理、判断、决策的主观心理活动,它主要受线索信息的量化性、时效性、准确性、关联性,以及办案人员的经验、性格、水平、能力、状态等因素影响,其中人的影响是关键。

(二)线索分析的总体思路

案件线索分析的内容是分析应当梳理和明确的重点问题,一般说来,线索的首次分析是在分流之后,其时有关主体等程序问题已经解决,因此分析的总体思路主要包括以下两个阶段:

1. 第一阶段:

(1)梳理并概括分流出来的信息反映的主要内容,并对其可靠性进行评价。

(2)看信息内容是否具有涉嫌犯罪的可能性,并对其可能性进行分析。

(3)看相关证据存在的客观性,并对其可查性进行预测。

(4)看有无不构成犯罪的因素存在,并对其可行性进行排析。

(5)看刑事责任的轻重和涉及面(大案、要案、窝案、串案的趋势),并对其可拓性进行研究。

2. 第二阶段:

(1)确定调查的总体思路,明确调查的主要方向。

(2)确定调查工作的总体安排,明确调查的阶段性目标。

(3)确定工作的任务和措施,明确调查计划的主要内容、方法、步骤。

(4)确定调查的组织和组成的人员,明确各自的职责和任务。

(5)确定或估算调查完成的时间,明确做好向立案过渡和衔接工作的准备。

(三)线索分析的基本要求

1. 及时分析。对案件线索进行分析应当及时,力求在第一时间内,抓住要害,准确找到切入口,往往能取得事半功倍的效果。线索分析的时效性非常强,在很多情况下,反映案件的疑点稍纵即逝,暴露的证据也会发生各种变化,因此要在较短的时间内,通过分析抓住疑点,寻找到采获的最佳途径,以防止最佳时机的错失,确保办案效果。

2. 重点分析。案件线索往往反映的内容杂而多,表述也不尽规范,因此在线索分析时要抓住是否可能涉嫌贪污贿赂犯罪这个重点来拓展思路，寻找成案的关键，以确定案件的价值和可查性。

3. 深入分析。在线索有可能涉嫌贪污贿赂犯罪的情况下，要分析证据存在和获取的客观性、可能性，要围绕涉嫌犯罪构成的要件来把握线索反映的针对性、可行性，以及判断进一步发展的预期后果。

4. 灵活分析。在线索分析中，要因时、因地、因人、因事、因果地综合分析。贪污贿赂犯罪既有其表现形式的共同性，又有每件具体的案件不同表现形式的特殊性，因此抓住线索的个性特点、表现手法、心理反应、环境条件、细节弱点等作全面分析，一定会抓住实质取得好的效果。

5. 动态分析。职务犯罪的调查与反调查是一种智力较量。无论被查对象是否被触动，其一种出自于本能的自我保护促使其会不断地用各种方法掩盖自己的犯罪事实，制造各种假象。因此要动态地、同步地对案件线索进行分析，掌握案件调查的主动性。

（四）线索分析的切入要点

线索分析必须寻找恰当的切入点和突破口，以拱形缺口突破全线。一般说来，线索分析的切入点有如下几个方面：

1. 以金额为切入点。选择犯罪数额可能较大的疑点作为切入点，比如办案人员一般选取工程量大的项目作为工程贿赂项目中的切入点。但是交易金额越大并不代表犯罪数额越大，比如在反映某行政收费管理单位领导受贿线索中，行贿人交纳管理费越多，反而表明其行贿的数额可能越小，因此，应以可能犯罪数额较大部分作为切入点。

2. 以职权为切入点。选择职务相关性的疑点，贪污贿赂犯罪的特点具有职务性，没有利用职务便利收受财物的不能构成本罪，因此，在诸多疑点中应选择与行为人职务最为密切联系的疑点作为切入点，有利于案件的侦破和定性。

3. 以环节为切入点。以业务流程中容易失控的环节作为疑点，抓住业务流程中最薄弱的环节作为切入点往往会收到良好的效果。

4. 以枢纽为切入点。选择"枢纽"人员作为切入点，办案人员可选择从财务人员、知情面较广的人员、有矛盾呈对立状态的人员处入手，作为查清全案的"敲门砖"，同时切断相关人员串供的"链条"，堵塞掩盖犯罪的渠道，给涉嫌犯罪人员以措手不及。

5. 以后果为切入点。选择一定的"后果"作为切入点，单位损失严重，国资流失严重，因腐败而产生的干群关系严重对立、人心浮动、举报强烈等，可以依靠单位组织和群众深入调查。

6. 以"两难"疑点为切入点。选择逻辑推理出的"两难"疑点为切入点。有的犯罪嫌疑行为具有"非甲即乙""非此即彼"的特点，要么是涉嫌这种犯罪，要么是涉嫌那类犯罪，两者必居其一，抓住涉嫌人处于两难之际、进退不得而难以自圆其说之时，作深入调查以切中要害，以达到预定的办案效果。

（五）线索分析的方法

1. 惯性思维分析法。根据犯罪构成的要件和被调查对象的客观和主观表现，层层推进式地来推断其涉嫌贪污贿赂的可能性。

2. 逆向思维分析法。以推定排除被调查人存在的嫌疑入手，看线索反映的针对性是否客观，涉嫌犯罪的指向是否存在，线索的形成是否存在诬告、陷害、错告、误告的可能，从而推断线索的客观性、真实性、可信性。

3. 横向思维分析法。即联系相同职务、岗位、业务、行情和时间、空间、阶段、手法来进行辐射性的外延思维，从而分析涉嫌犯罪的可能性。

4. 纵向思维分析法。根据线索内容进行前后连贯的分析，即作辐射性的内延思维，通过前因、前道程序、前置环节和后果、后道程序、后续环节，以前推后延的方法分析涉嫌犯罪的可能性。

5. 类比思维分析法。即运用举一反三、同类比较的分析方法，通过类同的案件事实的客观反映来分析涉嫌犯罪的可能性。

七、线索价值的认知与运用

（一）线索审查判断的综合方法

1. 改变机制。改变办案人员个人或个别几个人负责线索排疑析疑的状况，转变为集中优势兵力进行集体分析评估的机制。

2. 改变方式。改变发现单一抓手就上手的状况，转化为力争找到两个或两个以上的双重突破口才上手的格局。

3. 改变状态。改变散兵游勇式调查的状况，转化为集中优势兵力、分工合作，各司其职，互通有无，牢牢掌握调查主动权的态势。

（二）线索甄别的重点和关键

甄别和把握线索的重点及关键是调查人员的一种基本能力，调查人员对哪些是线索的重点和关键要做到心中有数：

1. 对犯意的产生和发展在最初阶段就要心中有数。

2. 对线索发展的趋势、可能出现的各种结果或后果要及早心中有数。

3. 对犯罪嫌疑可能采用哪种手法掩盖犯罪事实或被哪种理由"合理"解释的情况要心中有数。

4. 哪几个要素是构成本案涉嫌犯罪必不可少的条件要心中有数。

5. 在众多需要获取的证据中哪几个证据是最具决定性的要心中有数。

6. 巨额赃款的出路可能在哪几个方面、什么方式、什么用途要心中有数。

7. 哪种情况绝对不能在调查过程中发生和出现要心中有数。

8. 有无出逃或自杀的可能、采用什么针对性措施要心中有数。

9. 被调查人家属及亲友的有关情况和态度要心中有数。

10. 被调查人可能采取的方法、所持的态度要心中有数。

（三）对线索作预期性的思考

所谓预期性，就是对线索的发展前景、调查过程中可能出现问题和意外情况，事先有足够的估计和充分的准备，避免出现因情况突变、出乎意料而陷入束手无策的被动局面。线索评估和调查决策时要做到：

1. 预估。线索的发展趋势、可能出现的情况、可能有哪几种作案手法、可能涉及哪几种罪名、有没有同案人、有没有被惊动等，做到心中有数。

2. 预断。线索性质属性、证据存在的部位和证明力的程度、获取的途径有哪些、有无灭失和不可再生的情况、有没有事先进行了攻守同盟等。

3. 预补。对可能出现的各种不利的因素要事先预料，及时采取弥补应对的措施，力避将来出现反复退补的被动局面。

（四）做好线索全面调查的前期准备和设计

职务犯罪案件调查工作过程运作的总体要点是：方向要正确、证据要扎实、措施要得当、思路要开拓、节奏要紧凑，必须具有强烈的探究意识。

调查工作过程运作的总体要点是：着眼点要准、标准线要高、看问题要透、获信息要广、取方法要活、抓证据要实、思考要尽可能完整和全面。

第四章　职务犯罪线索初步核实

教学目的和要求：要求掌握监察机关初核的重要意义
教学重点和难点：掌握初核的途径、手段和方法要点，了解初核的规范性
教学方法与手段：PPT 现场授课，结合办案实践讲解，完成作业

一、初核概述

（一）初核概念

初核即初步核实，是指监察机关对受理和发现的反映监察对象涉嫌违法犯罪的问题线索，进行初步了解、核实的活动。初步核实是监察机关调查工作的重要环节，初步核实过程中所查明的有无违法犯罪事实情况，以及所收集到的证据材料，是是否立案调查的重要依据，为案件调查工作奠定一定的基础。

初核是监察机关在获取线索的基础上，为进一步判明是否需要立案调查，是否需要追究刑事责任，而对问题线索进行的分析、鉴别、查询、核实和所进行的必要的调查活动。

初核是监察机关根据调查涉嫌职务犯罪案件的特殊性，在专门刑事调查前的阶段所设立的一个十分重要的前置环节，也是进行专门调查程序（初核）的一项重要内容。

实践证明，监察机关的初核，来源、要求、目的等均与检察机关的初查有共通之处，监察机关初核的历史不长，而检察机关初查的提出到完善有几十年的发展，因此把握监察机关初核的相关问题，可以参考检察机关有关初查的方法与经验。

（二）《监察法》中有关初核的规定

《监察法》在第五章"监察程序"对监察机关的初核作了明确的规定。第38条规定："需要采取初步核实方式处置问题线索的，监察机关应当依法履行审批程序，成立核查组。初步核实工作结束后，核查组应当撰写初步核实情况报告，

提出处理建议。承办部门应当提出分类处理意见。初步核实情况报告和分类处理意见报监察机关主要负责人审批。"第39条规定："经过初步核实，对监察对象涉嫌职务违法犯罪，需要追究法律责任的，监察机关应当按照规定的权限和程序办理立案手续。监察机关主要负责人依法批准立案后，应当主持召开专题会议，研究确定调查方案，决定需要采取的调查措施。立案调查决定应当向被调查人宣布，并通报相关组织。涉嫌严重职务违法或者职务犯罪的，应当通知被调查人家属，并向社会公开发布。"

上述规定的主要目的是规范初步核实的程序，明确开展初步核实工作的具体要求，确保初步核实工作顺利开展，使调查工作始终处于主动地位。

（三）初步核实的主要内容

根据《监察法》相关规定，初步核实主要包括四个方面内容：

1. 初步核实的定位。初步核实是指监察机关对受理和发现的反映监察对象涉嫌违法犯罪的问题线索，进行初步了解、核实的活动。初步核实是监察机关调查工作的重要环节，初步核实过程中所查明的有无违法犯罪事实情况，以及所收集到的证据材料，是是否立案调查的重要依据，为案件调查工作奠定一定的基础。

2. 初步核实的程序。监察机关采取初步核实方式处置问题线索，履行审批程序，一般应当报监察机关相关负责人审批。经批准后，承办部门应当制订工作方案，成立核查组。初步核实方案一般包括初步核实的依据，核查组人员组成，需要核实的问题，初步核实的方法、步骤、时间、范围和程序等，以及应当注意的事项。核查组的人数可根据所反映主要问题的范围和性质来确定，最少不少于2人，对案情复杂、性质严重、工作量大的，可以适当增配人员。初步核实方案应当报承办部门主要负责人和监察机关分管负责人审批。

3. 初步核实的任务和方法。初步核实阶段的主要任务是了解核实所反映的主要问题是否存在，以及是否需要给予所涉及的监察对象政务处分。在初步核实工作中，核查组要突出重点，抓住主要问题收集证据、查清事实，也要注意保密，尽量缩小影响。核查组经批准可采取必要措施收集证据，比如与相关人员谈话了解情况，要求相关组织作出说明，调取个人有关事项报告，查阅复制文件、账目、档案等资料，查核资产情况和有关信息，进行鉴定勘验等。如需要采取技术调查或者限制出境等措施的，监察机关应当严格履行审批手续，交有关机关执行。

4. 初步核实结果处理。初步核实工作结束后，核查组应当撰写初步核实情况报告，列明被核查人基本情况、反映的主要问题、办理依据及初步核实结果、存在疑点、处理建议，由核查组全体人员签名备查。承办部门应当综合分析初步核实情况，按照拟立案审查、予以了结、谈话提醒、暂存待查，或者移送有关机关处理等方式提出分类处理建议。初步核实情况报告和分类处理建议报监察机关主要负责人审批，必要时向同级党委（党组）主要负责人报告。

监察机关调查的对象大都是公职人员，特别是一些重大案件，涉及一定层级的领导干部，社会影响大，如果稍有不慎出现偏差，不仅会给调查工作带来困难，还会产生不良的政治和社会影响，因此初步核实工作必须严格保密，并按照法定程序开展。

二、初核的特点

（一）初核工作的阶段性

初核工作是立案前的一个相对独立的阶段，其工作内容、方式有一定的要求。初核不是具有侦查属性的调查，初核阶段不能承担具有侦查属性的调查职能。

（二）初核材料的选择性

有的线索材料真伪难辨，有的涉及多笔贪污贿赂问题。因此，初核时必须逐笔（人）进行归类，由大到小，从易到难，也可以根据案件线索的具体情况抓主要环节、关键点，对线索材料进行整理、甄别、审查、评估，进而选准取证的切入口，从而掌握初核的主动权。

（三）初核方法的隐秘性

一般线索除了犯罪事实简单明了或投案自首的外，大都存在模糊性、不确定性。因此，对线索需要分析其行业特点，涉案人员的个人信息、社会阶层、经济状况、犯罪可能性等。但由于贪污贿赂犯罪都处于秘密状态，因而职务犯罪案件的初核必须秘密进行。否则可能打草惊蛇出现有碍初核顺利进行的种种不利情况，造成涉案对象发生各种有碍初核的情况，诸如或出逃，或串供，或订立攻守同盟，或毁灭证据等各种反调查行为。因此，初核一般必须秘密进行。

（四）初核措施的多样性

初核工作中，情况往往不够明了，而使初核陷入难查的局面。因此，办案人员要根据案件线索的不同情况，采取法律许可的各种调查手段、措施，随机应变，见机行事，不失时机地调整初核方向和手段，掌握初核的主动权。

（五）初核结果的不确定性

经过初核，涉案对象可能涉嫌有罪，也可能无罪，可能有错无罪，可能罪行轻微，不需要追究刑事责任。因此，初核的结果仅以受理的线索材料看，事先无法预测，其最终结果一定要在初核终结时才能确定。因此，初核一定要坚持客观、公正、理性、规范、不枉不纵、不先入为主、不无端生疑。

三、初核中易出现的问题

（一）重大职务犯罪缺乏拓展全部犯罪的问题

个别初核人员往往只注意眼前的局部、表面现象，挂一漏万，没有把案件查彻底，没有穷尽犯罪事实及证据。诸如 50 万元的只查了 5 万元，500 万元的只查了 50 万元，导致"应当发现没有发现"，造成严重后果。

（二）重要取证缺乏相应的复合型应对措施

个别初核人员存在侥幸心理，思路简单、工作粗糙、准备不足，往往凭借经验就仓促上阵，从而造成被动局面。

（三）初核过程拖沓延误有利时机

个别初核人员按部就班、缺乏紧迫感，没有充分理由而一味依靠延长办案期限、不讲究办案效率的情况还比较普遍。

（四）有关枝节问题没有穷尽

个别初核人员缺乏实践经验和洞察力，不善于深思，容易被表面现象所迷惑，对细节考虑不充分、抓大放小、因小失大。

（五）单一抓手匆忙上手急功近利

个别初核人员受外部环境因素影响，急于求成，不懂心理学原理，实践中轻视心理学的研究，缺乏心理性格等评定环节。

（六）欠缺高科技手段的初核理念

个别初核人员对当今社会生活中高科技发展运用认识不足，初查观念单一陈旧，还停留在二三十年前的认识水平上。

（七）控制与防范隐藏潜逃自杀等不安全隐患意识不强

个别初核人员没有牢固树立安全第一的思想，责任不明确、不到位，盲目自傲、管理松懈、缺乏忧患意识。

（八）不够重视秘密要求过早暴露意图

个别初核人员对秘密初核的重要性、必要性、有效性重视不够，存在能否秘密初核与初查无关紧要的思想，秘密观念淡薄，战略考虑欠缺。

（九）没有充分重视第一时间的价值

个别初核人员对充分利用第一时间的重要性认识不足，缺乏初核与初查上的主观能动性、主动性，按部就班、缺乏紧迫感，初查意识不强。

四、初核的方法

（一）秘密核查与公开核查

1. 秘密核查。一般情况下，初核应当秘密进行，这是初核的一项原则。

2. 公开核查。公开核查是初核的一种方法，尽管初核中公开调查所占的比重不大，但特定条件下，公开核查也是一种重要的手段措施。公开核查的方法主要适用于以下情形：（1）群众举报公开、强烈，反映的问题集中、影响较大或出现了明显危害结果的线索。（2）单位组织内部对被举报的事实已经经过一定时间和范围的调查，并已公开了结果或已作出了处理决定。（3）影响较大的窝案、串案、共同犯罪等。公开核查的特点是有利最大限度地发动依靠群众，扩大信息、线索的来源渠道，震慑和孤立涉嫌对象，促使初核对象采取相应举动以暴露出新的、再生证据，也有利于促动部分核查对象迫于压力投案自首。

（二）直接核查与间接核查

1. 直接核查。直接核查是由监察机关办案人员按照初核的计划和程序，以办案人员的身份，向有关单位、组织或个人调取或收集各种与线索材料有关的材料或证据，在此基础上，予以分析、判断，确定是否具有涉嫌犯罪的可能，是否需要进行立案审查。

2. 间接核查。间接核查是监察机关对需核查的线索，一时尚缺乏直接核查的条件或受到某些客观因素的限制，不便立即由办案人员直接实施核查，而是利用一些专门机构或组织，按照办案机关的要求和意图，先行进行一定的民事、行政性质的核查。如商请审计、会计、造价、评估、鉴定等专业事务机构对一些特定的事项，如工程项目、财务账目、价格事务、质量数量等进行必要的调查并形成结论性意见。监察机关可以在这一结论意见的基础上，综合其他材料来分析、判断、确定下一步核查的可行性和必要性。

（三）单一核查与综合核查

1. 单一核查。需要初核的内容比较单一、独立，有关事实可以以直接的方法得到反映或证明其涉嫌的事实存在与否。

2. 综合核查。对于被查人员的职权、地位、影响、能量比较突出，涉嫌的事实多次、多样的可能性较大，时间和空间的范围比较长或广，常常存在多次行为触犯一个罪名或多次行为触犯多个罪名，对这类情况就要从其职权形成的开始、发展，从职权运作的过程、特点，从产生的各种结果、后果进行全面、综合的调查，以全面查清可能作案的动机、条件、手法，以确认其涉嫌犯罪的事实存在的性质和程度。

（四）常规核查与集强核查

1. 常规核查。职务犯罪初核的特点决定了初核多为常规的核查，即由少量办案人员按照内部的组织分工，围绕核查目标，按照初核方案，根据初核材料进行深入、细致、层层推进的核查。

2. 集强核查。集强核查是对涉及涉嫌事实多、涉嫌人员多、情况复杂的重大、疑难的线索材料，集中较强的力量和较多的人员，围绕一个总的目标采用统一指挥，分工合作，各有侧重，及时沟通的一种方法。集强核查虽然动作大、惊动大，但运作得成功能起到有震动、有影响、气势大、力度强的良好的办案效果和社会效果。

（五）独立核查与联合核查

1. 独立核查。独立核查是办案人员按照法律规定，独立地对涉嫌线索实施核查，其核查的目标意图、方法、措施、手段可以对任何团体和个人保密，并不受来自任何方面的干扰和阻力，突出显示办案机关查处职务犯罪的专门性职能。

2. 联合核查。联合核查是监察机关根据实际情况和需要，会同公安、海关、审计、工商、税务等行政执行机关对一些问题复杂、专门性突出、多种违纪违法行为交织、涉及多种罪名的线索联合进行核查。这一形式可弥补办案机关受时间的限制、手段措施不多、人力物力有限等的不足，赢得深入核查的时间、空间和工作的主动性、有效性。

（六）专门手段的核查

1. 化装核查。办案人员借用其他社会身份去了解和获取与职务犯罪案件线索有关的信息和证据。

2. 耳目内线。利用特定人员、知情人以其特有的身份和便利条件去了解与职务犯罪案件线索有关的信息和证据。

3. 秘录音像。在被查对象不知情的状态下，对其的活动情况与涉及案件有关的言谈、行为进行暗录音像的记录。

4. 调动布控。办案人员主动以一些客观或主观条件因素刺激被查对象，促使其行动起来而暴露漏洞，以便于进一步有效掌控。

5. 证据补强。利用一些特定人员对正面取证有一定难度的证据予以补充、强化，以增强证据的证明力。

五、初核的要点

职务犯罪案件初步核查的要点应当是有范围的，当然，这个范围比较大，笔者根据办案实践划出以下 30 个要点，一般初核的要点均可以从中得到相应的对照确认：

1. 分析判断是否有明确的被举报人或单位。

2. 分析判断是否有明确的犯罪事实或迹象。

3. 分析判断是否为国家工作人员。

4. 分析判断涉案单位的性质及体制变化情况。

5. 分析判断案件是否属于监察机关管辖。

6. 分析判断案件是否属于本机关管辖。

7. 分析判断案件情况是否存在利用职务之便。

8. 分析判断有无实施职务犯罪的可能。

9. 分析判断有无不予刑事追究的因素。

10. 分析判断人员特点、经历、背景和隐私等情况。

11. 分析判断作案的动机、手法和防范心理。

12. 分析判断涉案事实中有无可依靠的人员、可利用的外部条件和其他各种因素。

13. 分析判断有无知情人或直接经手人。

14. 分析判断举报人是局外人还是知情人。

15. 分析判断举报件是单一举报还是多头举报。

16. 分析判断举报动机属于哪类情况。

17. 分析判断案件事实的可能性和真实性程度。

18. 分析判断案件事实涉嫌何罪或涉嫌几种罪名。

19. 分析判断案件事实是否涉及窝案、串案。

20. 分析判断举报事实的关键症结所在。

21. 分析判断事实和证据是否客观存在。

22. 分析判断事实证据获取的可能性及途径。

23. 分析判断调查工作的切入点。

24. 分析判断案件事实的发展趋势和各种可能。

25. 分析判断调查过程中的有利因素和不利因素。

26. 分析判断调查过程中可能在哪些方面遇到阻力。

27. 分析判断调查需要几个阶段。

28. 分析判断调查周期需要多少时间。

29. 分析判断办案人员应该如何最佳组合。

30. 分析判断案件事实的最终发展结果。

六、初核的途径

线索材料经分流评估并履行审批程序后，即可进入初核的实施阶段，初核的途径就成为这一阶段的重要内容和组成部分。笔者在实践中总结提炼出以下 36 种途径：

1. 向署有真实姓名的举报人详细了解各种细节。把握心理因素，可以了解其举报动机，尽快进入线索的核心部位，缩短外围周旋时间。还应注意冒用他人名字举报的情况。

2. 调取工商等相关资料。调取所有与此有关的全面资料，不只局限于登记资料。

3. 调取户籍等相关资料。详细了解被核查人的细节特征，尽可能获取照片，避免张冠李戴。

4. 调取任职等相关资料。全面调取客观的任职资料，注意国有企业性质的变化，如有的先国有、后股份、再国有等。

5. 调取社会身份资料。掌握被调查人的社会地位，如是否人大代表、政协委员、劳动模范等，以及协会、学会等头衔，了解其活动圈子或虚荣心。

6. 了解个人活动规律。通过居委会、保安等了解被调查人的起居、往来等规律。

7. 了解出入境情况。不但要了解被调查人出入境的次数、往来地，而且要了解同行人及同行人的身份。

8. 了解电信来往记录。通过电信通话记录可以发现关系特别密切的人。

9. 了解金融资金资料。全方位了解被调查人的资金情况，包括其特定关系人的资金情况。

10. 了解房产登记资料。不局限于房产登记资料，还要掌握"水、电、煤、卫、话、气"账单情况，可以据此确定人在否，停留时间长短，是否出借给他人等细节。

11. 了解车辆、房产购置资料。几辆汽车、几套房产及购买的时间、付款的方式等。要注意以家庭其他成员名义购买的情况。

12. 了解子女就学资料。被核查人的子女在哪里上学、学校收费情况，注意特定关系人的子女是否也在同一地点、学校就学的情况。

13. 了解医疗住院资料。住院时是收受贿赂的易发、多发环节，通过了解住院信息获取间接证据，从而促进办案的成功率。

14. 了解保险投保资料。保险投保的情况对发现疑点的作用是不可小觑的，可以通过邮递环节发现保险公司投寄的对账单，而且从外观就可以了解是哪家保险公司，而后再有针对性地核查。

15. 了解投资办企业的资料。主要通过被核查人的关系密切人、活动范围等了解其投资办企业的情况，被核查人一般不会以自己的名义登记开办企业。

16. 了解对象的性格、习性、嗜好等情况。这些因素对接触被核查人具有举足轻重的作用，有时会对案件突破起到关键作用。

17. 了解婚外情人、情妇（夫）的情况。由婚外情人、情妇（夫）入手，也会收到破案的效果。

18. 了解相关文档账册资料。这系常规核查，但需要扩大视野，有时对定案会有重大作用。

19. 了解租赁金融保险箱、保管箱资料。有些被核查人在家里几乎不放任何贵重的财物，而是租用专门机构的保险箱、保险柜、保险房等，这个现象比例较大，要尽可能获取这方面的信息，如具体的存放地点、密码等。

20. 了解境外房产及银行账户情况。经常出入境的官员是否在境外具有财产，需要引起注意。

21. 了解对象身体状况。这关系到被核查对象的人身安全，也是人道主义、人文关怀的体现，有些被查对象就是受到了情感关照而觉悟的。

22. 了解对象及家庭成员间关系程度情况。被核查对象在家庭中的地位、家庭成员相互之间的关系等信息非常重要，如有的重孝道、有的怕老婆、有的怜子女，有利于在突破阶段进行有针对性的心理应对。

23. 了解对象奖惩情况。大多数职务犯罪的对象往往过去也都做过一些有益的事，充分肯定其昔日的努力和贡献，有利于其思想的提高，特别是曾经的先进人物非常看重自己的付出和荣誉，掌握这些情况，有利于突破被查对象心理防线。

24. 了解被查对象司机、秘书、助手等密切人员情况。这些人对被查对象的了解具有特定性，特别是官员的隐私问题。

25. 了解对象人际关系、依靠势力等情况。知己知彼、扬长避短，充分利用对有利核查的因素，避开不利因素。

26. 了解对象真实文化程度、法律知识及专业技术水平情况。

27. 了解对象电脑置有运用及熟练程度情况。对电脑精通者其许多资料必然离不开电脑，获取这些人的电脑信息至关重要。

28. 了解对象收藏文物、古董等情况。有的被查对象有收藏文物、古董等的爱好，但这些收藏是需要大量的金钱做后盾的，因此这种情况下值得深入调查。

29. 了解对象境外赌博、嫖娼等情况。

30. 了解对象宗教信仰及程度的情况。

31. 了解对象涉黑及往来情况。

32. 了解对象记日记、记账等情况。如果被查对象具有记日记、记账习惯的，应当注意及时控制这些资料，这对调查取证具有举足轻重的特定作用。

33. 了解被查对象借债、贷款、占有公款的情况。

34. 了解被查对象在城镇购置房产、店铺的情况。

35. 了解被查对象出借个人资金放高利贷的情况。

36. 了解被查对象参加农村宗派组织并在其中地位、作用的情况。

七、初核程序运用要点

初核程序的运用具有相当的科学性和讲究性，必须把握要点规范进行：

（一）履行审批程序

监察机关采取初步核实方式处置问题线索，要履行审批程序。一般应当报监察机关相关负责人审批。经批准后，承办部门应当制订工作方案，成立核查组。

（二）制订初步核实方案

初步核实方案一般包括初步核实的依据，核查组人员组成，需要核实的问题，初步核实的方法、步骤、时间、范围和程序等，以及应当注意的事项。初步核实方案应当报承办部门主要负责人和监察机关分管负责人审批。

（三）两人以上进行

初核措施的运用过程，是一种实体核查活动的过程，为防止出现单人核查而产生的不良后果和不必要的误会，同时也便于监督、制约和紧急情况下的应对，核查组的人数一般不少于 2 人。对于案情复杂、性质严重、工作量大的，可以适当增配人员。

（四）注意保密

相关措施运用过程中，办案人员必须要注意保密，还要提醒有关人员、单位、组织履行保密的义务，最大限度地防止泄露调查信息，避免打草惊蛇。

（五）突出重点

在初步核实工作中，核查组要突出重点，抓住主要问题收集证据、查清事实，也要注意保密，尽量缩小影响。

（六）可采取必要措施收集证据

核查组经批准可采取必要措施收集证据，比如与相关人员谈话了解情况，要求相关组织作出说明，调取个人有关事项报告，查阅复制文件、账目、档案等资料，查核资产情况和有关信息，进行鉴定勘验等。如需要采取技术调查或者限制出境等措施的，监察机关应当严格履行审批手续，交有关机关执行。

（七）提出初核处理建议

初步核实工作结束后，核查组应当撰写初步核实情况报告，提出处理建议。承办部门应当提出分类处理意见。初步核实情况报告和分类处理意见报监察机关主要负责人审批。

八、制定初步核实方案应注意的问题

制定初步核实方案时，应注意以下几个问题：

（一）避免千篇一律

实践中大多初步核实方案内容都是：一查工商、二查主体、三查银行、四查房产等。实际上每件职务犯罪线索的性质、内容均不同，均具有其自身的特殊性。初步核实方案是初核的目的、思路和方法的具体体现，要体现初核方案个性化特点，真正提高初核质量和承办人的核实能力。

（二）注意隐蔽意图

初核工作最忌讳的是泄露办案意图，切勿低估被核实人的嗅觉和反调查能力，因此，初核要秘密进行，尽可能避免暴露初核意图。严格控制知情面，对举报人的身份也要注意保密。

（三）拓宽初核思路

有犯罪事实存在，必然有犯罪证据存在，只要察微析疑、深挖细究、抓住细节，就能顺藤摸瓜发现犯罪证据。在制定初核方案时，既要紧紧围绕线索，又不能囿于线索，要开阔思路、拓展视野，运用发散性、跳跃性思维，尽可能收集足够的相关证据材料。

（四）选准初核方向

案件的突破口一般都不是现成就有的，是在不断地核查和分析中寻找的，准确找到切入口就能使查案工作势如破竹。在确定初核方向时，尤其需要初核人员用换位思考的方式，寻找被核实人可能疏忽的地方、薄弱环节，从而准确切入犯罪事实的核心部分，捕捉疑点、固定证据，创造迅速突破的条件。

（五）讲究初核策略

初核过程也需要用计用谋，讲究策略，巧妙隐蔽初核的意图，利用多种灵活方法，将计谋、策略贯穿于整个初核过程，提高初核的质量和效率。

（六）注意及时固证

初核的主要任务是在收集、审查和固定外围的证据材料上，穷尽可能收集到的证据材料，为进一步调查奠定基础。

随着初核工作的深入，必然会出现一些新情况、新问题，需要相应地改变初核部署，调整办案力量。因此，在初核过程中，要经常研究案情，随时掌握情况的发展变化，及时补充或修改初核方案，以使其在运动中调整、在变化中完善，对于复杂的情况，应该灵活制定多套不同条件下适用的预案，做好应付各种突发情况的准备，做到初核有备而战。

九、初核中如何与相关人员接谈

接谈，顾名思义就是接触谈话，接触谈话的对象主要是指提供案件线索有关情况的人员，如举报人、控告人、知情人等。这类人员往往因受文化程度、法律知识、时间、空间、心理压力、外部环境等客观因素的影响，对提供的案件线索材料不够清晰、具体、详尽，或与监察机关的要求有不同程度的差异。

因此，对具有明确具体的举报人、控告人、知情人的可进行接触性的谈话，以进一步深入了解相关情况，特别是有关细节、多种信息和各种关系，这也是初核最基本的方法。

接触谈话要注意以下问题：

（一）秘密进行

接触谈话的计划、确定、实施要在秘密状态下进行，无论事先事后，一般均不得在任何场合公开。秘密接触的意义一方面防止走漏消息，打草惊蛇；另一方面是对举报人、控告人、知情人人身、名誉等合法权益的有效保护，以避免可能出现的打击、报复、陷害等不良后果。

（二）合适身份进行

在与举报人、控告人、知情人接触谈话时，根据情况有时可运用熟人、朋友、亲属等身份，以谈业务、看现场、联系工作等名义进行。具备条件的，可由举报人、控告人、知情人选择相应的核查人员进行接触谈话，一是可以减轻其压力和消除紧张心理；二是可以取得其信任感，消除后顾之忧。

（三）合适场合进行

接触谈话的场合一般不宜选择在监察机关办公场所，可能会因此引起他人的猜疑和误解，也不宜选择在举报人、控告人、知情人的家中，可能会因此引起家属的紧张和压力。初核实践中，一般可以选择一定的中性场所，如关系可靠的宾馆、公司、机关的单独接待室、会客室，一些清静的茶室、酒吧、咖啡馆或者轿车内、民房里等。合适场合的选择，最好得到举报人、控告人、知情人的认同，可有利于保证谈话在放松、舒缓、安静、保密的环境中顺利进行。

（四）尊重理解式进行

接触谈话要充分尊重举报人、控告人、知情人，肯定他们的支持配合，帮助他们化解压力、消除顾虑，耐心热情、循循善诱地听取陈述，对一时讲不准确、不够完善的内容也不要出现急躁、不耐烦、蔑视的神态，谈话结束要表示感谢，对有需要和必要的还应支付一定的交通费、误工费。

（五）有针对性地进行

在向举报人、控告人、知情人询问时，要注意深入、细化、具体的引导，向举报人、控告人、知情人了解与被举报人的关系及细节，举报线索的来源和依据，举报的动机和理由，证明事实存在的依据和理由等与举报内容相关的所有信息、资料。

十、初步核实结果的处理

初步核实工作结束后，核查组应当撰写初步核实情况报告，列明被核查人基本情况、反映的主要问题、办理依据及初步核实结果、存在疑点、处理建议，由核查组全体人员签名备查。承办部门应当综合分析初步核实情况，按照拟立案审查、予以了结、谈话提醒、暂存待查，或者移送有关机关处理等方式提出分类处理建议。初步核实情况报告和分类处理建议报监察机关主要负责人审批，必要时向同级党委（党组）主要负责人报告。

经过初步核实，对监察对象涉嫌职务违法犯罪，需要追究法律责任的，监察机关应当按照规定的权限和程序办理立案手续。

第五章　职务犯罪调查取证

教学目的和要求：要求掌握证据在办案中的重要性

教学重点和难点：监察机关办案中的证据意识、取证方法和证据规范性

教学方法与手段：PPT 现场授课，结合办案实践讲解，完成作业

一、《监察法》对调查取证工作的规定

《监察法》第 40 条规定："监察机关对职务违法和职务犯罪案件，应当进行调查，收集被调查人有无违法犯罪以及情节轻重的证据，查明违法犯罪事实，形成相互印证、完整稳定的证据链。严禁以威胁、引诱、欺骗及其他非法方式收集证据，严禁侮辱、打骂、虐待、体罚或者变相体罚被调查人和涉案人员。"

本条是关于监察机关调查取证工作要求的规定。具体而言：

（一）要依法全面收集证据

依法全面收集证据主要是指，监察机关调查人员必须严格依照规定程序，收集能够证实被调查人有无违法犯罪以及情节轻重的各种证据。这要求我们收集证据必须要客观、全面，不能只收集一方面的证据。监察机关调查人员在收集完证据之后，要对收集到的证据进行分析研究，鉴别真伪，找出证据与案件事实之间的客观内在联系，形成相互印证、完整稳定的证据链。

（二）严禁以非法方式收集证据

严禁以非法方式收集证据主要是指，严禁刑讯逼供，严禁以威胁、引诱、欺骗及其他非法方式来获取证据。特别是以刑讯逼供、威胁、引诱、欺骗方式取得的被调查人和涉案人员的口供，是其在迫于压力或被欺骗情况下提供的，虚假的可能性非常之大，仅凭此就作为定案根据，极易造成错案。

二、法定证据的种类和分类

（一）法定证据的种类

根据《刑事诉讼法》第 50 条规定，可以用于证明案件事实的材料，都是证据。证据包括：物证；书证；证人证言；被害人陈述；犯罪嫌疑人、被告人供述和辩解；鉴定意见；勘验、检查、辨认、侦查实验等笔录；视听资料、电子数据。

另需注意的是，证据必须经过查证属实，才能作为定案的根据。

（二）证据的分类

1. 原始证据和传来证据

按照证据来源的形式作为区分依据，可将证据分为原始证据和传来证据。

原始证据就是从案件事实的最初来源获得的证据，即属于第一手的事实材料。如案件事实目睹人、经手人所作的证言、书证的原本和物证的原物等。传来证据是指从派生来源获得的证据，即属于第二手或第二手以上的事实材料。

传来证据往往不如原始证据可靠，而且传来证据离最初的证据来源越远，可靠性通常也越差，传来证据的法律效力低于原始证据的法律效力。但是传来证据在诉讼中仍然是有作用的，它可以作为发现和审查原始证据的手段，并在必要时可作为定案的根据。

我国的诉讼法要求尽量使用原始证据，但不排斥使用传来证据。

2. 直接证据和间接证据

按照证明案件主要事实的方法不同作为区分依据，可将证据分为直接证据和间接证据。

直接证据就是能够直接证明案件主要事实的证据，如犯罪嫌疑人对涉嫌犯罪事实的供述、被询问人提供犯罪嫌疑人实施犯罪过程的证言、被害人指认犯罪嫌疑人的陈述等。间接证据就是指能证明案件的片段情节而不能直接证明案件主要事实的结论。如在犯罪嫌疑人的住处搜查到的赃款赃物，犯罪嫌疑人在与案件有关的物品上留下的笔迹、指纹，犯罪嫌疑人有过同案件特定关联人接触的事实等。

运用直接证据证明案件的主要事实，方法相对比较方便和简单，只要证据本身审查属实，主要事实就可以定论。而全部运用间接证据证明案件主要事实则比较复杂，其证据要求极为严格。

在职务犯罪案件的调查实践中，通常是以直接证据和间接证据互相配合、互相印证、互相融合来认定案情，全部运用间接证据来认定案件事实并不多见，但各地还是有一些成功的案例，诸如那些"零口供"的案件，完全是依据形成锁链的间接证据而定案。

3. 言词证据和实物证据

按照证据的表现形式的不同作为区分依据，可将证据分为言词证据和实物证据。

言词证据就是与案件有一定联系或者有一定关联的自然人对与案件有关的事实进行的口头叙述，又称为自然人的陈述。言词证据包括被询问人证言、被害人陈述、犯罪嫌疑人或被告人的供述和辩解等。实物证据就是具有实体物形状的证据。实物证据包括书证、物证、勘验检查笔录、视听资料等。

判断言词证据，必须客观充分考虑与提供言词证据的自然人联系的各种因素，如他与案件的结果有无利害关系、精神是否正常、道德品质如何等；判断实物证据则往往需要进行鉴定、辨认等。

（三）一种特殊的证据——再生证据

再生证据指在案件发生后由被查对象为掩盖自己或他人的不法行为而再次形成的证据，也就是被查对象、案件关联人、利益关系人为了逃避法律追究而进行各种掩盖涉嫌犯罪行为而进行的一种反侦查、反调查活动所形成的新的证据。

职务犯罪案件调查中，随着犯罪手段智能化程度的逐渐提高和有关反侦查、反调查手段的不断成熟，通过获取原生证据来证明案件事实越来越困难。因此，通过逆向思维证明其存在掩盖犯罪事实真相的行为即反侦查、反调查行为，从而通过相反角度来达到肯定案件事实存在的目的，就表现出强烈的有效性与重要性。再生证据的收集与运用在职务犯罪调查中有着重要的作用。

1. 再生证据的形式分类

根据被调查对象、案件关联人反调查活动实施方式的不同，可分为毁证性、伪证性、干扰性、刺探性证据。

（1）毁证性再生证据。即被调查对象、案件关联人在毁灭涉嫌犯罪一次证据过程中产生的证明犯罪的二次证据。

（2）伪证性再生证据。即被调查对象、案件关联人在串供、翻供、订立攻守同盟或胁迫、威胁、利诱证人作伪证过程中形成的二次证据。

（3）干扰性再生证据。即被调查对象、案件关联人在利用职务或其他有利条件对办案人员及其调查活动施加影响的过程中产生的二次证据。

（4）刺探性再生证据。即被调查对象、案件关联人在调查阶段，通过各种手段、方式、途径想方设法接触案件经手人、当事人、相关人，意图了解掌握侦查秘密、情报过程中产生的二次证据。

2. 再生证据的形态分类

根据被查对象、案件关联人反侦查、反调查活动表现形态的不同，可分为语言性、文字性、行为性、表现性、综合性再生证据。

（1）语言性再生证据（言词犯意的衍生再现）；

（2）文字性再生证据（书面策划的欲盖弥彰，如伪造的账单）；

（3）行为性再生证据（客观举动的弄巧成拙，如转移赃款赃物、携款潜逃）；

（4）表现性再生证据（反常举止的越描越黑）；

（5）综合性再生证据（整个系列的周密设计）。

通过对再生证据的形态分析，可以成为办案人员进一步甄别与分析的基础。

3. 再生证据在职务犯罪调查中的作用

（1）有利于扩展办案人员的办案思路和视野，拓宽发现和收集证据的渠道。在职务犯罪案件中，传统的办案思维定势只注重对原生证据的发现、收集和运用，缺乏对再生证据的发现、收集和运用。

（2）有利于瓦解被调查人的心理防线，加快案件的侦破速度。在职务犯罪案件中，办案人员往往一时较难获取被调查人的全部证据。在这种情况下，再生证据就能发挥很好的作用。办案人员可以根据案情，运用一定的谋略，促使被调查人动起来，"欲盖弥彰""弄巧成拙"，从而促成二次证据的形成。

（3）有利于法庭对被告人科学定罪量刑。在司法实践中，被调查人在态度和表现是量刑的一个酌定情节。再生证据证明了被调查人具有掩盖罪行、对抗侦查的主观恶性，与认罪认罚从宽一样，在法庭判决时是一个重要的量刑依据。

三、职务犯罪证据要点

（一）职务犯罪主体证据的要点

1. 主体的明确性。有国家机关、组织或国家企事业单位等证明载体。

2. 职务的具体性。有组织人事部门任职、升迁或变化证明。

3. 职责的细节性。有相应部门制定的权力责任具体范围。

对于上述要点，还要注意以下三点：（1）注意排除责任的分散；（2）注意口头委托或授权；（3）注意惯例和约定俗成。

（二）职务犯罪主观故意（犯意）证据要点

1. 故意犯罪，要确认行为、目的、效果的追求，贪污受贿都是故意犯罪；过失犯罪，要确认违背职责规定的表现。

2. 贪污受贿等都是有"追求""表现"的，因此"追求""表现"系相对抽象而又非常重要的证据方向。在调查中一定要挖掘出其犯罪的原因。

3. 要区分意外事件。

4. 要区分自然灾害中的职务犯罪。办案人员必须树立一个观念，天灾往往掺杂着人祸，大量的灾难很可能都有人祸因素导致或者加剧的。要在自然灾害（天灾）中发现线索，一般情况下都能从中发现滥用职权、玩忽职守以及再牵带出贪污受贿等职务犯罪。

办案中要注意发掘职务犯罪主体犯意的形态，可从以下几个方面着手：（1）被调查人选择隐蔽的空间（秘密）；（2）被调查人避开众人的注视（"一对一"情况下，甚至会为了自我防范、保护，有暗中录音录像情况）；（3）被调查人采取防止暴露的方法（职务犯罪，均不是临时起意，而是经过周密考虑和权衡的）；（4）被调查人掩盖真相的措施（往往形成再生证据）。

（三）职务犯罪证据客观方面表现要点

1. "职务之便"因果关系内在的具体细节，包括以下内容：权力的取得、权钱交易过程、会议记录、通讯记录、出入记录（出入小区、公司的录像等）、职务活动记录（订立合同、协议等）、电脑记录（上网、私密邮件等）。在职务犯罪案件调查中，尤其要重视对电脑的检查（一人多台不能忽视），因为在现今，其信息存储量最大、最多。

2. "中饱私囊"追求目的、结果的具体细节：实际控制下脱离监管的秘密行为。包括以下内容：银行存款记录、在资本运作机构资金的记录、拥有贵重物品的记录、挥霍的记录、馈赠的记录等，只要是利用公权力秘密占有、获取，而私人进行处分，均属于客观证据。

3. 犯罪行为暴露前后的各种掩盖犯罪行为的言谈举止。

（四）职务犯罪结果犯的证据要点（渎职犯罪必须是结果犯）

结果犯的证据取向，这种情况在渎职犯罪中比较多见，一般是结果犯，以严重的后果作为立案的标准。但贪污贿赂类犯罪中这种结果证据比较难以获取，特别是贿赂罪，一般没有直接的、直观的严重后果，但是，难以发现、难以获取不等于不去发现、不去获取，如因为受贿，造成工程质量低劣、造成假药害人、造成重大损失等，可以用鉴定意见、社会评价作为证据。

（五）职务犯罪查办中电子证据的问题

对于电子证据的问题，要重点注意：

1. 电子证据包括网络数据记录、手机短信。

2. 电子证据具有特定的优势；

3. 电子证据获取过程必须遵守相关规则。

电子证据的审查应当注意：（1）该电子证据存储磁盘、存储光盘等可移动存储介质是否与打印件一并提交；（2）是否载明该电子证据形成的时间、地点、对象、制作人、制作过程及设备情况等；（3）制作、存储、传递、获得、收集、出示等程序和环节是否合法，取证人、制作人、持有人、见证人等是否签名或者盖章；（4）内容是否真实，有无剪裁、拼凑、篡改、添加等伪造、变造情形；（5）该电子证据与案件事实无关联性。

对电子证据有疑问的，应当进行鉴定。

四、证据的获取方式及难点

（一）职务犯罪证据获取方式

1. 外围调查。外围调查的主要渠道是：上级主管机关、同级相关部门、下级单位，需要调查的知情人员等，其中最主要的是网上调查。对职务犯罪而言，许多与案件有关的信息在网络上多有反映，如单位的性质、产品的渠道、服务的对象、采购的标准、价格的认定、结算的方法、人员的结构、业务的分工等。

2. 结果调查。职务犯罪出现犯罪结果的，应当调查证明犯罪结果的证据，一般凡是存在作案现场的，首先是进行现场调查（勘查），但除了少量的如携款畏罪潜逃的以外，职务犯罪很少有现场，因此适时进行必要的司法鉴定、财务审计、价格鉴定、造价鉴定等，都属于结果调查的重要途径。

3. 谈话调查。接触相关人员，进行接谈、约谈、秘谈等是调查到了一定阶段的主要方式，如对举报人、知情人、经手人、被害人、各种可能的关联人、各种信息可能的掌控人（如居委会干部、保安员、快递员、保洁员等），在调查需要时，都可以通过他们获取信息，争取发现证据。

4. 询问调查。询问调查是案件进入调查阶段后的一种正规的调查手段，主要是对案件的证人、被害人进行取证。需要注意的是，询问调查的过程必须符合证据标准，即证人主体的合法性、证据来源的合法性和获取证据程序的合法性。

5. 讯问调查。讯问调查是最为重要的取证方法，而且对象是特定的办案人员需要讯问犯罪嫌疑人，其主要目的是从被调查人处获取其涉嫌犯罪的自证证据，无论被调查人承认犯罪还是否认犯罪，其此刻所说的话就是言词证据，职务犯罪案件中被调查人的言词证据是最主要的证据之一。

（二）职务犯罪证据难点与甄别

1. 职务与劳务。职务是具有管理职能，一般的劳务人员、辅助人员不能成为职务犯罪对象，因为其没有公职身份及职务；对于有公职身份职务的，就应定相关职务犯罪。

2. 委派与委托。委派往往具有比较完备的任命程序、手续等；委托也可以包括临时的、口头的、一次性的。

3. 事先没有明确，事后备案的，不能以委派论。

4. "一对一"贿赂案件，单凭间接证据不能定罪。

5. 挪用公款给单位（个人决定给单位使用而没有谋取个人利益的）不能定罪。

6. 私分国有资产犯罪，必须要有国资管理部门认定的全国资，不能划分的不能定罪，但实践中各地掌握的标准不一样，一些地方对"国资"与"公款"不作区别。

五、职务犯罪证据获取的方向和渠道

（一）通过查账发现证据

通过查账发现证据是查处职务贪污、挪用公款类犯罪的主要方法，在调查过程中是不可缺少的重要方法。

（二）通过搜查发现证据

搜查是立案以后，拓展证据、扩大证据、固定证据的一种有效方法，如被调查人通常在办公场所有一些私人的隐私记录、不义之财等，被调查人的电脑中往往会有一些与案件有关的数据记载。

（三）通过规律发现证据

职务犯罪存在一定的规律，如贪污、挪用公款犯罪，一定要具备管理资金、财产的职权，大多会在账目、凭证上做手脚，留下痕迹；贿赂类犯罪，通常情况下有一个渐进发展的过程，往往是从应酬吃饭开始，从送农副产品、送烟酒、礼金、家用电器、黄金首饰，发展到旅游度假、安排子女出国留学，直至贿送巨额金钱、资金。根据职务犯罪发展的规律，从中发现和获取重点证据。

（四）通过信息发现证据

办案人员需要具备识别信息的慧眼，在各种信息中发现可能成为案件的线索。

（五）通过舆论发现证据

随着信息时代的到来，舆论监督的效应越来越重要。可以关注舆论信息，从中获取案件线索。

（六）通过反常发现证据

违背常规是发现证据的重要途径之一，职务犯罪对象总会暴露出或多或少的反常行为，应当引起办案人员注意，很可能成为发现证据的渠道。

（七）通过矛盾发现证据

通过矛盾发现证据是办案谋略的常用方法，是一种可行性的取证渠道。因为实施犯罪，一定违反法律违反常规，如贪污、挪用公款犯罪，其账目就一定有矛盾。

（八）通过群众发现证据

实践中一些案件的成功侦破得益于依靠群众，从群众处发现证据。

（九）通过引导发现证据

通过引导激起正义之心是办案人员发现证据的有效途径。对于职务犯罪，大多数人出于害怕打击报复的心理，一般不愿意主动向办案人员提供证据。对于这种情况，办案人员要注意方式方法，循循善诱，激发其正义感、责任感，有利于取得理想的效果。

（十）通过结果发现证据

一般情况下，职务犯罪特别是贿赂类的犯罪缺乏结果性、客观性、量化性的证据，但办案人员在"结果"这个问题上也要争取和努力，很可能会有意想不到的收获。

（十一）通过被害人发现证据

贪污贿赂类的职务犯罪往往缺少具体的被害自然人，能够主动提供证据的人比较少，实践中，其实还是可以发现"被害人"的，关键是要进行针对性的甄别。

（十二）通过触动发现证据

把处于静态状态的对象调动起来，可能发现证据；针对侦办对象的反常，深入发掘，也可以发现证据。

（十三）通过工作记录发现证据

办案中应注意发现涉案对象的各种文字记录，这是一个重要的发现证据的环节，如一些人有记录受贿数额的习惯；一些人有写日记的习惯；一些人在特定的地方记录密码、账号等。办案中只要有这个意识，发现证据的可能性将大大增加。

（十四）通过通讯记录发现证据

调查被查对象手机通讯记录是发现证据的一个有效途径，也是当前案件侦办的必要环节。通过手机信息分析，可以发现对象关系密切的人员范围、圈子，从中进行筛选，发现证据以及证据方向。

（十五）通过出入登记发现证据

对象出入居住小区、单位、宾馆、车库、情妇住处、某个地域，都有记录可查，这个环节容易被疏忽，但恰恰也是非常重要的。

（十六）通过个人隐私发现证据

个人隐私反映性格、行为和爱好取向，可以为获取证据提供方向。

（十七）通过同类职位发现证据

这是一个通过比较分析获取证据的环节，利用规律进行同类比较也是发现证据的有效途径。

六、证据体系及规范性

（一）证据体系

以犯罪构成的四个要件（主体、主观、客体、客观）、案件必备的七个要素（何人、何时、何地、何事、何法、何因、何果）为证据标准主干。排除瑕疵、弥补缺陷、解决矛盾，以形成各种有关证据相互联系、相互链接、相互交织的完整的、全面的、客观的证据体系，以最终证明案件的事实或明确案件是否成立。

（二）获取证据时注意程序的规范性

1. 笔录证据必须严格规范。应当写明办案机关全称，讯问地址、地点、起止时间、每次讯问的次数，年龄登记必须采用准确的公历，讯问人和被讯问人分别签名等。

2. 对于传来证据要注明来源和现状。例如，对于年龄，不能写周岁，一定要写出生年月，因为某些案件可能会跨年度、某些案件年龄差一天对是否有罪具有关键作用。

3. 鉴定证据要经得起推敲和再次鉴定。在办案过程中应告知对象，对鉴定有意见的，可以申请补充鉴定、重新鉴定。

4. 形态证据要尽可能充分、广泛、具体。

5. 证据获取的过程必须注意规范性、严谨性、合法性。

6. 对证据这个系统工程要建立评估机制。

第六章　职务犯罪调查谋略

教学目的和要求：要求掌握办案谋略的重要作用和意义

教学重点和难点：办案实践中谋略使用的原则、方法、技巧的初步了解和掌握

教学方法与手段：PPT 现场授课，结合办案实践讲解，完成作业

一、谋略的概念

谋略即计谋策略，辞书解释为是一种智力成果。表现为计谋、策略、谋划。在现代汉语中，对谋略一词有两层含义：一是指人们对事物运动变化过程的事先筹度活动，就是思维主体运用知识、智慧和能力进行思考运筹的全过程。二是指思维活动的结果。

谋略意识产生于古时战争之际，谋略思维发轫于兵法之中，起始于三皇五帝，几千年来就传说尧舜即行制谋用计。后人托借姜太公之名作《六韬》。有关兵法的论述散见诸子百家的经典名著传世巨作之中。

职务犯罪调查谋略是监察机关、检察机关（检察机关拥有司法人员渎职犯罪的直接侦查权）职务犯罪办案人员在对公职身份职务犯罪案件的调查活动中，在法律规定的范围内，根据涉嫌犯罪客观事实的不同表现，通过创造性的思维活动，以最直接、最关键、最有效、最便捷的计划、方法、措施、策略、心理形成的手段达到调查或侦查的目的。

二、职务犯罪调查谋略的原则

（一）依法运用的原则

职务犯罪调查谋略必须在法律规定的范围内运用，不得违反法律、政策的规范及社会公共道德的底线，不得人为制造犯罪。

（二）针对性实施原则

职务犯罪调查谋略必须根据案情或被调查人的特定性、特殊性，针对查清案情的实际需要和可行性运用，不能千篇一律、生搬硬套。

（三）把握时机的原则

职务犯罪办案谋略的运用必须把握稍纵即逝的最佳时机，不能不顾客观条件滥用，往往失去了有利时机。

（四）报告备案的原则

职务犯罪办案谋略的设计、运用必须事先请示报告，得到批准，任何个人不得私自运用，特殊情况下确实有运用必要而来不及事先请示的，事后必须立即补报。

三、职务犯罪调查谋略的分类

（一）时间空间类谋略

指谋略的运用必须充分考虑特定的时间空间要素，具有不可再生性。可分为宏观谋略、中观谋略、微观谋略。

（二）功能效应类谋略

指谋略具有不同的功能，必须结合特定的阶段或环节有针对性地运用。可分为战略性谋略、战役性谋略、战术性谋略。

（三）实施主体类谋略

指谋略实施的主体具备客观优势的条件，具有特定性、不可替代性。可分为内部行为谋略、外部行为谋略、内外结合行为谋略。

（四）运作过程类谋略

指谋略相对而言具有连贯性、持续性，通常在运动状态中运用的特性。可分为获取线索的谋略、初查探情的谋略、言语摸底的谋略、讯问突破的谋略、运用措施的谋略、羁押狱侦的谋略、追捕逃犯的谋略、取证固证的谋略、扩大战果的谋略。

（五）形式作用类谋略

指谋略的运用依靠其外在的表现形式，如眼神、手势、动作等的作用。可分为动作类谋略、心理类谋略、利用类谋略、迷惑类谋略、间探类谋略。

四、职务犯罪调查谋略的作用

(一) 开拓办案思路

职务犯罪调查谋略的运用可以大大开拓办案人员的办案思路。

(二) 提高智能含量

职务犯罪调查谋略的运用可以大大丰富办案人员的想象力，提高破案过程中的智能含量。

(三) 确保案件质量

职务犯罪调查谋略的运用可以大大提高案件的质量和效率。

(四) 弥补手段不足

职务犯罪调查谋略的使用可以弥补当前实际存在的职务犯罪办案手段装备不足及落后的状态。

五、职务犯罪调查谋略的运用要点

(一) 便服察访，把握关键

所谓便服察访，就是办案人员不暴露职业身份和调查目的、意图，以普通人的面貌围绕调查目标去了解有关情况，掌握某种信息，并伺机获取关键性的证据或关键性的信息一种谋略方法。

其要点在于：

1. 不暴露身份，不公开调查目的和意图。

2. 以其他事由掩盖调查的目的。

3. 旨在获取关键证据或关键信息。

4. 需要集体配合，必要时相互掩护、圆场。

5. 事先请示报批备案，事后报告总结。

(二) 化装摸底，直取真经

所谓化装摸底，就是职务犯罪办案人员假借特定的身份，与特定的人员（通常为行贿人）直接打交道，在其没有防备的情况下取得直接证据（信息）的一种谋略方法。

其要点在于：

1. 化装不是化妆，要神似而不是形似。

2. 假借的特定身份要真有其人其职。

3. 要熟悉与被装身份相关的专业知识。

4. 化装调查结束后的办案人员不再参加该案的审讯，尽量不在对象面前暴露真实身份。

5. 化装调查的信息、过程不在媒体上宣传报道。

（三）设置耳目，诱露真情

所谓设置耳目，就是为了同职务犯罪作斗争而设立的一种隐蔽力量，耳目是受职务犯罪办案机关委托执行特殊任务的情报人员。公安机关称这类人员为"刑事特情"，香港廉政公署称这类人员为"卧底"。以这一补充力量来获取案件真情的一种谋略方法。

其要点在于：

1. 耳目不具备办案人员所拥有的职责和权力，为非职务犯罪办案人员，没有职务犯罪案件的调查权。

2. 耳目在职务犯罪办案机关领导下，协助开展收集情报信息的工作。

3. 耳目本身要具有一定的法律知识和调查工作常识。

4. 耳目不论是否执行任务均不得公开隐蔽的身份，耳目获得的证据未经转化不得公开使用。

5. 必须对耳目加强监督和指导。

（四）跟踪盯梢，掌握动向

所谓跟踪盯梢，是指职务犯罪办案人员以隐蔽的形式尾随涉案对象或与案有牵连的人员，监视、控制、掌握其活动，以达到进一步揭露、拓展全部犯罪事实、捕获在逃涉案人员和证实涉嫌犯罪的一种谋略方法。

其要点在于：

1. 扩大线索，发现新的信息或证据。

2. 捕捉逃犯或执行密捕。

3. 对其他办案调查措施的一种补充和强化。

4. 需要准备足够的力量，前后接应、男女搭配。

5. 要有交通工具、通讯设备、戒具准备。

（五）选准缺口，突然袭击

所谓选准缺口，就是在预审过程中，职务犯罪办案人员针对顽固抵抗的对象心理和物质手段、社会关系中暴露出的"软肋""缺口"进行进攻性重创，从而瓦解其心理防线的一种谋略方法。

其要点在于：

1. 该谋略的运用，一般均是疑难复杂的案件，对象往往心理素质好，抗审讯能力强，故要十分慎重，认真策划。

2. 任何事物都有两个方面，再强的防线也有缺口。因而选准缺口的关键是要在"准"字上下功夫。

3. 实施的方法、时机要突出"突然"的属性，出其不意、攻其不备。

4. 运用集体智慧，反复权衡，避免情绪化、浮躁化。

5. 力争使对象感到意料之外，又在情理之中，心悦诚服。

（六）把握时机，果断出手

所谓把握时机，就是在案件初核过程中，发现了对突破案件十分有利的时间和机会，然后果断、快速地作出反应，以把握及时、措施有力的手段，突破案件的一种谋略方法。

其要点在于：

1. 这种时机往往有突然出现、事先没有料到的特征。

2. 这种时机的出现往往不再重现，稍纵即逝。

3. 这种办案谋略的使用往往比较紧急，应当允许职务犯罪办案人员边办案边报告，或允许办案人员先斩后奏，事后补报。

4. 需要速战速决，做好对象可能出而反而的准备。

5. 对谋略实施的对象尽可能从细节、心理上有所掌握。

（七）声东击西，迂回包抄

所谓声东击西，就是职务犯罪办案过程中按照正常的、习惯的思路模式可能有阻力、行不通的情况下，采用隐藏调查目的，从其他领域或外围入手、逐渐靠近调查目标，声言击东、其实击西，明攻某甲、暗袭某乙，是伪造主攻方向，争取调查主动权、实现调查目的的一种办案谋略方法。

其要点在于：

1. 职务犯罪调查的目的明确，但呈隐秘状态。

2. 外在的表现形式与调查目的大相径庭。

3. 由外围或间接途径入手，层层推进。

4. 与有关单位建立配合协作关系，减少手续、程序。

5. 注意相互信任，同时需要内外有别，注意各自职责范围、权限和保密的规定。

（八）欲擒故纵，引蛇出洞

所谓欲擒故纵，是指职务犯罪办案人员为擒获（查获）涉嫌人员，又为了实现某种调查办案意图而故意暂时放纵（不羁押）对方，待达到某种调查目的之后，即将其擒获归案的一种办案谋略方法。

其要点在于：

1. 在查案件已有初步成果，但还没有全面告破。

2. 其目的是为了引出和发现新的犯罪嫌疑人和新的涉嫌犯罪事实，其目的和作用是扩大战果。

3. "纵"，有一定的风险，"纵"后必须跟上必要的手段措施，措施力求完备、周密。

4. 引蛇出洞之蛇，既可指人，也可指事实真相。

5. 一般针对犯罪嫌疑人实施，对配合的犯罪嫌疑人应当兑现政策。

（九）利用矛盾，离间取证

所谓利用矛盾，是职务犯罪办案人员在共同作案、对偶作案的被调查人之间利用和扩大他们之间固有的隔阂、猜疑、提防等矛盾，从而使其互相出卖对方为我所用的一种办案谋略方法。

其要点在于：

1. 被调查人之间有利益共同体的特征，互为依靠、互为利用，在共同得利的情况下，防线比较牢固。

2. 他们的共同性是建立在各自获取最大利益的基础上的，一旦失去了自己的利益，所谓的共同也不存在了。

3. 他们之间的矛盾是客观存在的，是围绕各自的经济利益而产生的。

4. 他们之间的矛盾差异是追求目的文化的不同而必然形成的。

5. 受贿、行贿人的犯罪地位、犯罪心理和法律后果是不同的，要利用这种不同做足文章。

（十）分化瓦解，各个击破

所谓分化瓦解，是在职务犯罪办案活动中充分利用被调查人之间每一个矛盾和冲突，从积极的方面扩大他们的内部裂痕，推动这些矛盾的爆发，然后抓住其薄弱环节逐个加以突破，最后达到调查既定目的的一种办案谋略方法。

其要点在于：

1. 此法主要针对共同犯罪、对偶犯罪等二个人以上的犯罪活动。

2. 共同犯罪成员之间一定存在共同的利害关系，但也一定存在自身固有的矛盾，而办案人员利用的正是这种客观矛盾。

3. 分化是手段，瓦解是目的，只有真正瓦解了共同防御体系，犯罪过程才会彻底暴露。

4. 分化瓦解运用的证据必须是客观真实的，能够引起犯罪嫌疑人重视和关注的。

5. 要充分把握被调查人的"心病"，对症下药。

（十一）旁敲侧击，渐进主题

所谓旁敲侧击，是职务犯罪办案人员针对对象的具体情况，一时难以进入谈话正题的情况下，先以对象感兴趣的话题调动情绪、拉近距离、消除抵触、取得信任，最终获取预期调查效果的一种办案谋略方法。

其要点在于：

1. 事先要对对象的所有信息有相对全面、充分的了解掌握，并进行研究分析。

2. 针对对象的性格、心理有相应的办案人员和对应的方法、手段、针对性地来实施。

3. 职务犯罪办案人员要始终把握谈话的主动权。

4. 职务犯罪办案人员要持有推心置腹、理解宽容的态度进行沟通。

5. 职务犯罪办案人员不能私下交易和作不负责任的承诺。

（十二）信息反馈，追根寻源

所谓信息反馈，是职务犯罪办案人员在社会生活中，注意捕捉各种职务犯罪的信息、动向，经报告程序反馈上级后，按计划予以调查的一种办案谋略方法。

其要点在于：

1. 职务犯罪办案人员要具有强烈的探究意识、敏锐性、洞察力，善于在不经意中获取职务犯罪信息。

2. 所获取信息应及时报告，经评估分析确认具有可行性的，进入初查、侦查程序。

3. 职务犯罪办案过程中，注意要对提供信息的人员的负面影响减到最低程度并加以保护。

4. 这类信息的来源应当在一定范围内保密。

（十三）利用说情，逆向运作

所谓逆向运作，是职务犯罪办案人员对案件对象关系人传来要求对被调查对象有利处置的信息渠道（一般是说情、打招呼）进行运作反射，实现其对调查工作有利的作用的一种办案谋略方法。

其要点在于：

1. 利用说情、逆向运作是一种监察机关、检察机关的组织行为，办案人员个人不能私下操作，要经批准备案后规范实施。

2. 在运作过程中要严格依法事实求是，不得捉弄他人、失信于人。

3. 严禁私开口子，私下承诺，严禁作私下交易。

4. 规范操作，不搞权宜之计、短期行为。

5. 对逆向运作中起积极作用的行为人，经过批准应当兑现政策。

（十四）安排串供，出其不意

所谓安排串供，是职务犯罪办案人员对共同犯罪或对偶犯罪的一方，已被突破或争取并予以控制的情况下，而利用其特殊身份，以串供的方式使案中另一方暴露犯罪事实和证据的一种办案谋略方法。

其要点在于：

1. 被争取、控制的对象有愿意配合的内在表示。

2. 串供的时间、地点、内容、方式有周密的部署和充分的准备。

3. 串供可以双方接触进行，也可用电话等方式进行。

4. 串供的设计、运用等情况必须严格保密。

5. 串供的证据必须经过转换才能使用。

（十五）围点打援，中心开花

所谓围点打援，是在职务犯罪办案过程中，发现中心目标较为复杂众多，一时难以直接进入时，采用把被调查的目标圈围起来进行监视、观察，此为"围点"，同时有效阻断各种干扰影响调查办案的因素，此为"打援"，在深入了解、熟悉研究和把握的基础上，适时一举突破中心目标、集群案件时的一种谋略方法。

其要点在于：

1. 调查目标复杂、众多，专业性突出，不宜简单贸然行事。

2. 职务犯罪办案人员对目标涉及领域的规律、特点熟悉、了解和掌握的程度不够，需进一步作基础准备工作。

3. 调查目标之间互相牵连，有牵一发而动全身之势，需要在充分准备、十分把握、措施到位的情况下，靠大兵团作战来实现调查目的，并获取最好效果。

4. 充分依靠和发挥案发单位上级党组织的积极支持和配合。

5. 要有针对性地安排职务犯罪办案人员专门业务知识的学习掌握，避免调查过程"外行"的弊端。

（十六）内紧外松，以退为进

所谓内紧外松，是指职务犯罪调查工作暂时陷入困境，难以继续的情况下，外在形式上结束调查办案工作，给被查对象留出时间空间，使其产生错觉、松弛神经，内在实质上，则调整角度、加快节奏、强化手段、利用漏洞，从而出其不意地一举查获案件的一种办案谋略方法。

其要点在于：

1. 当被调查对象隐蔽较深或已做好充分准备、案件久侦不破或调查难以为继，而疑点又无法合理排除的条件下运用。

2. 结束调查，视具体情况，可以真结束，也可以假结束，真结束的可适时宣布初查终结或向有关方面发出不予立案决定书。

3. 实质上是调整角度、方法、策略，不停止查处工作的进行。

4. 职务犯罪办案人员不能半途而废。

5. 内部需要定期监督检查的措施。

（十七）人文关怀，情理并重

所谓人文关怀，是职务犯罪办案人员在调查活动过程中按照宪法规定，把尊重和保障人权意识融入其中，也是从心理上感化、争取对象的一种办案谋略方法。

其要点在于：

1. 人文关怀不是可有可无的，而是必须体现的政治要求。

2. 要针对被调查对象的心理弱点，围绕调查目的来实施。

3. 要情理并用，注意不要使对方以为调查人员是讨好、软弱无能。

4. 要给被调查人一种意外的感觉和冲击力。

5. 需要研究被调查人的心理、针对性的体现。

（十八）巧对意外，将计就计

所谓巧对意外、将计就计，是职务犯罪办案人员遇到意外的情况，事先没有预料和准备，而临时采取变通的方法突破案件的一种办案谋略方法。

其要点在于：

1. 调查过程的意外，调查办案人员事先没有准备无法预料。

2. 调查活动暴露出来的不足与漏洞。

3. 进行性质的转变，化不利为有利。

4. 必须进行高智商的思考、谋划。

5. 及时进行总结，提高职务犯罪办案人员的严密性、敏锐性，准确而快速的反应能力。

第七章　职务犯罪调查讯问

教学目的和要求：要求掌握监察人员必须具备的调查讯问常识

教学重点和难点：讯问的内涵、方法和心理对策能力的理解与掌握

教学方法与手段：PPT 现场授课，结合办案实践讲解，完成作业

一、讯问的含义及目的

（一）讯问的含义

"讯问"，是指通过监察机关工作人员提问、被调查人回答的方式，取得印证被调查人有关职务违法犯罪事实的口供及其他证据的过程。监察机关是我国有权对涉嫌贪污贿赂、失职渎职等职务犯罪行使调查权的机关。讯问这些涉嫌职务犯罪的被调查人是调查活动中的重要权限之一，讯问活动要符合监察法及其他法律法规关于具体程序、要求等的规定。

需要注意的是，调查人员采取讯问等调查措施时，应当依照规定出示证件，出具书面通知，由二人以上进行，形成讯问笔录等书面材料，并由相关人员签名、盖章。调查人员进行讯问等重要取证工作，应当对全过程进行录音录像，留存备查。

（二）讯问的目的

1. 突破的目的。通过正面交锋，将初核获取的证据得到被讯问人本人供述的印证，形成完整的证据链。

2. 拓展的目的。在固定了被讯问人基本或部分事实的基础上，进一步扩大客观存在的其他事实或其他人员。

3. 固证的目的。在初步获取了证据的基础上，再从不同的角度、细节和客观因素等方面强化证据的固定。

4. 检举的目的。通过政策、法律的教育，动员被讯问人检举、揭发其所知情或了解的其他人的事实或嫌疑，给被讯问人创造立功的条件。

5. 验证的目的。以被讯问人角度用事实验证其所交待的问题具有客观性、真实性、排他性和唯一性。

6. 结案的目的。通过讯问完整表现与固定被讯问人所涉嫌案件的全部状况，综合体现本案件的客观真实性。

二、讯问人员的基本要求

职务违法和职务犯罪案件调查具有特殊性，因为其调查的对象往往是具有公职的官员及管理人员，他们的经历、文化、背景、关系不同于普通的刑事犯罪人员，因此对讯问人员也有较高的要求。其主要内容有：

（一）基础能力

1. 阅历基础。具体包括：

（1）生活经历。有一定的社会接触经验，对社会现象的根源有深刻的理解和剖析能力。

（2）求学经历。有相当的学历和专门知识的学习经历，有足够的综合知识和专门知识基础。

（3）工作经历。有一定的社会工作经历，对接触人的活动有一定底蕴。

（4）办案经历。有一定的职务犯罪办案经历，能熟练地把握调查要点和熟悉调查程序，具有应对复杂局面的能力。

2. 能力基础。要求全面具备综合能力，具体包括：分析、判断、思维、推理、演绎、应变、文字、口才、方法、手段、诡道、离间、错觉、时差、逆行、灵感、逻辑、悟性等。

3. 知识基础。要求具有宽泛的知识面，知识越丰富在讯问活动中越能掌握主动。具体包括：政治学、法律学、诉讼学、行政学、社会学、心理学、信息学、证据学、经济学、公关学、逻辑学、管理学、历史学、地理学、军事学、艺术学、文学、美学等。

凡对这些基础要求存在缺陷、薄弱环节的，应注意在工作中加强学习、实践，自我弥补、完善，不断充实、提高自己的基础能力。

（二）心理素质

职务违法和职务犯罪案件调查工作的性质要求讯问人员必须具备良好的心理素质，主要包括：

1. 沉着冷静。即良好的心理素质，理性的思考方式。

2. 庄重严肃。即文明的言谈举止，严肃的神情态度。

3. 老练沉稳。即成熟的引导能力，老练的针对举措。

4. 集中细致。即高度的责任意识，到位的工作方法。

5. 多思勤奋。即扎实的智慧底蕴，高效的办案节奏。

6. 独立自信。即积极的工作态度，充足的正义信心。

7. 戒浮求实。即不做表面文章，坚持实事求是。

8. 戒躁耐心。即克服急躁的情绪，保持正常的心态。

9. 敏捷自如。即掌握高超的谋略，具有灵敏的反应。

（三）思想品质

讯问人员应当具备良好的思想品质，其主要内容为：

1. 坚强的意志。明确的目的性和达到这一目的的坚定意向，果断和不屈不挠的坚定性、顽强性、忍耐性。沉着、冷静、慎思、理性的自制能力，充沛的精力、坚强的毅力和不垮的体力。

2. 真挚的情感。对党对国家充满忠诚，勇于为之献身的精神，对人民群众充满感情，甘做牛马的奉献精神，对法律尊严无比崇尚、刚正不阿、嫉恶如仇，为之终生奋斗的精神，对同志对工作满腔热情，团结协作，对自己严格要求，不为名利，甘为铺路石的奉献精神，对社会有强烈的责任感，不断学习、积极创新、廉洁自律的时代精神。

3. 独立的性格。坚定信念，坚持原则，在处理各种问题时，独立思考，准确做出决定，面对复杂局面、突变情况、临危不惧、处变不惊。紧急情况下，能自如独立地展示自己的能力。在各种干扰、阻力、外界的影响下，不屈从于他人权势，不片面妥协顺从，坚持真理。

4. 丰富的想象。想象分为再现想象和创造想象。再现想象是根据他人对于某一事物的语言、文字、符号、图像、视听资料的示意，在头脑中产生对这一事物全过程综合、立体的再现，使自己仿佛身临其境，以确保对事物认识的准确性、客观性、本原性。能否再现想象取决于两个条件：一是他人的描述、展示是否正确、清晰、生动、具体；二是讯问人员是否有足够的理解能力和丰富的经验、知识。

5. 理性的机智。机智是根据情况的千变万化，快速作出正确的反应，及时采取恰当、有效的办法、措施予以应对。机智也就是急中生智，其基础是急中要有智，乃是观察的敏锐性、思维的灵活性、意志的果断性三位一体的独立结合，机智不是天生具有，而是通过经验、知识的积累逐渐形成的。讯问中的机智反映在：

（1）善于因势利导。以自己的积极心理去影响对方，始终保持主导地位，引导他人的心理朝积极的方向发展变化。

（2）能够随机应变。预料之外的、突然出现的、准备不足的情况出现时，能恰如其分地果断、灵活应对，及时调整和化解不利因素，有效控制局面和事态的不利发展。

（3）注意对症下药。能够在错综复杂的情况下，分清主次矛盾，把握问题关键，有的放矢，切中时弊，切忌不分青红皂白、眉毛胡子一把抓，造成时机的丧失、局面的被动。

（4）有效把握分寸。对不同的目标、对象，采用不同的方法和措施；对同一方法、策略、措施的运用，把握不同的程度，要保持不温不火、不卑不亢、不偏不倚，判断准确、语言中肯、行为得体、方法适当、以理服人，展示良好的人格魅力。

（四）调查意识

讯问人员的调查意识必须具有以下几点：

1. 发现问题。凭借敏锐的意识，能在信息传递过程中看出疑问的存在，且疑问始终得不到合理的解释。

2. 揭示矛盾。在复杂情况和众多矛盾中，抓住主要关键问题，理出主线，予以有理、有据的揭露。

3. 获取抓手。找出薄弱环节，选择突破口，以客观事实及证据以理服人。

三、讯问前的准备

（一）分析案件来源

案件的来源有什么特殊性、特别性，发现可利用的因素。

（二）了解对象状态

充分详尽掌握对象的各种信息，便于采取针对性的方法。

（三）把握问题关键

本次讯问最主要的是解决什么问题必须牢牢把握和掌控。

（四）调整对方态度

充分把握讯问主动权，根据需要调动对象的情绪和态度。

（五）熟悉现存疑问

讯问目的中最急需、最薄弱的环节要充分重视力求解决。

（六）研究进退策划

有进退自如的复合计划，避免讯问出现胶着状态和僵局。

（七）设想应变措施

对讯问过程中可能出现或发生的突发情况有事先的预料。

（八）选择技术手段

思考认证配合讯问可采用什么技术辅助手段，如音像和测谎。

（九）落实人员、地点

选择合适的讯问人员和讯问时间、场合、地点、标语等。

（十）确定复合方法

研究和准备几套讯问方案以备不时之需。

四、讯问的主要方法

（一）单刀直入

开门见山、直奔主题，直截了当指明被讯问人涉嫌的问题性质，一针见血、一步到位。

（二）出其不意

隐蔽意图、突然袭击，在貌似正常谈话过程中，突然抛出被讯问人缺乏思想准备的要害问题，令其措手不及，在不经意间暴露出问题症结。

（三）步步紧逼

紧锣密鼓、不让喘息，以连环套的发问，一步一步地紧逼、追问，穷追不舍，使被讯问人的虚假交待站不住脚，难以自圆其说。

（四）引而不发

营造气氛、制造压力，只是提出疑问，让被讯问人侃侃而谈，不加制止、不作评论，当其以为占据上风、计谋得逞之时抛出"撒手锏"，出其不意，后发制人。

（五）旁敲侧击

从容不迫、慢条斯理，不露声色、淡定平淡，貌似零星无序、不着边际，实际上话中有话，让被讯问人摸不着头脑，导致产生猜疑、焦虑，让其自乱阵脚。

（六）离间瓦解

扩大疑虑、动摇防线，采用"囚徒困境"的讯问对策，让被讯问人产生担心，产生被出卖、被抛弃、被捉弄的压迫感，从而选择配合的态度。

（七）感化启发

以情动人、化解抵抗，采取正面说理、剖析根源，尊重人权、保护合法权益等心理感化措施，调动被讯问人内在愧疚、自责、后悔的心理动因，促其选择交待。

（八）揭露矛盾

一针见血，针对被讯问人的虚假供述，以事实真相和确凿证据予以揭露，让其因假交待而必然出现的矛盾暴露无疑，将其逼入难以解脱的死角。

（九）软硬兼施

制造落差、心理失衡，凛然正义、义正词严与循循善诱、耐心开导相结合，让被讯问人心理产生落差，搭好台阶让其"体面"地从"自我堡垒"中走出来。

（十）声东击西

欲擒故纵、迷惑目标，避开正面的话题，故意"顾左右而言他"，诱导被讯问人对他人的问题提起兴趣，逐步让其放松警惕，松弛心理防线，然后伺机直奔主题，使其措手不及。

（十一）诱反为正

出其不意、假大获真，貌似对被讯问人的虚假供述信以为真，并且故意"帮助"被讯问人虚假供述"圆话"，让被讯问人以为狡辩得逞，当其扬扬得意、漏洞暴露无遗了，再当头一棒，打他个无法翻身。

（十二）侦供交易

合法交易、保证底线，在特殊情况下，经过批准，对被讯问人作出一定的承诺和让步，以获取退一步进两步的最大效果。

五、讯问的突破技巧、突破要素

（一）讯问的突破技巧

1. 情感融入。办案人员调换角度、换位思考，以丰富的情感打动被讯问人，使其放下思想包袱、打消顾虑，取得信任感。

2. 语言得当。办案人员根据被讯问人的不同情况和承受力，采用针对性的、合适的语言、语气及用词，使其听得进、能接受。

3. 利用矛盾。办案人员要注意发现和运用被讯问人在作案过程中存在的或暴露出来的各种矛盾加以扩大，动摇其心理防线。

4. 逻辑推理。办案人员以缜密的思路、客观的分析，层层剖析案件的原因、过程、心理，以揭露假象还原客观事实真相。

5. 证据制服。办案人员面对强硬狡辩的被讯问人，适时出示相应的证据，以客观事实迫使其认罪服法。

（二）讯问的突破要素

1. 适合的环境。讯问的环境必须事先进行选择，环境要为谈话、讯问服务。如讯问室大小、白天或晚上、具体地点。

2. 同一的认知。要了解被讯问人的心态，找到办案人员与其具有共同认知的话题，逐步深入。其目的是引起对象的注意、兴趣和话题。

3. 循序渐进。根据案件被讯问人的不同情况，要注意沉着冷静，稳中求进，步步为营。可先固定初步的、轻微的、基本的证据。

4. 因势利导。要抓住被讯问人的心理弱点，找到其薄弱环节，针对性地、耐心细致地进行法理开导，打开其心结，促使其迷途知返。

5. 入理分析。详细分析道理，解开被讯问人的思想症结和指出其错误根源所在，力求使其心悦诚服。可采用循循善诱、法理灌输、强劲说理等方法。

6. 唤醒良知。充分运用被讯问人一般具有的经历激发其正义感。应注意将肯定以往、一分为二、激发觉悟适时运用。

六、把握讯问的四个阶段

（一）对抗阶段

被讯问人在讯问的第一阶段具有对抗的情况是普遍的，其拒供动机占主导地位，一般表现为：神情自若、不屑一顾、色厉内荏、侃侃而谈、居功自傲、气焰嚣张。

被讯问人一旦进入调查谈话、讯问阶段，被与外界隔绝以后，心理必定产生与世隔绝、心神不定、不知所措的状态，首先考虑的是自己的问题是怎么暴露的、暴露的是哪些问题、暴露问题的程度如何。因此，在首次讯问中，绝大多数被讯问人均会以试探的方式进行摸底，以便决定自己的态度和行为，其试探的目标主要是证据被掌握的程度，办案人员的个性、特点、能力，抵抗的后果等。

这一阶段，被讯问人的举动主要有：

1. 索要证据。其强调证据的目的是窥视办案人员的反应，试探办案人员的底气，从中掌握办案人员掌握证据的程度。

2. 以假乱真。或坚决否认违纪、犯罪事实，或制造时间、地点、人物、情节、顺序等的混乱，以破坏办案人员既定的讯问思路，从办案人员不当的反应中了解信息。

3. 编造假供。在回答提问时故意胡编乱造，并且顽固坚持，以迫使办案人员予以纠正，从中了解问题暴露的方面和程度。

4. 供小瞒大。交待一些无关紧要的枝节问题，或者比较轻微的、次要的问题，并且反复起誓已经彻底交待清楚了，以观察办案人员的反应。

5. 抗议威胁。强烈表示要控告、或要求领导出场、要求打电话、要求聘请律师，以此来激起办案人员的反应，从而判断自己问题的严重程度及后果。

（二）相持阶段

被讯问人在讯问的第二阶段必定出现选择性思想斗争，拒供与解脱心理相互斗争，一般表现为：注意聆听、话语减少、唉声叹气、坐立不安、手脚无措、脸红冒汗、低头沉思、目光漂浮、喝水点烟、频繁如厕。

被讯问人经过试探摸底，开始适应讯问环境，对办案人员的能力、经验也有了初步了解，自以为"心中有底"，便会集中全部精力对付讯问。对抗相持阶段是办案人员与被讯问人进行实质性较量的重要阶段，进攻与防守、揭露与回避、批驳与狡辩，斗争的一来一往、时起时伏、若明若暗，形成了这一阶段的鲜明特色。被讯问人可能会采取多种手段如拒供、谎供、翻供以对付讯问。

办案人员在与被讯问人对抗冲突的环境中，情绪最容易受到影响。正确的做法是保持头脑冷静，既不能感情用事，也不能丧失对已获得的违纪违法、涉嫌犯罪信息的正确判断和继续追诉的信心；要摸清被讯问人对抗的主要原因，采取适当的方法促其转化。

（三）动摇反复阶段

经过对抗相持的激烈斗争，在办案人员的正确讯问方法和坚强意志的影响下，被讯问人的心理防线渐渐出现动摇，侥幸心理、抵触情绪渐趋缓和。这时，被讯问人犹豫、动摇、矛盾的心理渐渐上升，谈话、讯问活动转入到动摇反复阶段。这一阶段，被讯问人徘徊在是供述还是对抗的十字路口，动机斗争非常激烈，出现了交待问题、供述罪行的征兆，常会有以下表现：

1. 态度发生变化。当被讯问人认识到自己的行为已被大量证据所证实，丧失继续进行对抗的信心后，突出的表现是态度由硬变软。有的低头不语、面红耳赤、呼吸深而短促；有的情绪波动，似有悔罪之意。

2. 极力表白，提出条件。被讯问人产生交待、供述动机的同时，必然考虑到交待问题或者涉嫌罪行可能带来的严重后果。有的找出各种客观理由为自己原来的对抗行为开脱；有的提出各种要求，作为交待问题、供述罪行的交换条件。

3. 惶恐不安，无所适从。当被讯问人在谈话、讯问中突然感到问题、涉嫌罪行已经无法隐瞒时，常常会出现惊慌恐惧、不知所措的情况。有的额头、头手冒汗，视线无固定目标；有的唇干口渴要求抽烟、喝水；有的搓衣角，下意识的动作增多。在监室内，有的坐卧不安，不能入睡；有的沉闷无语，神态发呆，甚至食欲减退；有的自言自语，唉声叹气，寻求支援。

在动摇反复阶段，被讯问人想顽抗，又怕受到从严惩处；想回避，又怕谈话、讯问无休止地进行下去；想交待问题、供述罪行，又抱有"挺一挺"也许能混过去的侥幸心理，讯问的发展迫使犯罪嫌疑人进入权衡利弊的重要关头。

此时，办案人员如果能够准确把握时机，加以恰当引导，被讯问人就会放弃对抗心理而坦白交待问题、涉嫌罪行，如果谈话、讯问方法不当，或者未能把握时机，就会延长僵局时间，使被讯问人得以修补或重建防御体系，进行更加顽固的对抗。这就要求办案人员要判明被讯问人的交待、供述征兆和残存的供述心理障碍，及时做好转化工作，切忌因取得初步效果而喜形于色、急于求成；注意"搭梯子""垒台阶"，让犯罪嫌疑人"体面"地下台、上岸。

（四）供认阶段

被讯问人在讯问的第四阶段会作出交待、供述的决定，其拒供心理因素逐步弱化减退，供认心理占主导地位，一般表现为：思考后路、提问试探、讨价还价、避重就轻、讨好逢迎、顾虑重重、时供时翻、隐蔽要害、如释重负、一吐为快。

当被讯问人的心理防线完全崩溃，对抗讯问的意志彻底动摇，认识到继续隐瞒问题、涉嫌罪行有害无益，坦白交待才是唯一出路时，谈话、讯问活动就进入到供述问题或罪行阶段。

在这个阶段，被讯问人的交待、供述障碍得到遏制、驱散或者消除，交待、供述动机占主导地位，为了争取好的结局，对讯问活动表示出关注、热情，愿意回答办案人员的问题，如实交待或者供述涉嫌罪行。但是，由于恐惧、畏罪心理的驱使，残存的侥幸心理作祟，不适当的谈话、讯问方法的影响，其供述动机仍是不稳定的，在交待问题、供述涉嫌罪行时，缺乏彻底性，甚至还会发生反复。主要表现是：

1. 得过且过。被讯问人在交待问题、供述涉嫌罪行时，往往不是一次性全部交待清楚问题，而是试探性交待一些，隐瞒关键情节；也有的是百般狡辩、推卸罪责，甚至隐瞒重大罪行的隐情。

2. 推翻供述。被讯问人在交待问题、供述涉嫌罪行后，又为后果担忧，感到后怕，或受人教唆，而又推翻原来的真实交待或者供述。

以上情况表明，被讯问人在交待问题、供述涉嫌罪行阶段，仍有可能进行最后挣扎，对办案人员来说，绝不可掉以轻心，应当看作是双方心理战的决胜阶段。

在这一阶段，办案人员应做到以下几点：首先，要一鼓作气、集中注意力进一步做好被讯问人的思想教育、引导工作，肯定和鼓励被讯问人已迈出的关键步伐和已具有的进步，以尊重、欣赏、欢迎、巩固和强化这种心理转化。其次，要继续保持严肃认真、一丝不苟的状态（坚决避免喜形于色、大功告成的轻浮表现），在对其肯定、鼓励但还存在疑点的基础上，突出不满足、不罢休、不停顿、乘胜追击、继续深入、追问清楚被讯问人的全部违纪违法问题、涉嫌犯罪事实的气势，给被讯问人新的暗示和压力，争取穷尽被讯问人的全部涉嫌违纪违法问题或者犯罪事实。最后，对虽然交待了一些违纪违法问题、涉嫌犯罪事实，但明显避重就轻、丢卒保车、交待不彻底的犯罪嫌疑人要查清或判明原因，抓住其心理症结，采取针对性的措施，在掌握足够证据的基础上步步逼近，不可半途而废。对具有可能和必要的被讯问人，还可以在宣布强制措施、移送羁押场所后的第一时间继续进行讯问。

七、如何应对不开口或翻供的被讯问人

（一）如何应对不开口的被讯问人

能够在较长时间坚持不开口的被讯问人往往具有典型内向性格，平时就沉默寡言，深藏不露，猜疑孤僻，自我封闭，要使这类被讯问人开口说话一般可运用以下方法：

1. 强势说理。长时间对其摆事实、讲道理，以强有力的说理攻势增加其内在压力，削弱其封闭心理，迫其说话。

2. 引其兴趣。先挑其最感兴趣的话题入手，如：你最近住院治疗效果怎么样？你打麻将赢多还是输多？你新买的房子环境好不好？你是如何有此功绩的？

3. 关键追问。选择一些讯问对象必须或只能回答的话题诱其讲话。如：我对你讲了两个小时道理，你听进去了没有？你进去（关押）了，被羁押人员家属书通知送到哪里？你的事情（涉案）是否要告诉子女和亲戚？是不是需要请你单位领导来见你？我们讲的话你听不进去又不相信，那么，需要请你的律师来吗？

4. 正题反问。对不愿正面认罪交待的被讯问人，采用角度转换的方式让其说话，如：你倒说说看，你是如何抵制别人行贿的？你是怎样做到大公无私，不贪不沾的？你单位搞得不错，你是采用什么方法管理的？

5. 先抑后扬。对死抱不开口态度的被讯问人进行严厉批评、训斥，使其心里产生委曲、失落、愤怒的情绪，然后更换性格温和的讯问人员作循循善诱的引导或同情式的谈话，使其内在心理压力产生落差，造成失衡。其时一有外部条件触动，其下台阶、泄压力的动力会陡增。

（二）如何讯问翻供的被讯问人

讯问翻供的被讯问人要了解掌握以下内容：

1. 被讯问人翻供的内在因素。畏罪心态、逆反心态、侥幸心态、压力心态、受骗心态。

2. 被讯问人翻供的外在因素。环境影响、人为干扰、信息误导、不法指点、意外触动。

3. 对策一：

（1）讯问中把握第一时间对证据进行固定，力求双重固定、多角度固定；

（2）影像、声像固定；

（3）犯意的挖掘、强化固定；

（4）书证、物证、间接证据的多重固定、锁链固定。

4. 对策二：

（1）人文关怀、文明办案；

（2）尊重客观、强调事实；

（3）情理相加、以理服人；

（4）分析要害、证据说话。

5. 对策三：

（1）利用说情人的关系逆向说服；

（2）利用律师的地位侧面做工作；

（3）利用亲属的关系情感来影响；

（4）利用同案人以身说法来触动；

（5）利用单位组织角度来指出路。

6. 制服翻供的步骤：

（1）仔细找出翻供的动因和企图达到的目的。

（2）分析翻供的理由和依据。

（3）鉴别翻供内容有否合理的成分。

（4）研究制服翻供人员的对策。

（5）选择合适的讯问人员对待翻供。

八、如何在讯问中使用证据材料

证据的使用是讯问过程中突破被调查人心理防线的一种辅助方法。其作用是揭露真相、排除侥幸、扩大效果、完善证据。

（一）讯问中使用证据材料的方法

讯问中使用证据材料要了解掌握以下方法：

1. 正面使用法。讯问人员口头宣读，当面出示，播放录音录像等，直接揭露案件事实，对被讯问人造成心理冲击，打破幻想，瓦解防线，使其无法招架、狡辩。

2. 侧面使用法。对被讯问人未如实供述的案件事实，用旁敲侧击、间接揭露的方式，出示某些证据片段、证据形式、证据过程，使被讯问人察觉到抵抗的无力、徒劳，不得不如实交待。这一方法可以少量已知证据查明较多的未知事实。

3. 直接使用法。被讯问人犹豫、动摇、吞吞吐吐、欲言又止时，讯问人员抢先说出其未说出的话，使其感到真相已经败露，只有如实交待。这一方法可有效打消被讯问人的顾虑、上当感，使其体会到讯问人员确实是在给其机会，为其创造从轻处理的条件。

4. 连续使用法。选择几项可靠证据，逐项连续使用，突破被讯问人的重重设防，使其感到抵赖了一项，抵赖不了两项、三项，只有彻底交待才是唯一出路。

5. 暗示使用法。讯问人员用暗示、隐晦的语言，如双关语言、含蓄语言、肢体语言，显示案件真实的片断或侧面的情景，使被讯问人意识到事情已败露，从而不得不如实供述。

6. 追述使用法。在被讯问人对某一犯罪事实作了真实供述后，讯问人员再出示事先掌握的该事实的相关证据，可有力打消被讯问人的侥幸心理，也可使其体会到国家给机会、给出路的用意。这一方法可促使其交待全部犯罪事实，巩固已作的供述，打消翻供的念头。

（二）讯问中使用证据材料的注意事项

证据既是揭露犯罪的有力武器，又是认定犯罪的重要凭证。证据使用得好，可以顺利突破案件；使用不当，会影响证据的可靠性，甚至导致案件真假难辨，使调查人员丧失信心。因此，证据的使用，必须慎之又慎，特别是对一些关键的证据，能用其他方法达到讯问目的的，尽量不要轻易使用证据。

证据使用注意如下几点：

1. 证据使用不能暴露调查秘密。调查过程是一个秘密的过程，调查思路、调查方案、调查措施等均不能向无关人员透露，同样，在调查阶段所获取的证据均具有秘密性，在对被讯问人进行讯问的过程中，需要使用证据时应注意不能暴露调查的秘密，不能让被讯问人掌握办案人员已经掌握了多少证据、还需要获取什么证据，这是使用证据首先要注意的问题。

2. 重要证据、唯一证据不要轻易使用。办案人员在讯问过程中使用证据，主要是为了打消被讯问人的顾虑，消除其侥幸心理和受骗上当心理，适时使用一些证据是让其明白，办案人员不是捕风捉影、无端怀疑，而是确实掌握了相应的证据，所以为了达到这个目的，只需要将有关证据的表现、特点、迹象点一下、暗示一下即可，不能把"家底"全部亮出来。

3. 不得出示全部证据。使用证据的形式之一是向被讯问人出示证据，如为了让他打消顾虑，给其看一下同伙已经交待的笔录签名，其一般就会产生"囚徒困境"心理，对下决心彻底交待有促进作用，但如果将同伙的笔录全部出示给其看，反而给了其狡辩、对抗的机会。

4. 不能出示虚假证据。证据使用的大忌，就是使用了虚假证据而被对象识破，不仅没获取有用信息，反而坚定了被讯问人抗拒交待的顽固心理。

5. 切实保护提供证据的人。证据的使用的原则之一就是要切实保护提供证据的人，一些办案人员为了眼前的效果和局部的利益，不惜或者不慎透露证据的来源、细节和证人的姓名、单位、住处等信息，给提供证据的人、相关证人造成不利影响。

6. 出示证件不能太随意。有的办案人员对讯问缺乏必要的准备和计划，讯问过程中时不时出现没话讲的状况，于是为了化解被动和窘迫，不时地抛出证据，东一点，西一点，缺乏头绪且杂乱无章，聪明的被讯问人可以看出办案人员缺乏思路、没有底气，于是让其再交待的可能性将大大降低。

7. 出示证据必须讲究方法。出示证据不讲究方法的情况有：让相关人员（举报人、证人、同案人、知情人等）进行对质；播放同案人交待过程的录音录像；让被讯问人听到、看到同案人交待的过程；让被讯问人直接看同案人的讯问笔录等，这些情况有时反而阻碍案件的突破。

（三）证据使用的时机

1. 对象思想出现犹豫动摇时。讯问过程中，被讯问人在是否交待的问题上心理纠结，思想上出现犹豫动摇时，适时出示证据，可以促使其下定决心选择交待。

2. 对象存在严重侥幸心理时。讯问过程中，被讯问人存在严重的侥幸心理，以为办案人员没有掌握证据，以为不交待可以蒙混过关，此时办案人员选择适当的证据出示，可以打破其心理。

3. 对象表现出翻供意图时。面对被讯问人出现的翻供意图，办案人员要结合讯问，恰到好处地出示相关证据，可以有效打消其翻供企图。

4. 对象出现假供、伪供时。针对被讯问人故意作假供、伪供的情况，选择适当的证据出示，及时揭露和制止其阴谋，彰显法律的威慑力，促其端正态度、正视问题。

5. 讯问出现僵局或被动时。讯问过程中出现了拉锯状态，陷入僵持局面，或者办案人员处于被动时，可以出示相关证据，以转移被讯问人的视线，扭转僵持局面。

6. 讯问出现明显的进展时。当讯问过程中取得了明显的收获，此刻适当出示证据，可以稳定被讯问人的情绪，打消可能出现的翻供意图，鼓励和肯定其如实供述态度。

7. 对象的供述出现矛盾时。被讯问人的供述前后不一、出现矛盾时，可以选择部分证据出示，以拨乱反正，以正视听，帮助消除矛盾，或者制止其故意制造人为矛盾。

另外，应当特别注意的是，在讯问过程中使用证据应尽可能采用间接证据，包括部分证据、局部证据、形式证据，避免出示要害证据，以避免可能造成副作用。

九、讯问过程全程录音录像应注意哪些细节

讯问过程全程录音录像，既是对重要取证工作的规范，也是对调查人员的保护。录音录像应当符合全程的要求，要注意以下细节：

1. 启动全程录音录像程序应事先申请办理报批手续并有专人操作。

2. 全程录音录像必须"全程"，中间不得中断、短缺，不得编辑、剪辑。

3. 全程录音录像应客观显示录音录像时的年、月、日、时、分、秒，有条件的还应显示当时的气温、湿度。

4. 全程录像应显示讯问场所室内的基本情况。

5. 全程录像应清晰显示被讯问人的面貌、神态、姿势，全程录音应清晰显示被讯问人的声音。

6. 全程录像应清晰显示讯问人员的面貌、神态、姿势，全程录音应清晰显示讯问人员的声音。

7. 标准的全程录音录像讯问室，应置于可以在一个图像中显示的讯问双方人员的状态的角度，讯问桌应呈三角形状，死角处应置有凸面镜子，室内至少应置有两台摄录机。

8. 全程录音录像过程中，讯问人员应严格遵守讯问的有关规定。

9. 全程录音录像过程中，讯问人员应着装规范、语言文明，力求使用法言法语、文明用语，不要随意接听电话（手机），影响审讯效果，严禁刑讯逼供或变相刑讯逼供。

10. 全程录音录像过程中，被讯问人陈述语音不清的，应进行追问，令其复述，防止出现关键词语的歧义。

11. 讯问结束，应将录音录像带封存，由专门部门永久保存。

12. 全程录音录像带的调用应按有关规定办理调用审批手续。

十、如何做好讯问的结束工作

讯问结束时要注意：

（一）讯问结束的时机

1. 被讯问人对案件事实的起因、经过、手段、后果等相关问题基本作出如实交待。

2. 在较多问题中，被讯问人对一个或几个重点问题已经作了详尽交待。

3. 讯问过程出现僵局或出现意料之外的情况。

4. 讯问过程被讯问人身体不适或突发疾病，讯问人员身体不适或疲劳不宜继续时。

（二）讯问结束的方式

1. 正常过渡。让被讯问人回去继续考虑，争取下次进一步讲清。

2. 提出问题。讯问处于僵持状态的，讯问人员提出问题，令其考虑，为下次讯问埋下伏笔。

3. 暂时中断。对被讯问人思想斗争激烈、内心充满矛盾且短时间内难有进展时，可指明出路，给其进一步考虑的时间，讯问暂时告一段落。

第八章　职务犯罪调查细节

教学目的和要求：要求掌握调查细节在办案中的重要意义

教学重点和难点：掌握细节在办案实践中的科学运用

教学方法与手段：PPT现场授课，结合办案实践讲解，完成作业

一、细节与办案细节概念

（一）概念

细节是主观世界与客观世界信息外在的最小的组成单位和表现形式，细节存在于社会生活的各个方面。在实践中，细节往往是不被人们注意的、琐细的、平常的、最小的组成单位，其中有些因素可以反映、左右、影响或决定事物发展速度和最终结果。

与职务犯罪办案活动有关的众多琐细的、平常的最小组成单位，其中有的可以反映事物的本质、引导调查的方向、影响调查的结果、决定调查的成败。

（二）普通办案机关调查细节概念

普通办案机关在案件调查过程中必须在众多琐细的、平常的小事中关注、发现、提炼和利用对犯罪调查活动有关的各种微小的表现因素，从而提高犯罪调查活动质量、效率和准确性。

犯罪调查过程中，与犯罪调查活动有关的种种细小的信息、迹象、环节、时间、空间、举动都是调查人员必须认真对待、周密考虑、仔细分析、深入研究、反复权衡、不可忽视的重要因素。

（三）监察机关职务犯罪调查细节概念

职务犯罪调查细节是监察机关职务犯罪调查活动中与查处贪污、贿赂、渎职等职务犯罪有关的、可以引导职务犯罪调查的方向、反映与职务犯罪案件有关的事物本质、或可能左右、影响、决定职务犯罪调查活动质量、效率、准确性或最终结果的各种琐细的、平常的最小组成单位和因素。

二、职务犯罪调查细节的特征与特性

（一）职务犯罪调查细节的特征

1. 客观性。职务犯罪调查细节的特征首先是客观性，这些细节一定是客观的，这些细节不是办案人员或者被调查对象可以制造的假象，而是自然产生的。

2. 广泛性。职务犯罪侦查细节范围很大，涉及面很广，要注意观察和发现，为办案所用的细节。

3. 动态性。细节是不断运动、变化的，不同时间、不同空间与案件有关的细节的表现是不同的。

4. 相对性。细节对任何人而言，是公开的、是平等的，办案人员能用，被查对象也能用，因此细节具有双向性、两面性。

5. 整体性。细节反映整体，利用细节时要考虑其整体性，要结合全局来考虑，不能见树不见林，以致影响案件的突破。

6. 局限性。应充分重视和广泛应用细节，要认识细节是有局限性的，脱离了某些环境，细节可能毫无作用和意义。

7. 隐含性。细节往往隐藏在其他事物之中，大多数情况下并非一目了然就能看清楚，需要通过观察，并且深入研究才能抓住其本质。

8. 琐细性。细节的表现通常是非常平凡、非常细小的，不易被觉察、被发现，办案人员要有敏锐的嗅觉和观察力、洞察力才能发现和运用细节。

（二）职务犯罪调查细节的特性

1. 细节的关联性。所谓关联性就是形式与内容具有密切的联系，细节往往是表面现象，但我们关注的细节其反映的是案件的某些本质，这就是关联性。

2. 细节的唯一性。一个细节只能反映一种形态或者本质，它不是可以任意理解的，通常只是反映某个现象的本质属性。细节不能唯一也就失去了细节对作用的意义。

3. 细节的必然性。细节不以人的意志为转移，是客观存在的，不以人的关注度而变化，无论你采取什么态度，它总是存在于客观现实之中。

4. 细节的多重性。细节的表现和作用各种各样，它可以反映事物的本质属性，也可以模糊对人们的主题认识，办案人员可以运用，犯罪嫌疑人也可以运用。

5. 细节的主导性。运用细节不仅丰富办案中的信息量，而且通过细节反映的事物本质，可以指导、引导整个办案活动，有利于对职务犯罪案件的全面突破。

（三）职务犯罪调查细节的两重性

细节的两重性，也就是细节的两面性。一是细节决定成败。细节可以直接影响结果，可谓牵一发而动全身。二是细节模糊主体。细节可以混淆整体大局，一味钻牛角尖，反而会失去方向，让细节的副作用占了优势。

三、职务犯罪调查细节的要点与设计

（一）职务犯罪调查细节的要点

1. 普遍中找特殊。大量的细节哪些与犯罪有关？所以要注意发现其中与案件有关的特殊之处，如突然暴富、辞职等反常现象。

2. 琐细中辨要点。有的人无时无刻不在反映他的细节，但并非所有的细节办案人员都要关注，而应关注要点细节，与条件有关的细节。

3. 过程中抓关键。细节变化过程当中，最关键的是要把它找出来，某人与供应商关系密切、往来频繁，这是过程，但采购的商品质次价高，这就是关键，细节很多，关键的就几个点，要抓关键点。

4. 繁杂中求精确。细节很多，但哪个细节反映了事物的本质？如某人对于钱他是来者不拒，这说明他的贪婪性，所以在巨大利益面前，他进行权钱交易的可能性极大，这就是繁杂中求精确。

5. 常态中析疑惑。这就要求办案人员做到智者见智，常态中存在不正常，要从常态中发现异常。

6. 运用中讲对应。要有针对性地运用细节的技巧和谋略。如供应商送回扣，如果正面调查，他肯定不认，但如果以采购方的身份去谈生意，可能其中之奥秘"得来全不费工夫"，这就是运用中的对应。

（二）职务犯罪调查细节的实践方法

1. 仔细观察。办案人员要对被查对象的衣着、谈吐、行为举止、微表情等进行细致观察，这些细节往往可以反映一个人的性格、心理活动动向等，把握好这些点，有利于突破案件。

2. 透彻分析。对与案件有关的细节要进行透彻分析、寻根究底，挖出隐藏在其背后的实质问题。

3. 客观求证。办案不能够离开客观实际，可以推理想象，但不能离开客观求证的本质要求，必须坚持"大胆怀疑，小心求证"。

4. 具体把握。要采用周密的具体方法来把握运用细节，诸如细节的特征、细节的形式、细节的时间性、空间性、细节的局限性等，使细节成为锁链。

5. 排除枝节。细节当中往往有一些枝节、存在假象，甚至有些人为了掩盖客观事实而制造一些假细节，办案人员要及时发现、予以排除。

6. 提炼关联。细节与细节之间有什么联系，细节组合起来与案件又存在什么关联，可以说明哪类问题是要充分考虑和论证的。

（三）职务犯罪调查细节的设计特点

1. 围绕职务犯罪调查目的设计。细节设计是为了案件调查，是为了揭示事实真相、还原事物本来面貌，而不是用于其他目的，这是一个基本原则。

2. 主动人为制造细节。这与客观性并不矛盾，可以设计许多细节，如主动递烟给被调查人、给他一杯白水等，这都是人为塑造细节为调查服务。

3. 不经意行为和刻意行为的设计。为了利于调查，有时需要营造一种气氛，有的被查对象要放在大房间里面，因为他有忧郁症，胆小怕事，宽松一点、明亮一点的环境，有利于让他放下包袱。有的被查对象要在比较小的房间，灯光相对暗一点，让他有一种压迫感。

4. 细节是不经意的形式和刻意的行为。从设计来讲，要在不经意中流露出来，但又要让它发挥辅助办案的目的。

5. 细节设计要客观自然符合特定场景。要在什么场合，讲什么话，体现什么细节。不要脱离环境，讲没有针对性的东西。

（四）职务犯罪调查细节设计的要求

1. 强调互相沟通。一个细节需要办案人员整体来实施完成，为了不出差错，办案人员之间要强调沟通。你的细节我没准备，不理解，不连贯；你是这样设计的，我理解反了，那就成了漏洞。所以细节要互相沟通，要周密设计、通盘考虑。

2. 着眼长远效应。如果现在用的细节缺乏讲究，过一会穿帮了，而让被调查对象反感、抵制。所以一定要考虑负面的作用越小越好，要有长久效应。

3. 保守秘密。调查过程必须保密，在调查阶段，相关信息、材料、计划、措施、记录等都是处于秘密状态，办案人员必须具有强烈的保密意识，一是有纪律法律的明确规定，二是调查过程中一定要注意不要讲调查细节。

四、职务犯罪调查细节的运用及反思

(一) 职务犯罪调查细节的运用

1. 讯问前。着装要严谨，该穿制服穿制服，不穿制服挂胸牌，这体现的是威慑力，办案人员代表的是国家、是法律。所以审讯一定要庄重严肃。

2. 开始时。开始时怎么面对被查对象？就要讲究细节，谁先发问，提哪些问题。多数情况下是仍称呼其原职务，让他紧张的心态放松下来。接着循循善诱，逐步进入主题。这只是一种方法，并非适合所有案件，还是要依具体情况而定。

3. 讯问时。注意力一定要集中，尽量不要打电话、接电话，不要在讯问室进进出出。这些看似不起眼行为，无形中破坏了讯问严肃的氛围，让被讯问人产生侥幸心理。还要注意，即使交流是与案件有关的信息，也不可泄露过多，反而给了被讯问人机会。

4. 传唤时。传唤被调查对象要坚持文明礼貌。

5. 上车后。调查人员、法警执行传唤，被传唤人上车后，也要保持沉默，营造一种气氛，让他上车以后在有限的空间里感受沉闷的气氛，感到事态很严重、产生巨大的压力。

6. 特定日。被调查对象的生日、结婚纪念日等特定日子要做文章，因为一般人对这些特定的日子是难以忘怀的，也是人的心理比较脆弱的时间段。

7. 对偶间。在共同犯罪、对偶犯罪的调查过程中，运用细节暗示，以引起其心理的不安、猜疑、担心，这是一种重要的方法。

(二) 职务犯罪调查细节的反思

1. 不能少讲一句话。办案人员言谈举止的细节很重要，特别是涉案对象及家属对此非常关注，办案人员应该在严肃教育、阐明政策的同时或最后，讲几句宽慰的话，讲几句指明前路的话，讲几句让他们看到希望的话。多一句话纯属细节，可结果很可能大不一样。

2. 不能少跑一次路。职务犯罪调查人员应当设身处地换位思考，一般情况下处理案件早几天、晚几天也许关系不大，但对案件当事人而言，可能是人命关天的大事。工作效率高一点，手、口、腿勤一点，细节多讲究一点，其体现的能量效应是不可低估的。

3. 不能少跟随一步。接触被调查对象，其人身安全应当是办案人员关注的最首要的问题。特别是对新接触的对象，更要防范有加，预防在前，每个细节都不能疏忽。能上一步的绝不要因疏忽而停顿半拍。

4. 不能少出一趟车。对深夜结束讯问、询问的对象、证人，对年纪大的、思想负担重的、身体弱的、有病的、女性讯问对象、证人，要安排专人车辆护送到家，交到其家人面前，这个细节绝不是可有可无的。

5. 不能少留一个人。工作累，人手紧，偶尔就会放松警惕，但事故偏偏就会在这个时候找上门来。越是头绪乱，越是事情多，越是力量弱，越不能忽视细节。

6. 不能少设一环节。应当严格按照调查程序和办案规则办事，对工作规程细节一点也不能马虎。不论在什么情况下要不折不扣地按章办案，必须落实责任制，必须把有关的各种细节研究透、考虑够，不打折扣。

7. 不能少看一行字。监督、监管、监视是办案人员的基本职能，在办案过程中必须尽责到位，不能忽视每一个有关的细节。要善于在不引人注目的细小方面发现问题，把问题解决在萌芽状态。

8. 不能少用一只手。一只手与两只手抓人，抓牢和控制的程度、力度是不同的，办案中切不可轻敌、大意，对细节准备不足，如果用两只手控制或两个人去控制，情况就会完全不一样。

9. 不能少留一心眼。对被调查对象的言行和表现必须予以密切的关注，其有反常心理一定会以各种方式不同程度地表现出来，办案人员要多留心眼，注意从蛛丝马迹中发现反常迹象，并及时予以针对性的解决。

10. 不能少一点仔细。办案取证时对手中现有的材料要仔细甄别，认真分析，反复研究，不要放过任何有价值的细节。

11. 不能少一分警惕。人离材料入柜、人走房门上锁是一种生活细节、工作细节，稍有不慎就会造成损失。调查工作需要保密，更不能忽视保密细节，缺少应有的警惕。

12. 不能少一道手续。与调查有关的钱财、贵重物品一定要手续清楚、程序规范，万不可自以为不会出问题而忽视对手续细节的讲究。

13. 不能少一点防范。调查活动面对的是各种复杂、不确定的局面，调查过程中必须保持警惕，加强防范，特别是在陌生的环境，更不能大意。卷宗不能带入公共场所，外调也不能带走卷宗原件，人在卷在，人卷不能分离，这些细节的规定是有道理的。

14. 不能少一个依据。调查人员对一些结论性的表态，一定要有依据，不能想当然、不能太随意。轻则人为增加工作麻烦，重则还会产生不良后果，使调查工作陷入被动局面。

15. 不能少一点理性。调查人员应特别注意言谈举止，因为你代表的是法律，是国家机关，是检察官群体，一点细小的举动当事人都会琢磨半天。因此，执行职务、履行职责时一定要以理服人，进行理性思考，体现公职人员的文明修养。

16. 不能少一点讲究。说话、写字的细节反映一个人的文化素养，人们往往先是从穿着、举止、言谈、文字等细节表现来判断一个人的内在素质。作为办案人员更要提高自己的素质。

第九章　职务犯罪调查文书

教学目的和要求：要求掌握职务犯罪调查文书的基本要求

教学重点和难点：职务犯罪文书种类、制作标准和规范

教学方法与手段：PPT 现场授课，结合办案实践讲解，完成作业

一、职务犯罪调查文书的概念、性质

（一）职务犯罪调查文书的概念

职务犯罪调查文书是指，监察机关对已经立案的涉嫌刑事犯罪案件按照法律规定的程序、方法和手段对被调查人犯罪行为进行调查时所制作使用的公文。

调查笔录，是指监察机关根据法律的规定和授权，在实施调查活动的过程中，对被调查人或案件关联人的供述或陈述，客观地以文字记录的形式形成具有法律效力或法律意义的书面材料。

（二）文书性质

1. 法律性。调查文书具有法律性，是具有法律依据、法律要求、法律效力及法律后果的文书。

2. 国家性。监察机关的调查权是公权力，依附于国家的授权。所以职务犯罪调查行为具有国家行为的性质，是代表国家对行为人进行刑事追究，依法对其进行调查。

3. 规范性。调查文书有严格的规范和要求，包括格式、用语、先后顺序等，都有严格的规定。

4. 单一性。调查文书的内容不能有几种解释。一个笔录可以说清楚一个或两个问题，但不能一个事实有几种解释，调查文须具有内涵的单一性。

5. 秘密性。调查阶段所形成的文书必须保密，对于泄露的，要追究相关法律责任。

6. 合法性。调查职能的属性，决定了制作使用文书都要严格规范，符合相

关规定。

7. 强制性。调查文书具有强制力，即调查机关制作调查文书时，当事人不能讨价还价；同时任何机关、个人，未经法定程序也不能否认调查文书的效力。

8. 永久性。文书的永久性是由档案的性质决定的，会保存留档。

二、职务犯罪调查文书的种类

职务犯罪调查文书是整个审查调查工作运转的载体和过程的文字记录。按照中纪委编印的教材内容，职务犯罪调查常用的文书大致可以分为初核类文书、立案类文书、调查类文书、请示批复纪要类文书、审查调查措施类文书共五类。

根据撰写的方式方法，职务犯罪调查文书也可分为三类：（1）填充式文书，也就是审查调查中的打印式、表格式公文，比如询问通知书、查询文书等。（2）简单书写式公文，如请示、批复、纪要、通知书、决定书、建议书等。（3）综合性书写式文书，如初核方案和初核报告、调查方案和调查报告、讯问询问笔录等。本章主要介绍调查笔录（讯问、询问笔录等）的基本要求。

三、职务犯罪调查笔录的分类

（一）按名称种类分类

可分为：调查笔录（谈话笔录）、询问笔录、讯问笔录。

（二）按制作功能分类

可分为：陈述笔录、宣布笔录、告知笔录、确认笔录、辨认笔录、鉴定笔录、检查笔录、见证笔录、证明笔录、固证笔录、交待笔录、自首笔录、补充笔录、勘验笔录、综合笔录等。

（三）按调查阶段分类

可分为：突破笔录、拓展笔录、终审笔录。

四、职务犯罪调查笔录的特点及制作中的告知

（一）职务犯罪调查笔录的特点

1. 法律性。依据法律规定，遵循法律规范，具有法律效力。

2. 特殊性。特殊刑事犯罪的调查，强调职务犯罪调查的要点。

3. 客观性。调查笔录的内容必须符合原始事实真相的原则和要求。

4. 针对性。调查笔录的内容要具有明确的指向性，目的性明确。

5. 唯一性。调查笔录的内容要求是其反映的事实、证据必须只能有一种解释。

6. 侦查性。调查笔录的制作过程具有追寻性、探究性和挖掘性。

7. 锁链性。调查笔录其实质是言词证据，环环相扣就是证据的要求。

8. 完整性。调查笔录的内容反映的供述或辩解要保证完整。

9. 规范性。调查笔录的种类、形式、格式和内容有明确的规定，必须使用档案书写笔等。

10. 秘密性。调查笔录在调查阶段具有秘密的要求。

11. 永久性。调查笔录属于永久保存的刑事档案中的重要组成部分。

12. 文书性。调查笔录的行文、书写和遣词造句要符合文字语言运用规范。

（二）职务犯罪调查笔录制作中的告知

1. 涉嫌何种罪名立案的告知；

2. 权利义务的告知；

3. 决定留置、解除留置的告知；

4. 实施刑事留置、取保候审的告知；

5. 逮捕决定的告知；

6. 鉴定意见的告知；

7. 可以对鉴定意见提出重新鉴定的告知；

8. 可以对办案人员违法行为提出控告的告知；

9. 案件调查终结的告知。

五、职务犯罪调查笔录的制作方式

职务犯罪调查笔录的制作方式主要有：

（一）顺序法

顺序法是讯问人员按照一定的固定格式和程序，按照事物、事态、事实发展的先后顺序规律，依法进行讯问记录的方法。这一方法主要适用于常态下的首次或常规讯问。

1. 格式顺序。按照讯问笔录的顺序模式的要求，依次制作记录。告知事项；讯问基本情况；讯问对象是否有犯罪行为；提出疑问或过程；记清供述与辩解；证据发现与固定；甄别归纳与总结；补充说明与完善；宣布或者告知事项；阅读确认与签名。

2. 叙述顺序。完全按照被调查人的供述或陈述的顺序，客观原样地记录。这一方法主要适用于案情清晰、事实明朗、过程简单、表达明确的讯问或询问。

3. 时间顺序。在被讯问人交待犯罪事实时，按其作案时间，由前到后逐一记录。这一方法主要适用于实施同一作案、犯罪的手段（如贪污、挪用公款），多次实施犯罪行为的情况。

4. 性质顺序。对实施多种性质犯罪的，可按照罪种性质顺序逐一记录。如先记录实施贪污行为的犯罪事实，再记录实施受贿行为的犯罪事实，最后记录实施挪用公款行为的犯罪事实，且以此类推。这一方法主要适用于一人多罪情况的讯问与记录。

5. 轻重顺序。按照实施犯罪金额，由大到小，逐一讯问和记录。这一方法主要适用于贿赂案件的一人多次或在多人处接受贿赂的讯问。

（二）核对法

核对法是讯问人员根据已掌握的情况和证据，对被讯问人所反映的情况是否存在疑问及与讯问有关的情况进行核对确认而进行的讯问和记录方法。

1. 核实要件情况。主要内容有讯问的时间（包括讯问起止的时间）、地点、第几次讯问、讯问人员、讯问环境（有的地区要求记录当时的气候、气温和室内的温度、湿度等）。

2. 核实基本情况。主要内容有被讯问人的姓名、性别、出生年月日（注意：使用多少"周岁"是不确切的）、单位、职业、职务、身份（是否人大代表）、党派、健康状况、简历、家庭情况与主要社会关系、同案人姓名、何时被立案、何时被采取何种强制措施、有无前科等。以上内容一般在首次讯问时问清，如无变化，以后的讯问笔录不必再行核实。

3. 核实供述的情况。核实被讯问人供述的过程和环节，调查人员获取的证据证明力的情况，包括过程、环节、细节等。

4. 核实其他情况。综观全局与案件的整体情况，认为其他需要穷尽、完善、印证的有关内容。

（三）挖掘法

挖掘法是讯问人员抓住一定的证据和有待发展的疑点情况，对抗拒交待、狡辩抵赖的犯罪嫌疑人进行讯问突破的讯问和记录方法。

1. 抓住关键。围绕涉嫌犯罪的关键展开，对被讯问人无理狡辩，不予纠缠陷入，盯住一点、步步紧逼、深查细究。

2. 明示政策。交待政策、法律，阐述利害关系，针对被讯问人不认罪、不供述、不理会的态度进行攻心教育，有关教育内容应该简明扼要记录笔录。

3. 提出疑问。对调查、调查所获取的证据与犯罪事实或供述具有不周全、有矛盾的情况，产生疑问，提出要被讯问人回答、解释的要求。

4. 堵塞漏洞。对被讯问人不实的供述和出现的矛盾、漏洞，据理予以驳斥、揭露，使用复合证据、连环证据迫其交待，令其没有退路。

5. 出示证据。将破案的有关证据或获取的部分证据适时、适当、适宜地向被讯问人出示，迫使被讯问人作出进一步的解释或交待。

（四）补充法

补充法就是在讯问笔录主体部分不予变动的情况下，对一些感觉重要的、新意识到的、新发现的内容在笔录主体内容后补充记录，予以充实、补全的方法。

1. 单一补充。在讯问最后，讯问被讯问人还有没有补充时，被讯问人有时会有补充，这种情况就在笔录最后如实客观记载即可。

2. 专项补充。对需要完善的某个环节，讯问人员专门提出来再进行详细提问。

3. 说明补充。对某些使人一时看不明白的细节，要求被讯问人专门予以说明或解释清楚。

4. 完善补充。综观整个笔录，看看有没有存在不清楚、遗漏的、薄弱的环节，如发现存在缺憾，应当立即予以完善、周全。

六、职务犯罪调查笔录的制作基本规范

（一）调查人员不得少于2人

职务犯罪调查笔录制作是建立在讯问或询问基础上的，笔录制作过程也就是讯问或询问的过程。《监察法》第41条第1款规定："调查人员采取讯问、询问、留置、搜查、调取、查封、扣押、勘验检查等调查措施，均应当依照规定出示证件，出具书面通知，由二人以上进行，形成笔录、报告等书面材料，并由相关人员签名、盖章。"所以，调查笔录制作时调查人员不得少于2人。纪检监察实践中要注意，调查人员单独一个人讯问、询问及制作笔录为违法，包括部分时间为一个人单独讯问。

(二) 必须在合法场所进行

调查实践中要注意:

1. 笔录不可在不文明、不合适的场合制作。讯问、询问是一件十分严肃的调查活动,不能有意无意地不分场合、不加选择地随意进行。

2. 不可在有干扰、有影响的场所制作。如在噪声很大的环境中,在隔壁同时讯问、询问同案人员且达不到有效隔音时等。

在这些环境条件下所制作的笔录有失公正性和客观自然性。

(三) 必须对被讯问人或被询问人个别进行

根据法律精神,讯问被调查人、被询问人应当个别进行。调查实践中要注意:

1. 在讯问或询问时,与案件有关联的其他人员不得在场。

2. 在讯问或询问时,与案件无关的其他人员不得在场。

3. 在讯问或询问时,不得有与调查人员以外的第三人相互提示、补充、叙述。

4. 在讯问或询问时,不得有与案件有利害关系的其他人进行"对质"。

(四) 必须以合法手段进行

《监察法》第40条第2款规定:"严禁以威胁、引诱、欺骗及其他非法方式收集证据,严禁侮辱、打骂、虐待、体罚或者变相体罚被调查人和涉案人员。"在调查实践中要注意:

1. 绝对禁止采用暴力手段逼取口供或证词。

2. 绝对禁止以变相暴力手段(如冻、热、饿、渴或长时间保持某种体态,滥用戒具或以戒具折磨,明示或暗示对其他在押犯采用暴力等方法)获取口供或证词。

3. 绝对禁止采用诱惑、威胁、恐吓、哄骗、许愿等方法获取口供或证词。

(五) 必须在被讯问人、被询问人正常状态下进行

接受讯问、询问的人必须是法律规定的有完全行为责任能力的自然人。调查实践中要注意,下列情况为不正常状态,不宜进行讯问或询问:

1. 轻度精神病人在不能辨认或不能控制自己行为的时候;间歇性的精神病人在精神病发作的时候。

2. 醉酒的人在不能正常思维、正常叙述的时候。

3. 智商残疾，不能正常分辨和叙述的人员。

4. 未满 14 周岁没有监护人在场的时候（询问未满 18 周岁的被询问人，可以通知其法定代理人到场）。

5. 有影响被讯问、被询问人正常叙述的因素存在的时候。

（六）必须严格依法进行

讯问、询问是法律强制力的一种表现形式，整个过程必须严格依照国家法律和有关政策、规定实施。调查实践中要注意：

1. 要有具体的法律依据。如进行讯问或询问由专门的调查人员进行，调查人员不得任意向无关人员进行讯问或询问，未经过专门批准，也不得向其他案件的涉案人员讯问或询问。

2. 必须明示进行。讯问、询问之初，调查人员应当向对方告知自己的身份、姓名，并且应当依照规定出示证件，出具书面通知。

3. 只要进行了讯问或询问，就必须制作相应的笔录，并由相关人员签名或者盖章。

（七）必须严肃规范进行

在讯问或询问及制作笔录的过程中，调查人员必须保持法律的尊严和办案活动的严肃性、规范性。调查实践中要注意：

1. 调查人员应当保持良好的精神状态，着装规范整洁。

2. 讯问或询问过程要严肃、文明、规范，使用正规语言，切忌坐姿不端、语言粗鲁及有辱他人人格的语言和行为。

3. 讯问及笔录制作人员应当集中注意力，及时捕捉与案件和讯问有关的细节，营造严肃的气氛，不宜频繁出入、接听电话和无端的干扰。

4. 要使用专门的工具或纸张，使用专门的墨水，提倡用电脑制作笔录，可以有效防止在纸面上涂改的现象。

5. 切忌字迹潦草、难以辨认，切忌使用不正规的文字，切忌任意涂改和增删，切忌在文字部分留有空隙和在文字结束和签名之间留有空隙。

（八）必须客观真实进行

调查是要揭示事实真相，还原事物（犯罪）发生的本来面目，因而追求客观真实是最根本的原则和要求。调查实践中要注意：

1. 笔录制作过程一定要真人（当事人）、真事（发生的事）、真情（客观表现），不得冒名顶替，不得虚构假设，不得编造发挥，不得猜测想象，更不得伪造杜撰。

2. 要反映原始面貌，用被讯问人或被询问人的原话、本意，特别是注意记录具有对象特点的词语（如方言特色、习惯口语、俗语切口等），至于根本难以用文字记录的粗话、脏话则可以用符号代替，切忌使用调查人员的官方语言（法言法语）来提炼对象的原始叙述。

3. 要结合被讯问人或被询问人的供述、陈述，适当记录其特定神情表现，如流泪、大哭、沉默、低头、下跪等，反映笔录记录过程的原始真实性。

4. 笔录一旦制作完成，经被讯问人或被询问人阅读确认后，不得进行任何方式的修改、涂划、剪裁、调整，不得使用修正液、褪色剂等，否则将失去法律效力。

（九）必须符合语言规范

笔录是语言表现形式的一种文字符号的固定，语言是笔录制作的来源和依据，调查人员在讯问中具有主导地位，其语言起着示范和引导的作用，因此，调查人员应当做到：

1. 使用规范的语言。调查讯问过程中，讯问人员应当尽量使用规范的语言，体现法律的严肃、庄重，不能使用不规范、不文明的语言。

2. 使用通俗易懂的语言。笔录不同于日记，日记只供自己看，笔录是要供办案各个阶段的相关人员阅读；结案存档以后，则要随时准备被需要、被允许的社会人员调阅。因此，笔录一定要通俗易懂，让人一看就明白，不但案发当时看得明白，就是时过境迁、若干年以后也要被人看得明白。要避免有局限性的地方语言，特定的语言、生僻的语言，必须使用的，一定要予以注释或说明。

3. 使用明确的语言。一个发问应是一个具体的意思，不能有歧义；一个发问要有明确的指向，不能含糊其词；一个发问，只能选择一种回答，不能相互矛盾或混淆。这是笔录制作记录内容的基本要求。至于对象弄虚作假、混淆的回答，则可以进一步揭露、追问、甄别、核实，但讯问人员不能出现有缺陷的先天不足的发问。

4. 使用合适的语言。讯问或询问的语言，绝对不是千篇一律、一成不变的，而必须针对不同的对象、不同的情况，选择最合适、最恰当、最妥帖的语言，千万不能不分青红皂白、机械僵化地使用一种语言模式。如，有的讯问或询问笔录，开头总是："你必须如实交待（陈述），对事实不得扩大或缩小，否则要追究你的法律责任。"调查实践中，针对不同的对象，采用变通的方法发问、记录，就显得合适、得体了。

5. 文字通顺。笔录是将语言听觉效果的表现形式转换成文字视觉效果的表现形式，这个转换过程，与笔录制作者的语言文字功底有直接的关系。语言可以变换、倒置、插入、意会、隐喻，可以用表情、动作、手势等配合表达，而文字表现就相对要具体、完整、直接、明确，特别是笔录所记录的语言、所表达反映的内容，必须客观、注意完整、没有歧义，不可以"半截子"，不能让人自己去揣摩、领会、猜测、想象。

（1）写全。笔录中对案情过程的记录，特别是细节、特点、关键一定要记全，千万不能由记录人自以为不重要的就省略不记。某些细节当时看也许很普通，但事后综观整个案情看，就显得十分重要了。

（2）写通。语言交谈可以没有规律，可以多种形式进行表达，文字却一定要通顺，笔录更要突出主线、重点，循序渐进，上下贯通，通篇是个整体。记录中就要注意有头有尾，有层有次，有过渡衔接，有对应联系。有的笔录一段话没有问清记全，就转移至另外一段话，造成事理不清、文法不通，既影响了调查过程中固证的效果，也使人难以读懂，难以看明白。

（3）写准。鉴于讯问或询问对象资历、文化、表达、态度、口音等差异，语言表达形式也多种多样，记录者要注意听清、听全、听懂，理解了原意后再落笔，这样才能写准。

（4）写精。写精，就是要抓住与案件有关的内容，剔除无关和无意义的，其总体的要诀是：记问"简"，记答"繁"。讯问中，讯问人常常需要向对象做工作、宣传政策、法律教育好几个小时，甚至耗费更长的时间，你全记录下来，那不是笔录，而是法治宣传教育材料。调查实践中，正常的讯问笔录，记录讯问人的问话越简洁、越明了越好。

（5）写清。调查笔录是需要长期保存的国家档案文书，在制作过程中必须注意清晰、整洁、完好。行文中要注意十不：不缺项、不漏字、不笔误、不涂改、不出错、不加注、不记号、不删划、不折叠、不卷角。

七、检察机关讯问笔录等格式文本借鉴

为进一步规范纪检监察行为，全面满足办案需要，最高人民检察院对检察工作中需要的相关文书，进行了系统补充、修订和完善，形成《人民检察院工作文书格式样本（2020年版）》，于2020年5月20日印发执行。《人民检察院工作文书格式样本（2020年版）》包含适用于检察机关的笔录文书样本，现收录本书，

以期为调查笔录制作提供参考借鉴。

（一）询问笔录（调查用）

1. 文书格式

×××人民检察院

询问笔录

询问时间：＿＿＿年＿＿＿月＿＿＿日＿＿＿时＿＿＿分至＿＿＿时＿＿＿分

询问地点：＿＿＿＿＿＿＿＿＿＿＿＿＿＿＿＿＿＿＿＿＿＿＿＿＿＿＿＿

询问人：＿＿＿＿＿＿＿＿＿＿＿记录人：＿＿＿＿＿＿＿＿＿＿＿＿

案由：＿＿＿＿＿＿＿＿＿＿＿＿＿＿＿＿＿＿＿＿＿＿＿＿＿＿＿＿＿

被询问人姓名：＿＿＿＿＿＿曾用名：＿＿＿＿＿＿性别：＿＿＿＿＿

年龄：＿＿＿民族：＿＿＿籍贯：＿＿＿＿＿受教育状况：＿＿＿＿＿

住址：＿＿＿＿＿＿＿＿＿＿＿＿＿＿＿＿＿＿＿＿＿＿＿＿＿＿＿＿＿

工作单位：＿＿＿＿＿＿＿＿＿＿＿＿＿＿＿＿＿＿＿＿＿＿＿＿＿＿＿

职务或职业：＿＿＿＿＿＿＿＿＿＿＿＿＿＿＿＿＿＿＿＿＿＿＿＿＿＿

联系方式：＿＿＿＿＿＿＿＿＿＿＿＿＿＿＿＿＿＿＿＿＿＿＿＿＿＿＿

告知：（出示工作证件）我们是×××人民检察院的检察人员，现依法对你进行询问。法律规定，凡是知道案件情况的人，都有作证的义务；你应当如实提供有关证言和其他证据，但是对于与本案无关的问题，你有拒绝回答的权利；故意提供虚假证言或者其他证据，故意隐匿、毁灭证据都要负相应的法律责任。（向被询问人宣读并送达权利和义务告知书。）

问：你清楚了吗？

答：

问：介绍你的基本情况

答：

问：

答：（证词的主要内容）

……

问：本次询问中，有无非法羁押、刑讯逼供、威胁、引诱、欺骗或者以其他非法方法获取证言或者其他证据的情形？

答：

问：你还有何补充？

答：

问：你以上所讲是否属实？

答：

（被询问人写：以上笔录我看过（向我宣读过），和我说的相符。）

被询问人：×××（签名、指印）

××××年×月×日

询问人签字：

2. 制作说明

本文书依据《中华人民共和国刑事诉讼法》第一百二十四条至第一百二十七条和《人民检察院刑事诉讼规则》第一百九十一条至一百九十五条的规定制作。为人民检察院因办案需要向被询问人或被害人了解案件有关情况时使用。

如果系首次询问，应当记明被询问人的基本情况以及与犯罪嫌疑人的关系，告知被询问人依法享有的权利和承担的义务。

（二）讯问笔录（第一次）（调查用）

1. 文书格式

×××人民检察院

讯问笔录

（第一次）

讯问时间：____年____月____日____时____分至____时____分

讯问地点：_____

讯问人：_____记录人：_____

案由：_____

犯罪嫌疑人（被告人）姓名：_____曾用名：____性别：____

年龄：____民族：____籍贯：_____受教育状况：_____

住址：_____

工作单位：_____

职务或职业：_____

联系方式：_____

（出示工作证件）我们是×××人民检察院的检察人员，现依法对你进行讯问。根据法律的规定，对于我们的提问，你应当如实回答，不得作虚假陈述。但是对于与本案无关的问题，你有拒绝回答的权利。

问：以上告知，你清楚了吗？

答：

问：介绍一下你的基本情况。

答：（犯罪嫌疑人（被告人）的基本情况，包括姓名、曾用名、性别、出生年月日、身份证件种类及号码、民族、籍贯、文化程度、有无党派、是否人大代表或者政协委员、工作单位、职务级别或者职业、住址、有无前科等。）

问：介绍一下你的家庭情况。

答：（配偶、子女、父母、兄弟姐妹及其他重要家庭成员的年龄、工作单位、住址等。）

问：介绍一下你的个人简历。

答：（从中学毕业至今的学习、工作经历。）

问：你是否有犯罪行为？

答：（犯罪嫌疑人（被告人）的有罪供述或者无罪辩解。）

（供述的主要内容。）

问：本次讯问中，有无非法羁押、刑讯逼供、威胁、引诱、欺骗或者以其他非法方法获取口供的情形？

答：

问：你还有何补充？

答：

问：你以上所讲是否属实？

答：

犯罪嫌疑人（被告人）：×××（签名、指印）

年　月　日

讯问人签字：

2. 制作说明

本文书依据《中华人民共和国刑事诉讼法》第一百一十八条至第一百二十三条、第一百六十四条和《人民检察院刑事诉讼规则》第一百八十二条至一百九十条的规定制作。为人民检察院第一次讯问犯罪嫌疑人时使用。

制作讯问笔录时，要客观、全面、真实、准确。

（三）讯问笔录（第×次）（调查用）

1. 文书格式

×××人民检察院

讯问笔录

（第×次）

讯问时间：＿＿年＿＿月＿＿日＿＿时＿＿分至＿＿时＿＿分

讯问地点：＿＿＿＿＿＿＿＿＿＿＿＿＿＿＿＿＿＿＿＿＿＿

讯问人：＿＿＿＿＿＿＿＿＿记录人：＿＿＿＿＿＿＿＿＿＿

案由：＿＿＿＿＿＿＿＿＿＿＿＿＿＿＿＿＿＿＿＿＿＿＿＿

犯罪嫌疑人（被告人）姓名：＿＿＿＿曾用名：＿＿性别：＿＿

年龄：＿＿民族：＿＿籍贯：＿＿＿＿＿受教育状况：＿＿＿

住址：＿＿＿＿＿＿＿＿＿＿＿＿＿＿＿＿＿＿＿＿＿＿＿＿

工作单位：＿＿＿＿＿＿＿＿＿＿＿＿＿＿＿＿＿＿＿＿＿＿

职务或职业：＿＿＿＿＿＿＿＿＿＿＿＿＿＿＿＿＿＿＿＿＿

联系方式：＿＿＿＿＿＿＿＿＿＿＿＿＿＿＿＿＿＿＿＿＿＿

（出示工作证件）我们是×××人民检察院的检察人员，现依法对你继续进行讯问。根据法律的规定，对于我们的提问，你应当如实回答，不得作虚假陈述。但是对于与本案无关的问题，你有拒绝回答的权利。

问：以上告知，你清楚了吗？

答：

问：本次讯问中，有无非法羁押、刑讯逼供、威胁、引诱、欺骗或者以其他非法方法获取口供的情形？

答：

问：你还有何补充？

答：

问：你以上所讲是否属实？

答：

犯罪嫌疑人（被告人）：×××（签名、指印）

年　月　日

讯问人签字：

2. 制作说明

本文书依据《中华人民共和国刑事诉讼法》第一百一十八条至第一百二十三条、第一百六十四条和《人民检察院刑事诉讼规则》第一百八十二条至一百九十条的规定制作。为人民检察院第二次及以后讯问犯罪嫌疑人时使用。

制作讯问笔录时，要客观、全面、真实、准确。

第十章　职务犯罪调查心理

教学目的和要求：要求掌握监察机关办案中心理知识的重要意义

教学重点和难点：掌握对办案中各种心理活动的剖析思考及相应对策运用

教学方法与手段：PPT 现场授课，结合办案实践讲解，完成作业

一、基本概念

（一）心理概念

心理指的是感觉、知觉、记忆、思维、性格、能力等的总称。是客观事物在头脑中的反映。头脑是反映客观思维的器官，心理是脑的机能。

心理是在动物进化到一定阶段，由于对周围环境的长期适应而产生的。客观思维作用于感觉器官，引起脑的活动，在无条件反射联系基础上，形成种种条件反射联系，成为心理的物质基础。最初出现的心理现象是简单的感觉。心理在外界环境的影响下，随着神经系统的发展，感觉逐渐分化和复杂化，并由此出现了知觉、记忆、思维的萌芽等。

人的心理是心理发展的最高阶段，是在劳动和语言的影响下产生和发展起来的。它是人类社会实践的产物，与动物心理有着本质区别，具有自觉的能动性。

（二）心理学概念

心理学是研究心理规律的科学。心理规律指认识、情感、意志等心理过程和能力、性格等心理特性。

心理学最初在哲学内部发展，到了 19 世纪中期，随着自然科学的进展和实验方法的采用，逐渐成为一门独立的科学。辩证唯物主义心理学肯定心理是客观现实在头脑中的反映。从头脑中的反映机制说，人是自然实体；从反映的现实内容说，人又是社会实体。因而有人认为人类心理学是既有自然科学性质，又有社会科学性质的科学。

心理学有许多分支。研究心理的一般形式和一般规律的叫普通心理学。研究

心理的种类或个体上发生发展规律的，有比较心理学、儿童心理学、犯罪心理学等。研究不同社会实践领域内在心理规律的，有教育心理学、艺术心理学、运动心理学、行为心理学、侦查心理学、讯问心理学等。

（三）职务犯罪调查心理学概念

职务犯罪调查心理学是具有调查权的国家机关在职务犯罪案件调查过程中，在实施各种调查行为的过程中、在接触各类有关人员特别是接触被调查人时，根据对方的心理活动特征所开展、采取的具有针对性的调查行为，从而突破案件的学科。其包括针对被调查人的心理状态采取的调查行为、调查行动，如声东击西、欲擒故纵、引蛇出洞等，包括讯问活动过程。

职务犯罪调查心理学是在整个职务犯罪调查过程中以被调查人心理为目标实施调查行为为其重要内容与特征。所以，职务犯罪调查心理学的范围比较大，其包含讯问心理学，又不完全等同于讯问心理学。

职务犯罪调查心理学是通过对被调查人（含案件特定关联人）心理活动状态，按照一定的心理活动规律进行研究，采取相应的调查对策，进行以对象心理特征为支点的调查，使被调查人的犯罪事实得以被揭露，同时促使被调查人选择、采取积极配合的态度，客观、真实地交待（提供）自己或者他人的犯罪事实。

职务犯罪调查心理学是心理学的一个分支，是根据调查活动的需要，在职务犯罪调查实践中形成和发展起来的，它通过研究被调查人心理活动特征，掌握被调查人心理活动的规律，达到最终征服被调查人的目的。从更广义的角度来看，职务犯罪调查心理学还包括职务犯罪调查人员的心理活动及状态、与职务犯罪调查活动有关的各类人员的心理活动及状态，并且对其进行研究、探索、归纳、总结和运用的内容。

二、职务犯罪嫌疑人的犯罪心理分析

（一）侥幸心理

侥幸心理是职务犯罪嫌疑人比较普遍的一种犯罪的心理。其自以为能够避免犯罪事实的暴露、逃脱法律的追究，是其主观意识上存在的一种过于把握的心理定势，是犯罪嫌疑人对自己犯罪行为所产生的结果的一种过于自信的认识，其判断上具有博弈心态的心理状态。

其主要特征为：

1. 内在心理常常处于不稳定状态，比较理想主义，虽然有的人确实能力较强，反应比较敏捷，但普遍存在自我评价或定位过高，有所谓的"小聪明"，如认为自己的犯罪手段高明、智能化含量高，别人难以发现的认识。

2. 以自己的地位、经历、知识、经验、智慧等盲目自信，轻视、蔑视监察机关、司法机关的办案能力，自以为调查机关目前的能力无法发现自己的犯罪问题。

3. 对自己处于优势的因素沾沾自喜，总以为自己比别人高明，自我感觉经常处于超前状态，认为社会上相同的问题很多，不相信就偏偏查到自己的头上。

4. 长期的特殊地位和环境造成自己脱离现实、脱离实际，一知半解，盲目自信以为自己熟悉相关法律、了解监察机关司法机关办案的"套路"，坚信自己有足够能力应付过去。

5. 自己在犯罪的过程中做了充分的"防范"考虑，订立了攻守同盟，处理了有关凭证，自信"天衣无缝"，已经没有可以被发现和查获的证据。

（二）自信心理

自信心理是犯罪嫌疑人对自己实际上严重脱离实际的行为过于高估，是坚信自己犯罪的行为绝对不会被发现的一种心理定势，是犯罪嫌疑人对自己本身能量定位的一种错误判断的心理状态，目空一切，自以为是。

其主要特征为：

1. 一般情况下心理处于比较稳定的状态，自负、高傲，容易出现轻视对方的心理活动，以为自己权重位高、手法高明、声名显赫，高度坚信自己的问题不可能引起有关部门怀疑，有的属于法律上的无知，盲目自信。

2. 自以为地位稳固，所掌握、控制的权力可以左右局面，足以逢凶化吉，实际上是自以为是、忘乎所以，比较盲目、冲动、粗糙，暴露漏洞、缺陷的概率较大。

3. 自以为拥有过硬、到位的关系网或者背景后台，甚至勾结比自己地位更高的人一起犯罪，坚信自己的安全系数高及具有被人保护的优势。

4. 以一定的特长、优势自居，自认"不同凡响"、高人一等，坚信自己具有相应的法律知识或者一定的司法经历和经验，有充分辩解、解脱的理由。

5. 经过长期的"苦心经营""广交朋友"，有"关系""内线"，具有及时庇护保护、掌握动向、控制局面的主动权。

（三）从众心理

从众心理是犯罪嫌疑人对自己犯罪行为的一种错误的判断，不明是非的特征突出，以为大家都在做的肯定是可以做的，自己只是随大流的一种心理定势，是犯罪嫌疑人对自己犯罪行为处于盲目、无知的一种心理状态。

其主要特征为：

1. 心理活动比较犹疑，自信心明显不足，主观意识不坚定，意志脆弱，性格柔顺，易受外界的影响和干扰，一般情况下与人相处的容纳性比较好。

2. 抗拒能力比较差，易推卸责任，思想情绪容易大起大落。如案发前自以为不是自己带的头，有问题也牵连不到自己，案发后又后悔莫及，急于解脱，一般情况下思想转变快、认罪态度比较好。

3. 作案的认识基础是自以为是，意识不到问题的实质，自认安全，自我安慰：大家都这么做，不会有危险，"法不责众"，不可能处理大多数人。

4. 在面临刑事责任追究时，易出现自我减轻压力的自欺心理：比自己地位高、权力大的人也是这么做的，自己仅仅是"看人学样"，所谓的自我安慰的心理。

5. 对付刑事追究的态度，一般在开始阶段是："万一发生问题我来个死不承认，别人对我没办法"的幻想；一旦幻想破灭，其情绪易一落千丈，因此态度转变会比较快。

（四）吃亏心理

吃亏心理是犯罪嫌疑人对自己期望的利益、得益没有实现的一种心理失衡的认识定位，始终感到社会、单位、组织亏待了自己，是一种失落、不如愿、被压抑的心理定势，是犯罪嫌疑人狭隘、忧郁、计较的一种心理状态。

其主要特征为：

1. 心理意识比较狭隘，目光短浅，计较个人利益，性格内敛，习惯注意细小的问题，容易钻牛角尖。自我感觉良好却又总感觉自己未得到信任和重视、处处被轻视。

2. 自我定位出现偏差，自己的期望值及目标不可及，感到对单位、组织贡献很大但单位、组织却亏待自己而出现心理极不平衡的状态。

3. 缺乏认识世界的客观性、辩证性、准确性，对比的标准或参照物往往是以自己的想象来进行设定，内心深处存在极端的私利，处处感到自己的利益受到了侵害。

4. "怀才不遇""孤独伤感"的心理作祟，一种失落、失意、失宠的思想，心理上长期处于郁闷、不得志、不舒畅、不顺心，长期处于怨恨并且不断累积过程的结果。

5. 逐步积累、积聚、增强、由弱而强、不断升涨的"堤内损失堤外补"的自我补偿的心理，通过犯罪来满足自己的欲望，实现"失落"环境和状态的自我解脱。

（五）居功心理

居功心理是犯罪嫌疑人自以为"劳苦功高"，功劳显赫、成绩显著，居功自傲，凭自己的地位、影响、能力能够规避犯罪事实的暴露、逃脱法律的追究，其主观意识上存在的一种过于把握的心理定势。是犯罪嫌疑人对自己犯罪行为结果不屑一顾的一种认识、判断的心理状态。

其主要特征为：

1. 心理长期被一种优越感浸润，处于自负、张扬、狂妄的状态，也具有热情、仗义、能解决问题的特点，个体本身具有一定的优势，自我感觉良好。

2. 通常这类人的管理能力比较强，仕途发展比较顺利，曲折比较少，但在赞扬、奉承的环境中渐渐出现了自我认识的偏差，不能对自己进行准确定位。

3. 观察或处理问题的角度和表现习惯于居高临下、一言九鼎，看不起别人，听不进他人的意见，总是感到自己一贯是正确的。

4. 内心深处具有严重的功名意识，追名逐利、独断专行、搞"一言堂"、时时处处以"功臣""英雄""名人"自居，不可一世。

5. 性格张扬、脾气暴躁、"夜郎自大"而难以容人，受不得批评委屈，把自己的成绩、功劳始终挂在嘴上，时时处处不忘对自己"评功摆好"，看不到自己的弱点和缺陷。

（六）愉悦心理

愉悦心理是犯罪嫌疑人以占有他人的利益为快事，意识上存在的一种贪婪的心理定势。是犯罪嫌疑人刻意追求的一种犯罪行为结果以满足自己欲望的心理状态。

其主要特征为：

1. 心理意识处于一种贪婪、阴暗、冷漠、极度私利的不健康、不正常的状态，以损人利己、损公肥私为快，且有不断发展之惯性，只要能够满足个人的愉悦感，不管自己需要不需要，有机会就一定要占有。

2. 贪婪的欲望占据心理定势的主导地位，其贪婪的目的不完全是为了享受，而更是出于一种心理上的满足，只要有机会就千方百计占有。

3. 对这类人而言，占有不是主要目的，而是产生了享受过程的畸形心理，每一次占有就产生一种愉快的心理满足。

4. 如果没有实现预定占有的目标，或者某次占有没有如愿以偿，其心理就产生一种坐卧不安、焦虑烦躁、不近人情的情绪，产生严重的失落感。

5. 这类人的心理状态一般比较阴暗、吝啬，经常表现出吃得简单、穿着朴素，但在无人状态的情景下，对自己不断敛取的不法财产有一种自我陶醉的感觉。

（七）弥补心理

弥补心理是犯罪嫌疑人在无可奈何的情况下，以"犒劳"自己的方法满足自己欲望的一种心理定势。是犯罪嫌疑人自以为获取自己应该获得的利益而刻意追求犯罪结果的一种心理状态。

其主要特征为：

1. 心理通常处于比较稳定的状态，性格固执、倔强、闭塞，不易沟通，不轻易接受外部的信息。容易诱发诸如"自己付出的多，得到的少"的冤屈心理，刻意对自己进行"弥补"，其心理常常处于极不平衡的非正常的稳定状态。

2. 自认为在正当的、公开的情况下无法实现自己向往的目标，一般又不善于与他人交流，没有知心朋友，常常表现出对现状的不满。

3. 确实具有一定的埋头苦干的表现，有特定付出的具体情况，但面临各种自以为的"不公"现象具有强烈的不甘心"吃亏"的心理，而又对此耿耿于怀，长期处心积虑。

4. 在反复权衡和思想斗争的情况下，下定决心采用不法手段进行自我弥补，但一般控制在一定的限度内，仅"补偿"自己认为"吃亏"的部分。

5. 第一次得手以后，非常容易习惯成自然，在以后一些特定的情况下，也绝不放弃一切可以对自己进行"补偿""弥补"的机会，且一发不可收，多多益善。

（八）情面心理

情面心理是犯罪嫌疑人碍于上司、恩人、朋友等的势力、亲情、友情等的压力，放弃对自己的约束，而相对被迫实施犯罪的一种被动犯罪的心理定势。是犯罪嫌疑人对自己犯罪行为所产生的结果的一种无奈、放任、顺从和就势的心理状态。

其主要特征为：

1. 心理比较活跃，但不够稳定，工作比较认真，讲朋友义气。容易受到或者接受外界因素的干扰、影响，性格上具有善良、讲义气、易产生同情心的特征，犯罪的动因来源于服从或报答与自己有利害关系的特定人。

2. 一般情况下这类人员事先明确知道自己行为的违法性，但碍于情面、迫于压力，更加注重的是现实，期望今后自己的益处，不得不为之，一旦案发交待得比较快。

3. 这类人员在实施犯罪行为时，一般有过思想斗争、动摇犹豫，但经不起各种诱惑及压力的不断增加，最终还是以个人利益为出发点，以放弃原则为代价。

4. 由于地位、环境、期望值等因素的影响或驱使，服从、报恩、搞好关系的想法占据主导地位，一般情况下不太追求自己得益的最大化。

5. 在左右为难、举棋不定的情况下，经外界一些特定因素的影响，易滋生过于自信、下不为例、仅此一次的侥幸、自我安慰的心理。

（九）亲情心理

亲情心理是犯罪嫌疑人过于迁就家属、同胞、密友的要求，为达到亲情的满足和维护亲情关系的需要，主观意识上存在的一种铤而走险的心理定势。是犯罪嫌疑人对自己犯罪行为所产生的结果的一种博弈的心理状态。

其主要特征为：

1. 具有内外明显的两面性，可能工作上通常很有成绩，家庭观念比较强，但内在贪婪欲望也比较强烈，性格既有优柔寡断、患得患失的一面，也有敢于冒险、不顾一切的一面，犯罪的动因常常来源于亲情关系人的不断诱导、灌输和压力。

2. 长期存在对不起亲情关系人的内疚、愧疚感，其中有的是家庭成员不断给予的压力（如埋怨收入少、待遇差等），有予以报答、满足以减少家庭压力的迁就意识。

3. 一般情况下这类人员的内心深处还是具有一定的是非观念的，常常在实施犯罪后罪恶感、后悔感越来越强烈，有难以自拔、无法脱身的压力。

4. 看到亲情关系等特定关系人的满足或者"幸福"的情景，心理上能够得到一定的安慰、具有成功感，但冷静下来往往感到后怕、担心这种"满足"和"幸福"的短暂性。

5. 在外界特定的情况下（如被举报、被怀疑、被组织调查），这类人员容易如"惊弓之鸟"，始终处在矛盾、斗争、焦虑、后怕的心理状态之中。

（十）仿效心理

仿效心理是犯罪嫌疑人一般没有明确的是非观念，自以为对现实社会了解透彻，但实际则不然，习惯于看人学样，人云亦云，人干亦干，主观意识上存在的一种个人利益上既不甘吃亏又不敢反抗的心理定势。是犯罪嫌疑人对自己犯罪行为所产生结果处于一种无知、自以为是的心理状态。

其主要特征为：

1. 心理活动的可塑性比较明显，通常宏观认识能力比较弱，微观意识比较强，主导、创新能力不突出，观察、联想的能力比较强，性格上缺乏独立性和主动性，如新入职或新任职不久，有急于模仿他人实现个人利益的强烈欲望。

2. 这类人员通常心气很高、能力一般，创新、独立不足，依赖、仿效有余，平时表现平庸、不突出，个性不强，一般处于群体的中游状态。

3. 通常是一些缺乏主见、没有社会生活经验的人员，而以涉世不深的年轻人员为多，这些人一般尚没有形成在复杂的环境中独立思考、明辨是非的能力。

4. 其中有一些人是"前途无望，看破红尘"，自以为见多识广把社会看透了，具有玩世不恭的心态，一门心思为个人谋取不法利益而不考虑后果。

5. 这类情况比较容易出现在一些风气不正、管理不严、"上梁不正下梁歪"的环境里，其中某些意志薄弱者容易受到各种不良行为的影响，抵御能力较弱而陷入泥坑。

（十一）畏惧心理

畏惧心理是犯罪嫌疑人迫于某种势力的胁迫和压力，不得已实施犯罪的一种过于被动的心理定势。是犯罪嫌疑人对自己犯罪行为所产生的结果的一种畏惧、担心、害怕的心理状态。

其主要特征为：

1. 这类人员的心理一般处于孤独、沉闷、畏惧的状态，不善于交流或出头露面，具有胆小怕事、不善于独立解决问题的性格特征，但一旦形成某种压力，又比较容易顺从。

2. 其内心深处具有贪婪的心理向往，且无法进行自我纠正和约束，容易被人"牵着鼻子走"，往往是职务犯罪案件中的共同犯罪人、从属人员。

3. 在特定的情况下，躲避矛盾，逆来顺受，没有自我解脱、自我完善的意识和能力，如一旦把柄被他人抓住，便处于无所适从、进退两难、俯首称臣的心理。

4. 有的是出于个人、家庭和社会的种种原因，如被诱惑加入犯罪团伙；无意中参与了第一次作案；个人或家庭迫于某种势力不得已而为之。

5. 这类人员一般长期处在压力下生活，心情郁闷，难以自拔和解脱，其积极、主动、主导作案的可能性比较小，甚至有辞职、调离和躲避的冲动，主要是思路狭窄、压力深重、缺乏自信。

（十二）豪夺心理

豪夺心理是犯罪嫌疑人错误估计形势，抓住一切机会急剧敛财，主观意识上存在的一种"人不为己，天诛地灭"的心理定势。是犯罪嫌疑人对自己犯罪行为所产生的结果刻意追求、不计后果的一种心理状态。

其主要特征为：

1. 心理表现表面上比较明朗、容易相处，实际上内心比较阴暗，具有贪婪的劣根性，出身通常比较贫苦，升官比较快，常常处于渴望"出人头地"的状态，性格比较张扬，具有相当的能力，内心深处认为当今社会是发财的大好机会，时不我待，迫不及待。

2. 担心自己的任职年限、年龄等各种因素会很快改变或限制自己的权力，考虑自己的后路比较多，怕夜长梦多、权力过期作废迫不及待再"捞一把"，这类人员一般具有作案的先例。

3. 在面临企业大规模"关、停、并、转"的时候，自以为"时不我待""机会来了"，自信手中的权力足以实现自己敛财的目的。

4. 对社会心存不满的情绪高涨，对自己的前途失去信心，已经为自己设计好了退路（如出国定居、潜逃境外等，特别是已经将家人移居国外），因此豪夺作案不计后果。

5. 敛财没有特定的、既定的、预设或满足的目标，均为贪得无厌，不但来者不拒，而且巧取豪夺、多多益善，通常情况下，作案积极、主动、极力为之、刻意追求。

（十三）机遇心理

机遇心理是犯罪嫌疑人在特定的机遇面前临时起意产生犯罪动机，主观意识上存在的一种天赐良机、下不为例的心理定势。是犯罪嫌疑人对自己犯罪行为所产生结果的一种默认、自我安慰的心理状态。

其主要特征为：

1. 心理活动通常处于谨慎、规矩、平稳的状态，性格特征表现为与世无争、独往独来，不喜欢出人头地，一些人具有明显的沉默寡言的外在表现，犯罪处于一种被动的心理状态。

2. 这类人员一般情况下表现不突出，平时不引人瞩目，往往地位不高、权力有限，其犯罪内在动因的诱发一般是遇到了特定的机会，以"临时起意"为多见。

3. 在机会面前忘乎所以，不能冷静思考，反而急于求成，一般会产生"天赐良机"的冲动感，以为利用这种机遇作案天衣无缝、难以暴露，行为上"速战速决"。

4. 因为其作案的基本条件是利用管理上的"漏洞"，所以一般情况下，其会利用一些貌似"规范""合法"的手法进行掩盖，对犯罪过程会周密考虑，以堵塞漏洞、蒙混过关。

5. 因为这类情况是一种没有事先预谋、预料的"偶然性"机会，作案人常常以下不为例进行自我安慰，其作案时的顾虑比较少，根本不考虑后果。

（十四）炫耀心理

炫耀心理是犯罪嫌疑人时时刻意抬高自己的地位、能量或身价，自以为自己本事大，超凡脱俗，手段高明，追求高档，敢作敢为，能够规避犯罪事实的暴露、逃脱法律追究的主观意识的心理定势。是犯罪嫌疑人对自己犯罪行为所产生的结果的一种公开、张扬的心理状态。

其主要特征为：

1. 心理活跃，性格外向，头脑简单，虚荣心强，且不甘寂寞，喜欢接交"小圈子"，通常这类犯罪嫌疑人的个人综合素质较差、文化程度较低。

2. 犯罪嫌疑人接触的圈子成员多为虚荣心强、品质不良、追名逐利，甚至是一些玩世不恭、倒行逆施的社会渣滓，相互之间比派头、比财富、比挥霍。

3. 有一些是具有特定地位和权力者，在官场上不可一世、无所顾忌，常常以自我炫耀的方式抬高自己在特定范围内的地位，其表现通常是戴名表、穿名牌、抽名烟。

4. 这类人员思想上信奉"人不为己，天诛地灭"的信条，极端的个人利己主义者，对实施犯罪而获取的利益结果具有刻意追求的内在动力。

5. 常常处在入不敷出、急于敛财的状态，具有外强中干、不讲身份的心理定势。

（十五）妄为心理

妄为心理是犯罪嫌疑人无视党纪国法，胆大妄为而大肆进行犯罪，主观意识上存在的一种不计后果的心理定势。是犯罪嫌疑人对法律、对组织的一种挑衅、较量的心理状态。

其主要特征为：

1. 心理处于不成熟、不稳定、不理智的状态，性格一般比较内向、自闭、固执，不容易沟通、不合群，此类人员通常年龄比较轻，涉世不深，手段方法比较简单，对犯罪不进行周密的考虑，一味追求犯罪后的得益和成果。

2. 作案手法一般不够老练、行为粗犷，典型的"胆大妄为、不计后果"而趋于简单、鲁莽的方式，一个人单独作案的情况比较多见，容易留下较多的痕迹。

3. 这类人员往往与单位、组织或特定人员存在矛盾，或"身在曹营心在汉"，一般先考虑好了后路，如将妻儿等移民到境外、国外，将财产转移到境外、国外，一旦出现风吹草动立即远走高飞。

4. 生活中通常盲目追求高档，入不敷出，消费明显超出正常范围，有的行为诡秘，私情隐瞒家人，一旦情况不妙便弃家不顾尽快出逃。

5. 有一些中年的公权力执掌者，虽然对经营管理有一定经验，但平时对法律不屑一顾或者处于无知状态，在前途无望或面临矛盾、压力、无助的情况下易选择此极端方法。

（十六）救急心理

救急心理是犯罪嫌疑人在个人突发事件面前束手无策，无奈、无助情况下不惜以身试法的下策，主观意识上存在的一种无可奈何的心理定势。是犯罪嫌疑人对自己犯罪行为所产生的结果表现出一种"顾不上"的心理状态。

其主要特征为：

1. 心理长期处于孤独、压抑、保守、无助的状态，文化程度低，独立性、主见性差，生活圈子范围窄，性格内向，不善于交流。

2. 通常面临突如其来的突发事件，而这些突发的或意外的事件造成的困难难以承受，无法应对，自感有大山压顶、走投无路的巨大压力。

3. 对法律规范处于无知或不了解的状态，甚至出现"宁可牺牲自己来换取挽回困境"的愚昧念头，存在"急病乱投医"的心理冲动，对犯罪结果处于盲目无知或"不在乎"状态。

4. 在长期的日常生活中没有不良记录，平时或者在正常状态下一般给人的感觉是循规蹈矩、安分守己，这类人员犯罪往往出乎人的意料。

（十七）自欺心理

自欺心理是犯罪嫌疑人明知法律的禁止性规定和政策界限，刻意将自己的行为控制在自认为"安全系数比较高"的一定范围内，其主观意识上存在的是一种企图既能获取个人不法利益，还能逃避法律的追究，自以为"高明""得意"又具有胆怯、担心的心理定势。是犯罪嫌疑人对自己犯罪行为及其结果产生的一种自欺欺人的心理状态。

其主要特征为：

1. 心理意识具有内向的倾向，头脑比较复杂、呈现多虑的状态，思考问题比较全面和充分，思路狭窄，心理阴暗，性格上具有稳定的心理特征，常常表现为对外界的观点或意见持不置可否状。

2. 这类人员表面上比较正经，一般表现出来的是工作认真、作风朴实，工作、生活具有一定的规律性，一丝不苟，按部就班，对属下比较严格。

3. 平时神情严肃，小心谨慎、不苟言笑，不轻易发表个人意见和见解，不轻易暴露自己的心理轨迹，观察问题比较细致，常常出现犹豫不决、出尔反尔的表现。

4. 交际的圈子范围不大，能够交往的人都是经过精心选择、反复甄别、自以为是"牢靠"的对象，而且这些关系隐藏得比较深，旁人一般难以察觉。

5. 在特定的公开场合表现出非常"正宗"的状态，经常有拒绝巨额贿赂、上缴礼金礼品的"廉政"之举，"廉政建设"经常挂在嘴上，处理属下的违纪非常严格。

（十八）误认心理

误认心理是犯罪嫌疑人自以为犯罪行为是合法的，主观意识上存在的一种自以为是正常行为的心理定势。是犯罪嫌疑人对自己犯罪行为及其结果的一种错误判断的心理状态。

其主要特征为：

1. 心理意识具有偏执的倾向，头脑简单，思路及心胸狭窄，性格上具有斤斤计较、钻牛角尖的心理特征，常常表现为不易接受他人的观点或意见。

2. 对法律不了解、一知半解，特别突出的是对法律的误解，常常以偏概全、断章取义、不懂装懂，对罪与非罪的政策界限没有分辨能力。

3. 一般通过电视、报刊等媒体了解某些信息，自以为什么都知道，事实上与生活实践脱节，对一些案例或法律的认知处于表面理解却自以为是。

4. 这类人员在正常的情况下，一般不会故意主动作案犯罪，但有了意外的机会则出现"不能轻易放弃"的念头，过于注重事物的表现形式，不充分考虑事物的本质。

5. 平时能够安分守己，知书达理，处事也比较得体，但内心深处比较狭隘、自私，典型的"小市民"心态，在特定的情况下，内在的贪婪心理则暴露无遗。

（十九）报复心理

报复心理是犯罪嫌疑人仅仅出于不满的情绪，故意以犯罪的行为来损害特定的利益，主观意识上存在的一种幸灾乐祸的心理定势。是犯罪嫌疑人对自己犯罪行为及其结果的一种刻意追求的心理状态。

其主要特征为：

1. 生活环境和家庭环境长期不理想，造成在内心压抑、狭窄、阴暗，深度忧郁，不合群，具有自责、自卑心理，通常具有心理偏执或强迫症。

2. 在工作中不善于与他人沟通，疑心病比较重，与特定的关系人或者特定的群体矛盾突出，关系紧张，对立严重，具有记仇的心理状态，严重的可能产生报复单位、组织、社会的极端心理。

3. 一旦具有了一定的权力和实施犯罪的机会和条件，容易激起刻意去追求、去实现的欲望，并有反复权衡、周密考虑、充分准备的预谋期。

4. 这类人员刻意实施犯罪的主要意图，往往不仅仅是为了实现物质方面的利益，有的是希望出现"轰动"的效果；有的是为了"出一口气"而求得心理上的平衡。

5. 具有超价观念（放大效应），个人极端的意识到了无法控制的状态，遇到外界刺激容易丧失判断能力，希望犯罪结果造成的影响后果越大越满足。

（二十）自弃心理

自弃心理是犯罪嫌疑人对自己的发展和前途严重丧失信心，以故意犯罪的行为来发泄自己的情绪，主观意识上存在的一种自暴自弃的心理定势。是犯罪嫌疑人对自己犯罪行为及其结果的一种无所畏惧的心理状态。

其主要特征为：

1. 心理长期处于自闭状态，具有明显不合群的特征，常常流露出自卑、绝望、厌世的抑郁症特征，对所接触的一切都提不起兴趣的心理，看不到希望，看不到前途，宿命论意识严重。

2. 一般具有曾经遭受过严重挫折的经历，表现为长期郁郁寡欢、耿耿于怀、一蹶不振，对社会和生活失去信心，没有追求的目标。

3. 相当一些是有着曾经受到过各种处罚的经历，政治上丧失前途，从此背上了沉重的思想包袱，心理失衡、心存不满、自暴自弃且越发强烈。

4. 这类人员一般家庭生活极不如意，存在夫妻关系紧张或有过离婚经历，没有正当的个人爱好和追求。

5. 这类人员具有一定的文化知识和独立的见解，不易接受外来的观念和思想认识，往往对犯罪的后果有足够的思想准备，呈现"无所谓"的态度。

（二十一）反社会心理

反社会心理是犯罪嫌疑人具有对社会的强烈不满，与整个社会为敌，主观意识上存在破坏、捣乱、唯恐天下不乱的心理定势。是犯罪嫌疑人对自己犯罪行为及其结果刻意追求或听之任之的心理状态。

其主要特征为：

1. 心理处于一种不正常的状态，具有仇视、敌视、轻视一切的畸形心理表现，与当今社会格格不入，通常是在政治上失去了前途，生活中失去了亲情，常常处于众叛亲离的境地，有严重的"失落感"和"被抛弃感"。

2. 通常是曾经有过风光的时期，但因为各种原因已风光不再，落差巨大，心理失落感严重，如受到过刑事处罚、被开除党籍、撤销重要职务等，但内心不具悔改，心存不满、怀恨在心。

3. 具有相当的文化程度、社会阅历和复杂的经历，一般具有控制欲、偏执状、煽动性、以我为中心，能说会道、善于诡辩、具有一定号召力。

4. 巨大的落差导致思想意识逆转、激进、极端，甚至反动，在前途无望的极度无奈之下把唯利是图、损公肥私作为刻意追求的唯一途径。

5. 考虑周密，作案猖狂，智能化程度高，手段恶劣，往往是成群结伙的首要分子或者是出主意、为首作案的主要骨干，具有强烈的仇视社会、报复社会的心理，作案后果往往极为严重。

三、职务犯罪嫌疑人愿意供述的心理分析

职务犯罪嫌疑人的交待行为源于压力管理心理学上"压力源"的论述，是"一般适应症候群和慢性应急"在一定阶段的自然反应。具体而言，坦白交待的

心理因素包括：

（一）良心的自我发现

一些犯罪嫌疑人由于长期受到组织的教育和监督，心理内在深处的是非观念还是存在的，但在特定的环节中因为一念之差实施了犯罪的行为，嗣后反而日感压力深重、难以自拔，最终受不了良心的煎熬，采取一吐为快、彻底交待的行为进行心理上的自我解脱和压力的释放。这类情况一般主动向组织或纪检监察机关自首坦白的比较多见，也有的是经过稍微的触动便彻底交待。这类犯罪嫌疑人的心理通常具有善良、果敢、热情、自责、易激动的特征。

（二）负罪心理日益增长

一些犯罪嫌疑人由于长期处在比较正统的生活、工作环境中，包括部队、学校、家庭的良好教育和熏陶，其中一般还具有获得过各种荣誉的经历，有担任一定领导工作的经历，长期以来对犯罪具有一定的鄙视、抵制、排斥的约束力，但是在市场经济的新的情况下，有些界限分不清了，一些追求也发生变化了（如以前追求荣誉，现在追求实惠了），在特定的情况下也涉及了不法的敛财的行为。主要表现是利用职权为个人谋取了不法的利益，但其一旦拥有非法利益后，反而坐卧不安，心理压力不断增强，内心深处存在强烈的负罪感，甚至胆战心惊、惊恐万分，最终采取自首或坦白的途径进行解脱和自拔。其心理具有孤僻、胆怯、疑虑、忸怩、敏感的特征。

（三）同伙之间的反目成仇

一些犯罪嫌疑人进行职务犯罪胆大妄为、不计后果，主要表现是相互勾结、互相利用，他们的心理往往是肆无忌惮、无所不用其极，追求不法利益的最大化，在结伙的时候意图暴露明显，一般情况下不具有主动交待的可能性。但是，在利益分配不均或者具有其他因素反目成仇的基础，在纪检监察机关进而施以压力的条件下，其中一方一定会先行被迫交待，最后另一方也必定被迫交待，这也是心理学上著名的"囚徒困境"的必然效应。这类犯罪嫌疑人一般具有固执、叛逆、狭隘、揣摩、察言观色的心理特征。

（四）作案漏洞的意外暴露

一些犯罪嫌疑人之所以最终能够交待涉嫌犯罪的问题，源于作案犯罪的漏洞暴露，无法逃脱罪责，这类对象性格比较粗犷，行为具有冲动的因素，行事前往往考虑不够周密，容易留下各种漏洞或痕迹；也有的是初次作案，手法不够老到，如涂改的凭证上所留下的笔迹，监守自盗的现场所留下的指纹，银行提款过程中所留下的录像；也有的是在接受调查时的编造过程中无法自圆其说，产生矛盾而露出马脚；等等，这种漏洞被发现、被抓住往往可以使犯罪嫌疑人的心理产生极度的慌乱，越编越糟、越说越乱，最终被迫如实交待问题。这类犯罪嫌疑人一般具有粗犷、冲动、简单、急躁、胆怯的心理特征。

（五）政策法律的感召

一些犯罪嫌疑人的作案犯罪具有一定的偶然性、误认性、无知性，其内在的心理几乎是一种类似"无知者无畏"的愚昧、糊涂的状态，通过调查人员的法律、政策、法理、形势的教育，头脑开始明白，心理开始动摇，往往能够在思想斗争、犹豫动摇的基础上如实交待自己的涉嫌犯罪的问题。这类犯罪嫌疑人一般具有依附、容纳、模仿、感悟、犹豫不定的心理特征。

（六）人格力量的屈服

一些犯罪嫌疑人在接受调查的过程中往往持有抵触的情绪，自我保护的意识比较强烈，抗拒交待的思想比较顽固，这些对象一般具有一定的资历和社会经验，生活阅历丰富，对通常的政策、法律教育具有抵制、排斥的心理，但是在调查人员实事求是、人文关怀、大公无私、一丝不苟的精神触动、感染下，心理发生变化，自惭形秽，最终选择如实交待的道路。这类犯罪嫌疑人一般具有固执、顽劣、自负、排斥、迟缓的心理特征。

（七）事实面前的无奈

一些犯罪嫌疑人属于"老奸巨猾""玩世不恭"的类型，具有"不到黄河心不死、不见棺材不落泪"的比较顽固的心理状态，一般不容易接受他人的观点，而具有强烈的排斥外来说教的意识，不碰得头破血流不肯低头认输。对此，调查人员必须准备强有力的事实证据，充分揭露其制造假象、不能自圆其说、漏洞百出的矛盾，迫使其在事实面前低下头来如实交待涉嫌犯罪的问题。这类犯罪嫌疑人一般具有"蜡烛"（不点不亮）、油滑、刁蛮、自私、欺软怕硬的心理特征。

（八）证据暴露的意外

一些犯罪嫌疑人由于百密一疏、疏忽大意，精心设计的掩盖措施失效，犯罪证据意外暴露，如窝藏的赃款被发现、赃款赃物遗失后被人捡到，记录犯罪事实的某些痕迹被发现，在不知情的情况下共同作案的人员向纪检监察机关交待了犯罪事实等，由于没有充分的思想准备和心理准备，在证据面前无所适从，惴惴不安，心理必定脆弱到极点，在事实证据的压力之下很快便俯首称臣。这类犯罪嫌疑人一般具有狡诈、自私、浮躁、自信、诡秘的心理特征。

（九）关系人员的牵连

一些犯罪嫌疑人自以为防范犯罪暴露的手段很高明，思想上、心理上做了充分的准备，特别是与相关的关系人员也进行了关照甚至订立了攻守同盟，以为可以万无一失了。然而，调查实践的事实证明，再牢固的"攻守同盟"因为是建立在既得利益之上，绝对不可能是铁板一块，这些"关系人员"一旦被先期突破，往往出乎犯罪嫌疑人的意料，原来的期望被打破，心理防线产生了裂痕，在"兵临城下"、无可奈何的情况下很快能够转变态度，识时务而进行交待。这类犯罪嫌疑人一般具有妄想、机敏、轻信、自负、私利的心理特征。

（十）亲属家人的规劝

一些犯罪嫌疑人作案后形成一定的心理压力，而且在特定的环境中（如家庭中、好友圈子中）有所表现，引起家属或者亲友的重视，具有正义感、是非观的家属、亲友以亲情、感情进行分析、开导、规劝，还常常给予一定的安慰或者压力，这种特殊情况下的行为会使这类犯罪嫌疑人的心理进行良性的转变，在此基础上其所作的交待往往是比较主动和彻底的。这类犯罪嫌疑人一般具有胆怯、内向、善良、仔细、计较的心理特征。

（十一）宗教精神的促使

一些犯罪嫌疑人信奉宗教，有的具有比较长的时间、比较长的期限，而更多的是作案以后担心案发，便"临时抱佛脚"以求"逢凶化吉""菩萨保佑""躲过一劫"。这类犯罪嫌疑人的心理表现是一种脆弱、无望、失落、孤独、无奈，对宗教实际上是处于一知半解的程度，在宗教"因果报应""恶行报应"的理念面前会产生强大的心理压力，调查人员可以"以其人之道还治其人之身"，以佛教的"行善""积德""十戒""觉悟"等理念，促使其领悟和抓住"回头是岸""脱离苦海"的救命稻草，以彻底交待求得解脱和改邪归正。

（十二）无路可走的选择

一些犯罪嫌疑人作案被发现或被怀疑以后采取的是脱离现实的"三十六计走为上"的逃跑的方法，一般这类犯罪嫌疑人的心理承受能力是比较弱的，自己也知道是抵挡不住案发被追究的现实的，于是常常在慌乱之中采取这种下策，但在负案潜逃的过程中又始终处在"惶惶不可终日"的境况中，其心理的压力可以达到接近崩溃的地步，而且潜逃的时间越长，这种心理的煎熬越严重，这时特定的人员进行一定的规劝，或者营造一种"兵临城下、无路可走"的态势，最直接的是予以捕获，这种情况下犯罪嫌疑人的交待一定是比较彻底的，而且其心理反而是调整到了比较稳定的状态，因为，结果的确定（被处理的可能结果）比结果的不确定（究竟哪天被抓住）其心理压力要小得多，其明知该结果逃不脱，而主动去迎接这种结果的到来，这对负案潜逃的犯罪嫌疑人而言，恰恰是一种最好的、彻底的解脱。这类犯罪嫌疑人的心理特征一般具有紧张、敏感、排斥、脆弱、念旧的特征。

（十三）鲁莽豪爽的义气

一些犯罪嫌疑人由于文化程度、社会经历、家庭环境的局限性，往往表现出的是无所畏惧、大义凛然的表面现象。在受到调查时容易出现大包大揽的情况，以显示自己所谓的"敢作敢为""英雄气概"，但实际是这类犯罪嫌疑人的性格极为脆弱，讯问人员只要进行对象之间既得利益的揭露，其一旦发现受到同伙玩弄、欺骗或被利用，便马上反戈一击、彻底摊牌，并且能够积极配合为突破全部案件而将功补过或邀功请赏。其一般具有头脑简单、性格冲动、豪爽鲁莽、标新立异、转变迅速的心理特征。

（十四）同盟的土崩瓦解

一些犯罪嫌疑人具有比较自信的心理，因为职务犯罪的特点往往是从作案的预备到实施完毕都一直周密地采取防止暴露的措施，在有所惊动、受到触动、得到风声后会进一步采取防范的措施，特别是统一口径、建立攻守同盟等，妄图以牢固的防线来抵制犯罪问题的暴露。然而，一旦涉嫌犯罪的相关人员被分别讯问时，一定会发生相互猜疑、相互出卖的情况，最顽固的首要分子在这种形势下最终也会被迫作交待以求得有限的主动。这类犯罪嫌疑人一般具有自负、自信、自私、谨慎、仔细、狐疑的心理特征。

（十五）规避的弄巧成拙

一些犯罪嫌疑人具有"做贼心虚"的恐惧心理，自己对最担心、最敏感、最薄弱的问题控制得最严、抵御力最强，千方百计回避、规避或者躲闪，然而其因此所暴露的恰恰是问题的关键所在，是"致命伤"。如调查人员责令犯罪嫌疑人交待与哪些业务关系人员有联系，犯罪嫌疑人往往会提供一批所谓"有联系"的有关人员的名单，调查人员可以注意，其中肯定不会有与其存在不正当（如行贿、受贿关系）的当事人，即"此地无银三百两"；也有的犯罪嫌疑人用笔迹、墨水完全一致（明显显示这种账目是新近重新做的）的账目来表明自己的账目没有问题；还有的以伪造的凭证用茶叶水浸泡过又烘干来表示是"原始凭证"，诸如此类都是弄巧成拙的集大成者，这类情况一经揭露犯罪嫌疑人必定瞠目结舌，然后必定摊牌缴械。这类犯罪嫌疑人一般具有敏感、狐疑、胆怯、狭隘、耍小聪明的心理特征。

（十六）绝望的现实面前

一些犯罪嫌疑人因为涉嫌犯罪而导致家庭的重大变化，如老人遭受不了巨大的打击而去世；妻子因为受不了巨大的压力而提出离婚或出走；孩子因为没有经受巨大变故的经历而学习成绩急剧下降；等等，特别是犯罪嫌疑人经历了巨大的落差后身体出现了严重的疾病，甚至患上不治之症。在这种情况下，调查人员能够进行人文关怀和人道主义，犯罪嫌疑人的心理往往会从绝望中回到现实中来，有的会放下包袱作彻底的配合交待。这类犯罪嫌疑人一般具有自闭、脆弱、自负、清高、孤独的心理特征。

（十七）精力无法支撑

一些犯罪嫌疑人主观上死抱着硬顶的态度，但由于在法定的讯问时间内，连续的、强有力的讯问，其竭尽全力企图要把自己犯罪的事实掩盖掉，千方百计欲自圆其说，必定导致其思想上、意志上、心理上、体力上的力不从心、难以招架，一般在经过了数个回合以后，迫于自身内在的原因而产生的期望早点解脱的心理，最终作出犯罪问题的交待。这类犯罪嫌疑人一般具有胆怯、犹豫、反复、依赖、僵化的心理特征。

（十八）被关押的恐惧

一些犯罪嫌疑人（一般多见的是涉嫌犯罪问题不是特别严重的或女性犯罪嫌疑人）对关押存在严重的恐惧心理，因为一般情况下，职务犯罪嫌疑人案发前的日常生活、工作环境及活动质量都是比较优越的，一旦关押，其将立即失去尊严与自由，从有职、有权、有钱到身陷囹圄，这个落差具有天壤之别，也必定是令其畏惧的。因此，在面临关押与不予关押的选择过程中，这类犯罪嫌疑人往往会选择如实交待而争取不予关押的对待。这类犯罪嫌疑人一般具有虚荣、张狂、胆怯、外强中干、欺软怕硬的心理特征。

（十九）获得信任的触动

一些犯罪嫌疑人对调查人员具有一种本能的敌对、抵触、排斥的心理表现，通常将调查人员的"正话"进行"反听",持不信任、不相信、不理会的态度。但是,调查人员的谈话规劝能够开诚布公、推心置腹而充满诚信,犯罪嫌疑人往往能被触动、感化而接受,其一旦认准是可信的、实在的、中肯的,其经过反复权衡后会作出问题的交待。这类犯罪嫌疑人一般具有趋利、疑虑、迟缓、反复、观望的心理特征。

(二十) 不法行为的得逞

个别犯罪嫌疑人采取拉拢腐蚀的手法,私下与个别调查人员进行利益的交易,许诺提供某些物质利益来获取其个人逃避或者减轻处罚的利益,为使个别调查人员能够"交差",犯罪嫌疑人也会作出一些犯罪问题的"交待"。当然,这种交待肯定是避重就轻、丢卒保车、以假乱真式的。这类犯罪嫌疑人一般具有顽固、奸诈、狡猾、伪装、个人利益至上的心理特征。

四、职务犯罪嫌疑人抗拒交待的心理因素及对策

职务犯罪嫌疑人的抗拒心理也是出于压力管理心理学"压力源"论述中视角、想法、感受、行为的一种反应。犯罪嫌疑人抗拒的心理因素及对策有:

(一) 侥幸心理

职务犯罪嫌疑人往往自信的程度比较高,自以为作案手法高明、隐蔽,没有留下破绽和痕迹,调查机关难以掌握证据,自己的犯罪行为不会暴露,或以为自己具有反调查的"本事",只要坚持不交待,调查机关就没有办法,如此这般就可以逃避调查或纪检监察追究,或者期望有一定特殊地位、背景的人物来"拯救"自己。这是一种过高估计自己能量的思维定势及不确定心理,是认为可以逃避罪责的一种自信感,它是伴随着畏罪心理而产生的,是其犯罪时侥幸心理的继续和发展。这种侥幸心理多以主观臆想代替客观事实,企图以一种并不稳定的安全感来抵消或减弱内心的恐惧。其在接受讯问时多采用狡辩、说谎的方式,一般不正面抗拒,也绝少沉默,自信是其抗拒交待的一种主要障碍和原因。

对策思路方法:这类对象一般不具有顽固性,宜直接挑明其心存侥幸的症结所在,分析此刻抱有侥幸心理的不现实性、危害性,打破其幻想,堵死其后路,摧毁其自信,指明只有如实交待才是其唯一的出路,适时出示一定的事实证据来打消其顾虑和打破其心理定式。

(二) 畏罪心理

职务犯罪嫌疑人害怕自己的犯罪行为被揭露,从而受到法律惩罚的一种本能

的心理现象。畏罪心理是在犯罪嫌疑人内在的罪责感的压力和外在的法律威慑力的双重作用下形成的。对法律惩罚的恐惧感多会导致其强烈的逃避或减轻惩罚的欲望。在这种欲望的驱使下，犯罪嫌疑人会竭尽全力隐瞒、歪曲、回避事实真相。畏罪心理的主要特征是"惧怕刑罚的痛苦折磨"的恐惧感和"一切都完了"的危机感，为了摆脱这种危机和可能即将来临的痛苦折磨而否认犯罪。畏罪心理不仅直接阻挠犯罪嫌疑人真实、完全地交待犯罪事实，而且还会派生出侥幸心理、戒备心理，产生紧张、绝望等消极、悲观情绪。

对策思路方法：畏罪心理具有事物的两重性，一方面，其是影响对象真实、彻底交待的心理障碍；另一方面，其也可以成为对象放下思想包袱、如实交待的动力，这类对象普遍存在"尽快解脱自实施犯罪以来积淀在内心的负罪感"。因此，严肃指出犯罪根源，耐心分析负罪感心理，热情指明方向道路，帮助建立重新做人的信心，这类对象还是能够较快予以突破的。

（三）恐慌心理

恐慌心理源自畏罪心理，它是因犯罪嫌疑人预料到刑罚已处在无法避免或已面临某种危险境况而又难以逃脱时，心理失去平衡、思维发生紊乱的一种紧张情绪状态。职务犯罪嫌疑人均为初次受到面临调查、讯问等措施，对这种压力极不适应，缺乏防御的经验，缺乏规避的信心，紧张、慌乱心理强烈。这类对象在讯问中一般表现为"硬顶死赖"、没有方寸、相互矛盾、漏洞百出，有的因为极度恐慌也会出现神情恍惚、手足无措、肌肉紧张、疾病突发、无法自控的情况，但仍然会表现出咬紧牙关、坚不吐实、沉默不言的死守防线状态。

对策思路方法：首先可以采取比较和缓的语气，减轻犯罪嫌疑人的思想压力，使其能够进入正常的应讯状态，再深入浅出地剖析其恐惧心理的症结所在，令其感到信服，有时对象还能上升为敬佩、相见恨晚的感觉，在此基础上利用对象往往良心尚未泯灭、初次作案、恶习不深、罪恶感强、具有悔改的心理引导其认罪服法。

（四）戒备心理

犯罪嫌疑人为防范犯罪事实被揭露，担心一些犯罪事实讲不清楚，害怕不能得到公正的对待等，而处于一种警惕、防御的心理状态。防御是人的本能，处于可能被刑事追究的对象这种心理往往更为强烈。他们表现为对调查人员不信任，十分关注调查人员的言谈举止，回答问题小心谨慎、极力控制，始终处于"一着不慎、满盘皆输"的防备心理状态。

犯罪嫌疑人的防备心理来源于以下几种因素：一是对自己实施的犯罪行为存在一定的自信，相信自己的问题有侥幸、不会暴露的可能，但这种自信、侥幸心理的程度比较脆弱；二是对自己隐蔽犯罪行为证据的举动又极不自信，千方百计想从调查人员的言谈举止中发现破绽，从而坚定自己抗拒的信心；三是对调查人员的不信任，害怕落入调查人员设定的"圈套"；四是担心调查人员讲话不算数，交待后得不到减轻的处理。在这种戒备心理的影响下，对象对调查活动高度提防、戒备，疑虑重重、十分紧张，唯恐行为举止不慎露出破绽；对调查人员的问话不立即回答，仔细琢磨、反复衡量后才简短回答；对周围环境高度警觉，存有草木皆兵之压力。

对策思路方法：调查人员要保持严肃、规范的状态进行真诚、耐心、开导式的法律、政策的教育，以一些具有针对性的案例宣传法律及纪检监察机关的公正性、公平性，站在对象的角度帮助其分析犯罪的原因和应当采取的正确选择，获取其的认同感、信任感、依赖感，避免出现不当的言语给对象造成错觉；避免调查人员心神不定、跑进跑出给对象不利的暗示。

（五）抵触心理

抵触心理是犯罪嫌疑人受到刑事追究（调查）对纪检监察机关及调查人员产生的一种对立的心理情绪。它建立在为维护个人利益和尊严的基础之上，是对象抗拒调查、逃避惩罚的内在心理的本能反应。绝大多数犯罪嫌疑人均存在抵触心理，随着讯问的发展，一部分会达到高峰，有的会存在于调查的全过程。

抵触情绪产生的原因包括：一是被刑事追究强烈不满，认为自己不存在犯罪、不是犯罪，或犯罪具有自以为有理的理由；二是认为纪检监察机关及调查人员并没有掌握证据就对自己采取了调查措施；三是认为不良影响、不利后果已经造成，"破罐子破摔"；四是对调查人员的言谈举止不满意，认为没有"对话"的资格或基础。

抵触情绪一般具有两种表现方式：一是积极抵触行为，即以攻为守、出言不逊、挑衅谩骂等缺乏理智的方式；二是消极抵触行为，即沉默寡言、答非所问、无动于衷等表现冷漠的方式。

对策思路方法：针对这类犯罪嫌疑人的情况，在讯问中首先要注意对其进行心理的疏导，对其的不正确认识、误解进行耐心的矫正，降低或弱化其抵触心理情绪，突出调查人员尊重和保护人权、法律面前人人平等、讲事实摆道理、文明理性的调查工作规范特点，以达到感化的效果。调查人员不能感情用事、"火冒三丈"，沉不住气与对象发生激烈的冲突而使讯问陷入僵局。

（六）好汉心理

职务犯罪嫌疑人认为向纪检监察机关交待是一种"懦夫""胆小"的表现，平时在言谈举止中也极力贬低如实坦白交待的人，于是其自己一旦身临其境，其内在心理就有要表现自己是"好汉"的心理，其会在一定的期限内抗拒交待而进行硬撑性质的"顶牛"。但这类对象伸缩性、可塑性程度比较大，大势一去便极快转变。

对策思路方法：这类对象一般"吃软不吃硬"，宜以强大的讯问攻势、思想压力来"损害"其自尊心，用"离间"的方法使其明白所谓"好汉"行为的愚昧或是被人利用，动摇其既定心理定式，在此基础上以一些"抬轿子"的"好话"来平抚其的对立心理情绪，适时制造一定的台阶让其"有体面"地下来，以进入正常讯问的轨道。

（七）静观心理

职务犯罪嫌疑人对纪检监察机关是否真正掌握自己犯罪的证据还没有把握，持怀疑的心理态度，担心一旦交待了，可能是调查人员没有掌握的，自己会上当吃亏，在把握不住的情况下，以静观的心理态度来进行软对抗。

对策思路方法：这类对象一般具有"慢热性"，宜重点进行针对性的法律、政策的教育，特别是以一些有针对性的案例进行剖析，以正反两方面的事实推进其的思想斗争进程，以促进其静观的心理定式的变化，而倾向尽快采取坦白交待的果断决定。

（八）博弈心理

职务犯罪嫌疑人具有偏向不交待的心理定式，坚信自己的问题没有暴露，或者认为自己的犯罪行为隐蔽得"天衣无缝"，坚持认为只要自己死顶硬抗，纪检监察机关就没有办法，采取"水泼不进、针插不进"的顽抗态度，其表现出的顽固、抵抗的实质是其内心深处一种"博弈""斗智"的心理。

对策思路方法：这类对象一般具有"易激动""冲动性""顾此失彼"的弱点，宜以实际现实、事实证据为支点，形成强大的心理攻势，指明其犯罪事实是客观存在、无法回避和隐瞒的，打破其犹豫不决、患得患失、"博弈记""小聪明"的心理意识，以激起其本能的冲动，再从其中抓住漏洞予以攻击之。

（九）轻视心理

职务犯罪嫌疑人通过接触、观察，认为调查人员的能力、水平、学识、职位、资历都在其之下，始终存在自己能力、水平、学识、资历等高人一等的自傲心态，其内心深处是一种傲慢、故作姿态及对调查人员刻意藐视、轻视的心理。

对策思路方法：这类对象一般具有傲气、自命不凡、自恃清高，同时在法律方面又处于比较无知、幼稚、简单的状态，以调查人员的正义感、事业心、义正词严、以理服人的形象和态度对其的心理形成震撼和冲击，注意抓住其的劣势或"软档"进行扩大和展开，打击其气焰、挫伤其气势、动摇其意志，使其思想尽快回到现实中来，面对现实交待问题。

（十）屈辱心理

职务犯罪嫌疑人在被接受调查的过程中，始终认为自己"冤屈"，一般有这样几种情况：一是感到比自己问题严重的、职位权力大的人倒没有事，自己问题并不严重反而受到了调查；二是认为自己被调查的事完全是"小题大做"，自己认为是很正常的，其中有相当一部分犯罪嫌疑人不知道自己的行为是触犯法律的；三是被怀疑的涉嫌犯罪事实确实存在其有可以解释的因素，或者具有误差，自己的声誉被损害了等。这类犯罪嫌疑人内在心理一般比较自闭、狭隘、孤僻，表现出内向的性格。

对策思路方法：这类对象一般比较自卑、胆怯，信心不足，但能够接受他人的影响，宜注意分析法律的条文和犯罪的构成，可以采用"同情""将心比心"的方式，对其心理进行渗透，重点是让其听得进、能打动，进而心服口服，内心认识到自己问题的性质及其严重性，产生"负罪感"的心理，并且能够迅速以实际行动正确对待。

（十一）逆反心理

职务犯罪嫌疑人对纪检监察机关持有严重的敌对情绪，往往对正面的东西偏偏要反面来理解，在接受调查、讯问过程中，持有一种强烈的逆反情绪，"你叫我讲，我偏不讲"，"你叫我如实讲，我偏胡编乱造""瞎讲"，这是犯罪嫌疑人存在极端的排斥、逆向思维心态和利己主义心理。

对策思路方法：这类对象一般具有"叛逆""急躁""沉不住气"的特点，容易"人来疯"，所以掌握其秉性可以有效克之，宜采用法律政策严肃性的高压态势打消其嚣张的气焰，以正义感、公正性及规范的调查程序来令其头脑冷静、心里明白：纪检监察机关并不是其想象的"不讲理""欺软怕硬""束手无策"的那种情况，以特定的案例来说明法律的尊严是不容挑衅的，促使其心理产生"自卑感"，其所采取的方法是行不通的。

（十二）　受骗心理

职务犯罪嫌疑人具有强烈的自我保护意识，主观以为调查人员的话都是骗人的，自我要求"千万不要上当受骗"，内心是一种排斥、抵制、不相信、不认同的心理，这类犯罪嫌疑人往往缺乏主见，抑郁犹豫，疑神疑鬼，喜欢钻牛角尖，心理比较脆弱。

对策思路方法：这类对象一般疑心比较重，经过"苦口婆心"的耐心工作，其容易接受"感化"，注意以真诚、耐心、客观、实事求是的方法表明纪检监察机关及其调查人员的诚信和原则性，对其的涉嫌犯罪行为绝不姑息；不是其的责任，及时排除，表明实事求是、客观公正、治病救人、给出路的政策，以真诚感化对象，促使其心理产生"内疚感""悔罪感"。

（十三）　虚荣心理

职务犯罪嫌疑人特别讲究"面子"，为了顾及自己的"面子"，可以不顾一切。担心今后无脸见人，往往思想斗争再三，欲言又止，难以启齿，其实质是一种长期处在比较优越的环境中而滋生或存在的极度虚荣的心理。

对策思路方法：这类对象一般心理承受能力比较弱，软硬兼施比较有效，宜采取以下措施：一是"给其面子"，在称呼、语气、言辞等方面让其感到"舒舒服服"，使其交待涉嫌犯罪的问题也是"极有面子""体面"地陈述（交待）；二是"不给其面子"，深刻揭露其犯罪的根源和实质，揭下其假面具，让其在正义和法律面前无地自容、斯文扫地；三是"给足其面子"，在其如实交待的基础上创造一些将功补过的机会，由其做"内线"配合办案，其一定会"受宠若惊"、"俯首帖耳"，虚荣心理得到极大的满足而为我所用。

（十四）　结果心理

职务犯罪嫌疑人在一定程度上知道自己实施犯罪讯问的后果，非常担心交待以后将面临的后果，将失去自由，将无法在特定的环境或一定的圈子内生存、做人；甚至有的是受到黑恶势力的威胁，担心交待以后自己或家人遭到打击报复。这类犯罪嫌疑人存在的是一种缺乏主见、无可奈何、优柔寡断、丧失信心、患得患失的心理，可能处在黑恶势力比较猖獗的环境。

对策思路方法：这类对象一般比较固执、孤僻、简单，韧劲比较强，但一旦作出选择不易大起大落，宜以调查人员的良好形象帮助对象建立是非观念和正义感，建立起对法律、对纪检监察机关的信心，认真听取其的担心和顾虑，进行法理的分析，切实帮助其解决可能存在的实际困难，排除后顾之忧，使其放下包袱，促使其产生对调查人员的"依附感""依靠感"的心理。

（十五）迷信心理

职务犯罪嫌疑人处在一种盲目、愚昧的"自救"状态中，听信所谓的"大师"的预测，烧香拜佛、抽签算卦，以极度迷信的心理来支撑自己的意志，这类犯罪嫌疑人往往比较孤独无援，不容易相信任何人，信奉"听天由命"，是一种宿命论的心理。

对策思路方法：对长期以来信奉宗教的对象，揭示其违法犯罪的实质不但触犯法律，还是对宗教的亵渎和侮辱，是背道而驰，激起其的良知、内疚和自责心理，领悟"苦海无边，回头是岸"；对"临时抱佛脚"的假信徒，则揭露其内心空虚、无奈无助、捞救命稻草的心理实质所在，同时给其指明方向和道路：真正能够帮助其脱离"苦海"的，只有自己。

（十六）错判心理

职务犯罪嫌疑人对法律一知半解，认为"只要不开口，神仙难下手"，错误地认为纪检监察机关是"唬人"，以为只要挺过12小时就可以逃脱困境，纪检监察机关对自己没有办法，内在心理的"硬挺"意识强烈，这类犯罪嫌疑人往往具有的是一种心虚、无知、外强中干、藐视法律的表现及表面"以攻为守"实为"江郎才尽"的心理。

对策思路方法：以强势的讯问促使对象思想迅速到位，以出示一定的、有选择的、对其具有震慑作用的少量关键证据来消除其自以为是、观望犹豫的心理；对态度嚣张、肆意挑衅法律的、说理无效的、坚决采取留置的强制措施，对其进行强势的心理打击，为羁押后再突破奠定基础。所以调查的证据要求尽可能到位、扎实，做到一旦对象拒绝交待，调查证据足以采取留置的程度。

（十七）优势心理

职务犯罪嫌疑人以自己特殊的身份、经历或者地位，持有一种强烈的优势心态，自恃自己是某级领导干部；自恃自己是纪检监察人员；自恃自己见多识广，了解纪检监察机关的工作套路，自信"抵挡调查人员有办法"，抱着强烈的不可一世、较量、过手的心态，其内在心理主要是特权意识、盲目清高与傲慢心虚，但其一般还具有怀旧、理性、正直的底蕴，感情心理比较脆弱。

对策思路方法：在深刻揭露其涉嫌犯罪问题严重性的同时，客观地肯定其曾经有过的良好表现，做过的一些积极、有益的工作，让其回顾奋斗的经历及付出和不易，帮助其剖析犯罪的主客观原因，热情指明正确的出路，激起其内心的

"怀旧感""内疚感"心理，同时考虑接受其一些合理的要求，促进和强化其端正态度、面对现实、坦白交待的心理定式。

（十八）盲目心理

职务犯罪嫌疑人面对调查或讯问无动于衷、反应麻木，问其十句，不见得回答一句，其一般不解释、不狡辩、不抗议，甚至在整个谈话过程中不吃饭、不喝水，只是认准一个死理："不交待"。这类犯罪嫌疑人往往文化程度不高，社会地位相对比较低，受他人制约的因素比较多，通常以行贿犯罪嫌疑人为多见。其心理一般具有固执、偏执、僵化、迟钝和愚昧的特征。

对策思路方法：切忌一味采用简单的训斥、高压、贬低的方法，如此这般只能增强、加重其的偏执心理状态，致使其心理情绪更加对立。可以先"拉拉家常"，再进行一些法律的"启蒙教育"，然后帮助其分析存在思想顾虑的症结所在，还可以请其信任的特定人物来做工作，促使其产生"卸包袱"的心理，从而解开其的心理疙瘩而获取真实交待。

（十九）蛮横心理

职务犯罪嫌疑人通常外在表现为脾气暴躁、言语粗鲁、动作夸张、气焰嚣张，一副不可一世的张狂状态，其一般不具有较高的文化知识和修养，至少是不懂法律常识的"法盲"，其中也包括一些虽然具有较高文化程度或地位的领导干部，但对法律上所知甚少。这类犯罪嫌疑人的心理是以不懂装懂、不懂羞耻、顾此失彼、欺软怕硬等为主要特征。

对策思路方法：第一阶段，以高压、强势的态度震慑其的嚣张气焰，或者令其恼羞成怒、暴跳如雷，促使其出现失衡心理；第二阶段，换"儒将"进行"和风细雨"式的开导，让其"下台阶"，释放积压的怨气，促使其出现"依附感"的心理；第三阶段，引导其认真交待问题，此刻，其一定已经产生了"内疚感"心理，多会采用"赔礼道歉"的方法以求得调查人员的好感或同情。

（二十）无赖心理

职务犯罪嫌疑人在官场上是"老奸巨猾""无耻卑鄙""滴水不漏"，在社会上是"玩世不恭""胡作非为""五毒俱全"，具有"人不为己、天诛地灭"的信条，其平时通常表现出的往往具有假面具的一面，但在涉嫌犯罪接受调查讯问过程中会暴露出一种与平时完全两种状态的、甚至令人吃惊的无赖行为，不懂道理、不讲规矩、不要尊严。这类犯罪嫌疑人的心理是由扭曲的、畸形的、看破红尘式的、极端的利己主义所导致的。

对策思路方法：义正词严地坚决予以揭露、驳斥、训诫式的严肃教育，剥下其伪装的假面具，特别是要注意在一开始就要制止其坐姿不端、随意抽烟、出言不逊的藐视心态和挑衅行为，震撼其的心理定式，针对其具有的极端的私利心态，以其最担心的利益损失来进行强势的心理攻击，促使其心理出现不稳定的状态，牵着其鼻子走。

（二十一）幻想心理

职务犯罪嫌疑人面对接受调查讯问局面，常常表现出的是一种"心不在焉""顾左右而言他"的状态，这类犯罪嫌疑人当时的主要注意力不是在接受调查讯问的对策方面，而更多的是幻想自己期望的局面的出现，如纪检监察机关没有全面的证据，到时只能不了了之；有关同伙没有供出自己，调查机关只是在试探；自己的关系网一定在"营救"自己；等等。其表现出的是一种比较天真、幼稚、"画饼充饥"式的、脱离实际的空想心理。

对策思路方法：以连续的、与对象切身利益有关的发问把对象的注意力拉到现实环境中来，打破其幻想的心理定式，分析其涉嫌犯罪事实的客观性、危害性、严重性，迫使其认真考虑自己的问题，促使其产生"现实性""危机感"的心理，以正视面临的现实和后果，对其的各种想入非非的、不切实际的心理、念头和期望坚决予以堵死。

（二十二）自欺心理

职务犯罪嫌疑人通常表现的不是抗拒交待，而是以"张冠李戴"来掩盖涉嫌犯罪事实，其把东边的事实说成是西边的事实，把张三的事实说成是李四的事实，妄图使调查人员查无实据、证据失效，从而逃避追究。这类犯罪嫌疑人一般具有思路开拓而心胸狭窄，能说会道而心理阴暗，表面顺从配合而实质抗拒抵制、自我保护意识特别强的心理状态。

对策思路方法：调查人员在对其交待无法确定真假的情况下，千万不要喜形于色、随便表态（肯定或否定），千万不要急于追求细节而疏忽"主干"，而可以责令对象把主要的事实、犯罪大致的金额作初步的交待，讲彻底、讲清楚（过早追问枝节会影响对象对主要问题的顺畅吐露），以使对象产生"琢磨不透""黔驴技穷""越抹越黑"的心理，迫使其只得老老实实交待，没有别的道路。然后调查人员进行一定程序的甄别，在查证属实的情况下，可以向对象表明态度，予以肯定或者否定。

（二十三）爬竿心理

职务犯罪嫌疑人采取的是一种"智能抵抗"的手段，其知道硬抵抗可能无法奏效，于是采用"软抵抗"的方法，调查人员责令其交待问题，他表示"驯服"，于是在揣摩调查人员心态的过程中不断"交待"出调查人员所期望的"犯罪事实"来，实际其所"交待"的都是杜撰瞎编的，以讨取调查人员一时的欢心与满足，而掩盖了其真正的犯罪事实。这种抗拒是反调查中比较具有"智能"的，会导致调查人员调查走入歧途、无功而返，而犯罪嫌疑人则可"金蝉脱壳""化险为夷"。这类犯罪嫌疑人一般具有同调查人员打交道的经验或经历，能够掌握对手的心态而以守为攻，变被动为主动，善于思考、谋划，有时也会异想天开，其心理特征是诡秘、多疑、深虑、思路奇异而目光短浅。

对策思路方法：要注意对象交待的客观性、真实性、自然性。凡是对象明显是在编造虚假事实、讲假话的，其一定具有不断观察、揣摩、讨好的不自然神态，其一定具有陈述异常清晰、顺溜的反常特征，其一定具有挂一漏万、存在矛盾的漏洞，所以要特别注意以一些特定的细节来检验其交待内容的真实性，及时识破和制止对象的诡秘伎俩。发现对象有"编供""假供"的苗头时，一定要义正词严地进行揭露和制止，让其阴暗、诡秘的心理暴露在光天化日之下，从根本上动摇其的心理定式。

（二十四）伺机心理

职务犯罪嫌疑人知道自己涉及的问题比较多，千方百计想了解纪检监察机关具体掌握了多少，"投石问路"是其的常规手法，在没有把握之前绝对不会主动作彻底的交待，于是调查人员的言谈举止，甚至每一句话、每一个动作、每一个眼神都成为其观察、琢磨的对象，直到其认为摸清了具体的情况后才决定如何交待、交待多少，其目的是掩盖一切可以掩盖的犯罪事实，只是交待无法规避的犯罪事实，没有办法的情况下便"丢卒保车"。这类犯罪嫌疑人一般具有极端的私利、诡计多端、计较得失、不甘心吃亏的心理特征。

对策思路方法：调查人员要表现出胸有成竹、不急不躁、沉着冷静的良好精神状态，对犯罪嫌疑人要不断给予压力，给对象一种"只有彻底交待才是唯一出路"的心理暗示。注意不要在条件不成熟的情况下出示证据，不讲没有把握的话，不作任何许诺，要使其真正明白，其面前的道路只有一条，就是彻底交待问题。

五、被询问人愿意配合提供证据的内在心理及对策

被询问人（主要指证人、污点证人包括与案件相关的关联人、被害人等）积极配合的心理是有多种外部的、内在的因素综合产生的。

（一）正义感心理

被询问人具有一定的政治觉悟、文化程度和正当的职业，或者是具有传统美德的普通群众、农民群众，具有是非观念、疾恶如仇，其心理具有积极、主动、正义、理性的特征。

对策思路方法：以诚挚的态度与被询问人交流沟通，感谢被询问人的理解、配合和帮助，避免使用居高临下、生硬机械的态度。

（二）义务感心理

被询问人具有认真对待、积极配合的态度，虽然一般主动性不够，但对纪检监察机关的要求能够采取实事求是的态度，其心理具有责任心、自豪感、比较坦诚的特征。

对策思路方法：以平等的姿态进行对话，把取证的目的、要求向被询问人解释清楚，被询问人提供的证词不到位的，耐心启发、客观引导，切忌急躁、不耐烦的态度。

（三）顺从感心理

被询问人具有胆小、谨慎、认真、传统的特征，对纪检监察机关作证的要求能够实事求是地积极予以满足，比较诚实，提供的证词可能不全面，但一般不会作假，不计较个人的得失。

对策思路方法：可以先进行一些"拉家常"的铺垫，让被询问人舒缓紧张的神经，向被询问人表明纪检监察机关保护被询问人的措施，满足被询问人的合理要求，避免被询问人因为胆怯、紧张而作证不全面的情况出现。

（四）无奈感心理

被询问人具有不愿意作证的内在心理，表现出来的是顾虑重重、优柔寡断的特征，其考虑个人得失比较多一点，在一定的教育、开导或者一定的压力下，能够被动地、有限地提供证词。

对策思路方法：首先耐心解释被询问人的权利和义务，打消被询问人的消极、被动的心理情绪，注意发问的严密性、缓和性、全面性，尽量能够一次予以

穷尽，对被询问人造成影响、损失的给予适当的补偿。

（五）满足感心理

被询问人表现出能够给案件作证的积极性比较高，出于各种原因，如对反腐败积极的关心支持；对纪检监察机关请其作证、对其重视的自信；对被调查的对象有矛盾、看不惯，具有一种内在的满足感。

对策思路方法：在鼓励被询问人积极性的同时，注意被询问人可能出于种种目的而出现的夸大其词、渲染情节的情况，宜多用"反问"来检验其证词的可靠性。对这类被询问人要特别注意其证词的客观性、排他性、真实性。还要注意提示被询问人对其作证的过程和内容予以保密的环节。

（六）受宠感心理

被询问人一般具有见风使舵、卖弄讨好、随意发挥、加油添醋、顺杆儿爬的表现特征，这类被询问人的心理比较诡秘而变幻多端，善于观察、揣摩，能够逆来顺受，没有自尊心，习惯于耍"小聪明"，习惯于假话连篇，客观真实性程度比较低。

对策思路方法：要特别突出纪检监察机关庄严权威的性质特征，保持与其一定的"情感"距离，不与其"套近乎"以营造严肃、压抑的气氛，及时制止被询问人"借题发挥"的言辞。

（七）乐祸感心理

在被询问人与当事人具有一定的利益上的联系，对当事人被纪检监察机关调查感到兴奋，表现为"滔滔不绝"、简单武断、比较偏激。

对策思路方法：注意体现纪检监察机关取证客观公正的要求，提示被询问人证词的客观性，注意及时制止和排除被询问人"幸灾乐祸"的感情成分，注意与被询问人出于正义感作证的区别。

（八）茫然感心理

被询问人由于文化程度、个人经历、所处地域的关系，认识上存在一定的局限性，作证比较机械，表达不够确切，但一般不会掺杂个人的情绪和感情。

对策思路方法：被询问人处于一种无知、机械、木然的状态，要注意询问的方法，尽量采用尊重的、通俗的、缓和的语气和用词，不要歧视和责备。

（九）如愿感心理

被询问人具有一定的文化程度和社会经历，持有对纪检监察机关信任、感激的心情，作证比较具体、详细，表现出积极性、主动性，这类被询问人一般为举报人，或者具有举报意图或者（调查）内容的认同感，不计较个人的得失。

对策思路方法：这类被询问人因为举报、反映得到了回应，情绪处于比较激动的状态，期望值比较高，所以必须向其明确，案件的结果存在不确定性；否则，一旦办案遇到障碍，其易产生对纪检监察机关不满的情绪。

（十）矛盾感心理

被询问人对作证存在顾虑，处于"两难"的境况，担心可能因为如实作证会给自己带来不利的后果（如打击报复等）；不如实作证又可能被认为"作伪证"承担法律后果，所以其一般表现为心事重重、吞吞吐吐，讲"半句话"，其心理表现为胆怯、狭隘、犹豫。对这类被询问人注意帮助消除其心理障碍，一般能够达到预期的效果。

对策思路方法：这类被询问人因为自己本身存在一定的过错，所以面对纪检监察机关的取证要求表现出心事沉重、顾虑重重，因此，调查人员既要严肃认真，施以压力，又要宣传引导，帮助其卸去包袱，一般需要多次反复才能达到基本要求，耐心是必不可少的。

六、被询问人不予配合提供证据的内在心理及对策

被询问人不予配合的心理同样是有多种外部的、内在的因素综合而产生的。

（一）畏惧感心理

被询问人没有与纪检监察机关打交道的经历，对纪检监察机关存在一种畏惧感，不知道作证的义务和权利，担心作证会给自己带来不利的影响，存在"多一事不如少一事"的思想，这类被询问人心理一般比较本分、胆怯、狭隘、孤独。

对策思路方法：调查人员对此需要进行积极耐心的开导和解释，阐明纪检监察机关的性质和公平、正义的规范要求，千万注意不能急躁，不要无端施以压力，同时注意安全防范。

（二）后果感心理

被询问人比较注重的是"后果"，对自己个人带来的不利，怕承担责任，顾虑压力比较大，其心理一般具有依赖性、缺乏主见、心胸狭隘，看重个人得失。

对策思路方法：调查人员应当关注其思想情绪，观察其表现出的一些蛛丝马迹，需要在开始阶段就注意化解其的顾虑和压力，告知可能发生的各种后果，让其心里有数、由其进行选择，促使其彻底放下思想包袱，客观、轻松作证。特别

需要注意的是，被询问人作证完毕，其可能产生"后怕"的畏惧感，其回去的过程应当有人陪同，对女性、在深夜、有抑郁症倾向的人更应该如此。

（三）怕报复心理

被询问人具有一种本能的怕"得罪人、得罪当事人、得罪有关领导"从而受到打击报复的思想负担，其心理具有慎小谨微、唯唯诺诺、安于现状的自我保护意识，这在一般被询问人中普遍存在，而且占据的比例比较大。

对策思路方法：耐心分析利害得失，帮助其建立责任意识、正义感意识。承诺为其保守秘密，采取相应的保护措施，获取其的信任。纪检监察机关需要加强对被询问人的保护，针对被询问人的具体处境和相关情况，采取有利保护被询问人安全的措施，并且明确告知被询问人或者取得其认可。

（四）怕连累心理

被询问人（主要是污点被询问人、尚未暴露的共同犯罪人）因为需要作证的内容与自己有着不同程度的牵连，如实作证可能会涉及自己的切身利益，因而不愿意客观、真实作证，其具有不同程度的畏罪、恐惧、消极、规避的心理。

对策思路方法：在与这类被询问人打交道时注意拓展思路、扩大效果，一般不要就事论事，要制造压力、营造氛围、明确政策、区别对待，特别需要注意的是，这类被询问人可能会采取"逃避"的方法，以保护自己或保护他人（被作被询问人），有的一开始（第一次）就避而不见；有的需要再次请来作证时已不知所终，因此要注意及时地"控制"和"限制"。

（五）良心谴责心理

被询问人持有"提供证词是害了别人"的错误认识，以为自己一旦向纪检监察机关如实提供了证词，他人就要"吃官司"，内心存在一种"内疚""良心受到谴责"的自责，特别是曾经得到过被询问对象帮助、关照的被询问人（如具有行贿性质的污点被询问人）会产生"拉不下面子""今后无法面对"的心理负担。这类被询问人一般处于从属地位，心理具有自卑、矛盾、犹豫、胆怯的特征。

对策思路方法：针对这类被询问人需要进行正面的教育开导，使其认识到权力执掌者贪污受贿的腐败情况也是他们不愿意看到的、希望的，一旦形成了气候，真正受到损失的还是自己，从而激起其的正义感、认同感。特别要注意的是，这类被询问人如果涉及的问题比较大，后果严重，就有临时起意走极端的可能，安全防范措施非常重要。首次谈话争取指数60%。

（六）自我展示心理

被询问人对纪检监察机关存在一定的敌对情绪，或者是特意树立"自己不出卖人"的形象或口碑，期望能够在圈子里有地位，有利于在一定的范围或者圈子内博取声誉。其心理一般具有豪爽、简单、鲁莽、脆弱的特征，其一般还认为配合纪检监察机关工作是"缺德""坏人"（损害人），不配合纪检监察机关工作是"保护人""积德"，所以其表现出的是坚决不配合、不提供证词的态度。

对策思路方法：应当首先打消其的错误认识，严肃宣传政策法律，适当地揭露其弱点以"损害"其自尊心，采取其希望要"有面子"，就是不给其"面子"的策略，造成其心理的落差和动摇，最终转变态度。

（七）观望心理

被询问人不轻易采取积极配合的态度，一般既不抵抗，也不配合，而是以"以守为攻"作"观望"状，期望通过调查人员的语言、神态来发现问题的关键，从而再决定自己所采取的方法。这类被询问人具有精明、势利、诡秘、狡诈的心理，城府深、涵养好、软硬不吃、见风使舵。

对策思路方法：对这类被询问人进行取证，调查人员准备要充分、言语要严密、谨慎，具有一定的分量，在将其逼进"死胡同"后，其一定会采取"捞救命稻草"的方法"自救"。

（八）逆反心理

被询问人存在强烈的对立、不满情绪，主要是对纪检监察机关存在一定的成见、偏见，习惯于逆向思维。其一般具有偏激、孤独、排斥、忌妒的心理特征，这类被询问人以弱势群体为多，有的曾经有过一定的"心理创伤"，其感受到的关心、帮助比较少，满嘴粗话、牢骚满腹。

对策思路方法：对这类被询问人注意采取同情、关照、感化、帮助的方法，千万不要表现看不起、蔑视、训斥的言行，多体现尊重、理解，"撸顺毛驴"的方法。

（九）仇视心理

被询问人具有强烈的敌对、排斥、抗拒的表现，其一般经历坎坷、经济窘迫、能力低下，长期得不到别人的尊重，采取的是"以攻为守"的方法，自以为是，具有挑衅性和攻击性，一旦没有了退路可能恼羞成怒采取过激的手段。这类被询问人的心理表现为顽固、偏执、仇视、嫉恨。

对策思路方法：调查人员对此应当首先采取予以"尊重"的态度，让其心理得到一定的满足，建立起对话的基础，随着其的不同表现以软硬兼施、攻守兼备、内外结合、针锋相对，充分体现党纪国法的尊严和纪检监察机关的威慑力，彻底摧毁其抗拒心理，促使、引导其回到比较理智、平和、清醒的道路上来。首次谈话争取指数60%。

（十）排斥心理

被询问人的排斥行为来自对纪检监察工作人员言谈举止的不满意，主要是感到调查人员"出言不逊""仗势欺人""行为不端"，自己没有受到应有的尊重，自己的身份、地位、影响没有被充分顾及，从而"怒从心起"。这类被询问人一般具有一定的地位、学识，比较清高、自信，讲究细节。其心理存在独立、固执、自尊、严谨、冷漠的特征。

对策思路方法：调查人员对这类被询问人要特别注意其心理特征，进行心理的触动和感化，人格上予以尊重，方法上让其感动，讲究细节使其"出乎预料"，动摇其心理防线，采取相应的适当行为进行取证工作。

第十一章　职务犯罪调查安全防范

教学目的和要求：要求掌握监察机关办案中安全要求的重要意义

教学重点和难点：掌握对办案中三大风险防范的基本要求

教学方法与手段：PPT 现场授课，结合办案实践讲解，完成作业重点

一、安全防范的范围

调查过程中的安全防范包括两个方面，一个是外部防范，另一个是内部防范。

（一）外部防范

外部防范指的是促进、诱发对象产生不稳定心理、不安全情绪的外部因素，是诱发内在成因的产生条件，主要是以下几个方面：

1. 环境。接触对象的办案环境存在不安全因素，如询问、讯问场所处于二层以上的楼房，而且房间、走廊、楼梯等部位的窗户没有安全栅栏，有的还直通露天平台、阳台，甚至可以直达上楼的通道；卫生间有玻璃、镜子等易碎物品，具有尖角、直角及比较尖锐的盥洗设施，地面容易湿滑等。

2. 物品。接触对象的办案环境存在不安全物品，如可以随手接触到的灯具、电线、电源插座、玻璃制品（茶杯、烟灰缸）、易碎品、热水瓶等。对象随身携带的物品中具有锋利快口（刀刃）的物品，如各类刀具、金属工具；比较硬的物品，如筷子、钢笔、钢皮尺等。这些物品有的可以导致触电，有的可以划破血管、刺入体内，有的可以吞入腹中。

3. 措施。与对象面对面接触，必须确保二人或者二人以上办案人员；行进中的对象必须确保前后都有办案人员；特定情况下对象要在高层的室内进行指认、辨认的，应当落实办案人员二人以上近距离、贴身负责看管，办案门窗前要落实专人把守。

4. 车辆。使用交通工具传、带对象必须保证足够的办案人员，至少确保有

四人。对象坐在押解的车辆中，必须坐在后排中间，左右两边都要有人员，除驾驶员以往，还要有一个联络及机动人员。驾驶载有接触对象的车辆必须更加注意行车安全，不要盲目高速或者超速行驶。

5. 设施。办案工作区要有"安全检查门"，对出入的对象进行安检，同时还需备有手工安检仪器，进行双重安全检查。

（二）内部防范

1. 思想。办案人员在思想上是否重视安全防范工作是首要问题，往往办案人员的注意力集中在是否能够破案、是否能够突破方面，特别是在疑难复杂案件中，办案人员思想更多在案件上，安全防范意识不强。因此一定要把安全防范放在第一位，改善薄弱环节。

2. 意识。安全隐患存在于办案过程各个环节，办案人员的安全防范意识必须确确实实地牢固确立在头脑中，确保在办案过程中充分重视发现和消除安全隐患的主动性、自觉性。

3. 心理。接触对象出现不安全的忽闪念头或者骤增动机，其实是心理活动的具体表现，内在防范的根本是及时判断和了解掌握对象心理活动的轨迹，对在不同的阶段对象心理是一种什么状态要有基本的判断，从心理上打消不安全的隐患是安全防范的最根本手段和措施。

4. 经历。人的经历可以影响和左右其行为，如养尊处优的人往往受不了孤独；一帆风顺的人往往受不了起伏；讲究面子的人往往受不了委屈；经历简单、胆小怕事的人往往受不了压力。诸如此类，都可以通过其经历进行甄别和评估，作出准确判断。

5. 性格。性格是一种比较稳定的表现方式，在特定的环境下，不同性格的人的表现会不同，因此及时了掌握调查对象的性格类型，采取针对性的有效方法和手段，对从根本上防范不安全隐患具有重要意义。

二、安全防范的对策、方法及警示要点

（一）安全防范的根本对策

1. 心灵上的开导是真正的入心入脑的开导。办案人员在与对象交锋的过程中，要针对具有极端心理、自尽意识的对象进行心理、心灵上的开导，进行入心入脑的开导，这是真正有效的方法。被调查人员有的是因为看不到前途、看不到光明，办案人员就要为其就指明前途、送上光明；有的是因为进退两难，办案人

员就要为其打开闸门，营造柳暗花明；有的是因为众叛亲离，办案人员就要进行情感渲染；有的是因为害怕现实、恐惧后果，办案人员就要为其分析开导，情理并重。诸如此类从根源入手，才是真正的有效防范。

2. 心理的防范是最直接、最有效的主动防范。毫无疑问，仅靠办案人员"寸步不离""分秒不脱"，其实是一种被动的防范，短时期内也许有效，但时间一长，往往无法控制和保证，而心理上的防范才是一种根本性的防范，是一种积极、主动的防范，是一种长效的防范。

3. 思想上、心理上的引导、制约、控制的防范。办案人员要从思想上重视、方法上掌握调查对象思想心理从而进行引导、制约和控制，在调查过程中注意发现调查对象不正常思想苗头、不正常心理活动，要具有第一时间化解这种不正常因素的能力和技巧。

4. 根据不同的思想情绪、心理意识、行为方式进行针对性的防范。人的个性都是不同的，被调查对象的思想、心理、行为方式也必然各不相同，在不同的阶段也会有不同的表现。因此，因人而异、分门别类、个体研究是非常重要的。

（二）安全防范的基本方法

1. 以揭示本质维护正义的理念来教育涉案人员。

2. 以尊重人格人文关怀的行为来取信涉案人员。

3. 以消除幻想明示利害的指引来启导涉案人员。

4. 以将心比心换位思考的理解来打动涉案人员。

5. 以义正词严不卑不亢的尊严来告诫涉案人员。

6. 以实事求是坦诚相见的帮助来关心涉案人员。

7. 以文明举止心灵触动的方法来赢得涉案人员。

附　录

附录一：讯问提纲制作范例

犯罪嫌疑人唐有为涉嫌贪污等犯罪的首次讯问提纲

一、讯问的目的及要点

（一）目的

1. 证实唐有为涉嫌单位受贿犯罪的问题。

2. 查明是否存在滥用职权犯罪的问题。

3. 证实唐有为涉嫌个人贪污犯罪的问题。

4. 核实涉嫌巨额财产来源不明犯罪的问题。

5. 问清唐有为与明春晓涉嫌共同受贿犯罪的问题。

6. 发现是否还涉嫌其他职务犯罪的问题。

（二）要点

1. 以单位受贿犯罪为突破口，查清会费的全部来龙去脉。

2. 滥用职权犯罪，造成的税款损失与唐有为违法审批具有刑法上的因果关系，客观真实，造成国家税款重大损失，情节特别严重，转换证据，随时立案。

二、讯问前的准备工作

（一）基本内容

1. 对唐有为身体状况，落实医务救治人员。

2. 进行心理分析，找准个性特征，明示法律，依法教育引导。

3. 备齐法律文书。

4. 及时有效传唤犯罪涉嫌人唐有为，王风范、袁方、法警张某和王某负责传唤，派江 A33627 商务车辆传唤犯罪嫌疑人到案。

5. 讯问人员分工明确（赵光明主审、王风范副审、袁方记录、同步录音录像同录）。

6. 法警张某、王某及医务人员何某负责安检和体检。

（二）注意事项

1. 唐有为到案后，赵光明再次确认唐有为身上是否还有违禁品，身体状况如何。

2. 唐有为到案后，首先对其施加影响，进行行为矫正（如坐姿），控制焦虑、暴躁情绪，针对性进行教育，使其趋向稳定，对不正常的行为予以矫正。

三、讯问基本流程

（一）第一阶段

1. 告知侦查人员姓名、身份职务。

2. 告知对象传唤立案，讯问的法律依据，出示相关手续。

3. 告知对象权利义务，全程同步录音录像等问题，是否要求同录人员回避。

4. 告知对象侦查阶段聘请辩护律师。

5. 讯问对象个人基本情况。

6. 告知首问是否犯罪，如实供述可以从宽的法律依据（对侦查人员的提问，应当如实回答。如实供述自己罪行可以从宽处理）。

（二）第二阶段

1. 基本情况（身份信息、简历、家庭情况）。

2. 讯问单位及部门性质、职能及变化等相关内容。

3. 讯问唐有为职务职责范围及相关人员职责。

4. 讯问外资企业进口自用汽车的情况。

5. 业务流程。

（三）第三阶段

1. 唐有为任正处级领导职务多年，利用其负责审批江南省进口自用汽车许可证的权力，违法审批，使沿江市形成走私车辆重灾区，现走私团伙被打掉13人，其明知自己违法审批，造成国家重大经济损失的个性特征情况，适时进行开导。适时出示证据及说明相关人员如实讲述，对其施加影响，以此唤醒犯罪嫌疑人记忆，核实犯罪细节。

2. 突破口选择在单位受贿，因为是单位行为，又有其他人知晓，利于突破。滥用职权事实证据清楚，适时进行谈话，突破其心理，对其产生震慑。

3. 严格依法控制讯问时间。

（四）第四阶段

综上，你涉嫌贪污、受贿、单位受贿、巨额财产来源不明、滥用职权犯罪，你有何辩解和补充的吗？

（五）第五阶段

1. 你对自己的犯罪行为有什么认识？

2. 今天的供述是否属实？

3. 以前你在公安机关的证言是否属实？在检察院讯问期间，你交待是否是事实？这次讯问的内容与你在公安机关、检察机关不一致的地方以哪一次为准？

4. 你是否有检举、揭发他人犯罪的情况？

5. 你还有什么要求？

6. 今天你因涉嫌单位受贿犯罪，对你采取刑事拘留强制措施。

7. 现在我们再次向你告知，自立案和被采取刑事拘留强制措施之日起，你有权聘请律师，为你提供辩护，你需要聘请律师吗？

8. 你还有什么需要补充的吗？

9. 你对今天讯问有什么意见吗？

10. 今天的讯问就到这里，下面你阅读笔录，确认无误后在笔录上逐页签名。

（六）第六阶段

要求书写亲笔供词，以防翻供情形（侦查人员注明签收时间、地点、侦查人员、被提取人签名。

四、讯问基本内容

(一) 政策法律教育

1. 政策。党的十八大、十九大以来反腐形势教育；政策法律教育（略）。促使对象认清形势，配合纪检监察机关工作，主动交待自己的问题或者涉嫌犯罪的事实，争取从宽处理。

2. 法律。刑事诉讼法规定，能够如实供述自己罪行的，可以从宽处理。刑法规定：犯罪以后自动投案，如实供述自己的罪行的，是自首。对于自首的犯罪分子，可以从轻或者减轻处罚。其中，犯罪较轻的，可以免除处罚。被采取强制措施的犯罪嫌疑人、被告人和正在服刑的罪犯，如实供述司法机关还未掌握的本人其他罪行的，以自首论。你现在已被检察机关立案，视你的态度，检察机关将会采取相应的强制措施。态度不好的一定会采取拘留、逮捕，好的可以考虑取保候审、监视居住。争取法律的从轻从宽处理才是你最好的选择。检察机关案前已经对你进行了大量的秘密初查，掌握了你大量的犯罪事实、证据。希望你要正视问题，主动交待；不要心存侥幸，与组织抗衡。最终贻害无穷，辜负了党的期望、组织的培养。

刑事诉讼法还规定，没有被告人供述，证据确实、充分的，可以认定被告人有罪和处以刑罚。也就是有证据证明，你不说也一样定罪。

(二) 涉嫌单位受贿犯罪

1. 分析：有证据证明，江南省外贸厅综合管理处构成单位受贿犯罪。郑有财证实缴纳 100 万元"会费"，省外贸厅综合管理处支出 50 万元，另 50 万元去向不明，唐有为是否存在其他犯罪行为需要进一步核实。郑有财是否涉嫌对单位行贿犯罪需要加以问清。唐有为为郑有财谋取什么利益，是否构成滥用职权犯罪。

2. 可出示的相关证据：

(1) 电子物证报告十次 100 万元（会费）；

(2) 郑有财个人日记本中提取的缴纳会费记录；

(3) 海关核定证明书两份；

(4) 唐有为在公安机关、检察院的询问笔录；

(5) 综合管理处其他二位成员我们都已核实了，请认真对待。促其交待，注意说法不能指证、诱供。

3. 讯问内容：

（1）讯问唐有为收受"会费"的具体情况（金额、时间、过程等具体情况）；

（2）对收取郑有财"会费"100 万元的事实进行讯问：

问：江南省外贸厅综合管理处，在你任处长期间是否收取过相关单位的费用？（促其说出收取"会费"）

问：是什么协会？会长是谁？成员有谁？会费如何理解？

问：怎么成立的协会？是否真实存在这个协会？

问：收取"会费"的目的？是否和相关人员商议过？

问：收取"会费"是否有依据？

问：收取"会费"是谁决定的？向上级领导请示过吗？

问：综合管理处其他人参与了吗？

问：谁经手收取的？

问：正常收费由谁收取？如何收取？

问：是以单位名义收取的，还是以个人收取的？

问：都收取了哪些单位的"会费"（引出郑有财路歌汽车公司）？按什么标准收的（每证 1 万元）？收取了多少次、多少钱？现金还是转账？

问：还有其他单位或个人吗？

问：为什么只收取郑有财的"会费"？（唐有为是否知道郑有财违法）

问：与郑有财是怎么认识的？公司性质、成立日期情况？

问：郑有财的公司是否具备办理许可证的条件？是否可以办理这么多许可证？

问：郑有财办理的许可证是用于经营还是自用？

问：郑有财申请办理的许可证符合规定吗？（唐有为是否知道郑有财倒卖进口车辆许可证？怎么知道的？考虑郑有财是否存在"谋取不正当利益"，是否构成对单位行贿犯罪。对单位行贿罪：个人行贿数额在 10 万元以上、单位行贿数额在 20 万元以上的）

问：你具体是给郑有财怎么办理的？一共给郑有财批了多少许可证？（职业便利，一证 1 万元应为 100 个）

问：向郑有财收取"会费"是谁说的？怎么说的？

问：郑有财是否知道"会费"的实质？

问：收"会费"有记录吗？（出示唐有为关于收取"会费"的电脑记录，郑

有财个人日记本中提取的缴纳会费记录；海关核定证明书两份。怎么分清哪些是批给郑有财的）

问：每次收取"会费"的具体情况（单笔经过）？

问：收取的"会费"由谁保管？怎么保管？（细问保管的可能性，查实是否有挪用行为）这种管理方式按财经纪律规定允许吗？

问：收取的"会费"款是什么性质？

问：你处财务独立吗？

问：该"会费"的使用由谁决定？

问："会费"的具体使用情况？（50万元在贪污部分核实）

问：案发前是否退还？

问：你还有其他犯罪吗？（指贪污50万元）

（三）涉嫌贪污犯罪

1. 分析：根据初查材料证据情况，唐有为可能存在个人贪污50万元的行为。

2. 讯问内容：

（1）讯问唐有为收取"会费"剩余部分的处理情况；追问100万元"会费"中，另50万元的去向？

问：怎么想的（思想变化过程）？是什么时间想的？这50万元在你手中有谁知道吗？如何账务处理？钱款使用情况？是什么行为？是否退还？认识？（综合处都撤销了，还在你手里保管，又无人知道等角度进行讯问）

（2）按照贪污犯罪构成详细讯问。根据证据材料，查清犯罪事实、实施过程、犯罪手段、参与人（是否有共犯）、主观意图、谋利情节、涉及金额以及赃款的来源和去向。

3. 可能出现的辩解及应对：

（1）针对唐有为可能辩解向领导请示过，或领导指示的。

问：具体向哪个领导在哪请示的？是书面还是口头？领导意见？

问：请示领导有谁证实？

问：领导是否能够证实你请示的事实？（就算请示了，直接责任人也要负责）

（2）针对收取的"会费"有为公支出的辩解（包括福利、奖金或单位其他公务招待、送礼等支出）。

问：让其说明或提供为单位支出的详细明细、知情人、经手人、向领导请示汇报等情况。并安排侦查人员进行核实。

（四）涉嫌受贿犯罪（宝马车）

1. 分析：唐有为受贿犯罪可能性较大，明春晓与唐有为通话频繁、且在 QQ 聊天中提到李冬明购车事宜，并对此事进行串供，唐有为与明春晓构成共同受贿的可能性非常大。李冬明给唐有为送这么贵重的物品，谋取"不正当利益"要求的较大，故李冬明构成行贿或对单位行贿犯罪的可能性较大。

2. 讯问内容：

（1）讯问唐有为"宝马"车来龙去脉过程情况；

（2）按照受贿犯罪构成详细讯问。根据证据材料，查清犯罪事实、实施过程、犯罪手段、参与人（是否有共犯）、主观意图、谋利情节、涉及金额以及赃款的来源和去向。

3. 可出示的证据：

（1）明春晓机动车注册登记表（宝马车）；

（2）购车资金来源证明（李冬明卡付 50 万元）；

（3）明春晓与宝马车照片（356 张）；

（4）从唐有为电脑中提取的"春眠不觉晓"与"唐老鸭"QQ 聊天记录；

（5）与李冬明的手机信息分析；

（6）宝马车日常维护、装饰费 15 万元（唐有为卡付）；

（7）宝马车保险费 5 万元；

（8）海关核定证明书（李冬明）；

（9）明春晓个人信息资料；

（10）李冬明、明春晓我们已经找过了，都如实讲了，希望你能主要交待。

4. 可能出现的辩解及应对：

（1）如否认该车是李冬明购买，出示李冬明购车付款凭证让其解释；

（2）如辩解称是借钱买车或借车，指明你自己有银行存款为何借款，该车落户于明春晓名下，并由明春晓一直使用与借车不符的事实。该车的保险、日常维护费用都由明春晓支出，怎能就是借的呢；

（3）适时说明李冬明、明春晓证实该车的情况，揭穿谎言。

注意语言表达，避免指证、诱供。

（五）涉嫌巨额财产来源不明犯罪

1. 分析：查清唐有为是否涉嫌巨额财产来源不明犯罪。通过巨额财产促使其交待其他犯罪。

2. 可出示的证据：

（1）出示唐有为家庭 600 万元银行存款书证；

（2）两套房产书证；

（3）一辆汽车书证；

（4）唐有为及其妻子单位出具的收入证明；

（5）家庭支出 50 万元证明。

（6）宝马车日常维护、装饰费 15 万元（唐有为卡付）；

（7）宝马车保险费 5 万元；

3. 可能出现的辩解：

（1）有其他合法收入，及时问清并核实；

（2）有继承或赠与，及时问清并核实；

（3）其他情况，采取有效措施及时应对。

4. 讯问内容：

（1）讯问唐有为家庭财产及收入支出情况；

（2）讯问车辆、房产具体购买时间、金额、款项来源，银行存款的来源；

（3）按照巨额财产来源不明犯罪构成详细讯问；

（4）计算确定差额部分；

（5）解释财产差额部分的来源。

刑法规定，国家工作人员的财产、支出明显超过合法收入，差额巨大的，可以责令该国家工作人员说明来源，不能说明来源的，差额部分以非法所得论，处 5 年以下有期徒刑或者拘役；差额特别巨大的，处 5 年以上 10 年以下有期徒刑。财产的差额部分予以追缴。你听清楚了吗？

综观刑法罪名，唯有本罪需要嫌疑人自己说清楚财产的合法来源。我建议你，不要再编造谎言了，主动说清，争取从宽。

（六）涉嫌滥用职权犯罪

1. 分析：问清谁违法？违反什么法？造成多大损失？是否主观故意？

2. 可出示的证据：

（1）海关核定证明书两份；

（2）郑有财被公安机关立案的法律手续；

（3）唐有为给郑有财、李冬明审批许可证购置车辆所有人登记信息；

（4）郑有财、李冬明的营业执照信息；

（5）唐有为电脑收取会费的记录；

（6）江南省外贸厅关于许可证购车优惠文件及相关部门出具的损失证明；

（7）《外商投资企业自用汽车管理办法》（对外贸易合作部、海关总署发文）、《江南省外商投资企业投资自用进口汽车管理办理》；

（8）海关核定书两份，郑有财、李冬明 1810 万元和 450 万元损失。

3. 讯问内容：

（1）外贸厅的职能职责，处长职能职责，问清江南省外贸厅综合管理处审批外资企业进口自用车汽车许可证具体需要哪些条件和流程；

（2）具体谁经办的，怎么审批的，每个单位按什么标准批准；

（3）郑有财、李冬明的公司是什么性质；

（4）郑有财、李冬明的公司是否符合申请外资企业进口自用汽车许可证的条件；

（5）郑有财、李冬明申请办理的外资企业进口自用汽车许可证是自用还是经营；

（6）按照"两个办法"，核实唐有为审批的违法性和主观故意性，是否知道郑有财和李冬明用于倒卖；

（7）批准许可证的外资自用汽车有何优惠；

（8）是否给国家集体和个人造成什么损失，造成多少损失，责任谁承担。

五、安全防范工作

在讯问室内由主审赵光明、王风范及侦查员袁方负责，讯问室外由法警张某、李某、王某负责。

1. 严重疾病发作。

应对措施：轻微情况，备用医生紧急处理；严重情况，用救护车送医院，通过绿色通道紧急处理。

2. 在工作中经常遇到嫌疑人出现要求会见律师，要求见上级领导才讲，提出为其取保候审的条件才供述等情况。

应对措施：向其讲清必须向侦查人员供述才能从宽，这是法律和政策的规定。

（1）根据刑事诉讼法规定，特别重大贿赂犯罪案件，在侦查期间辩护律师会见在押的犯罪嫌疑人，应当经侦查机关的许可（50 万元、重大社会影响、涉及国家利益）；

（2）根据中共中央相关政策文件，各级党政机关和领导干部要支持法院、检察院依法独立公正行使职权。建立领导干部干预司法活动、插手具体案件处理的记录、通报和责任追究制度。任何党政机关和领导干部都不得让司法机关做违反法定职责、有碍司法公正的事情，任何司法机关都不得执行党政机关和领导干部违法干预司法活动的要求。对干预司法机关办案的，给予党纪政纪处分；造成冤假错案或者其他严重后果的，依法追究刑事责任。

（3）根据"两高"司法解释的规定，从轻的理由有三点：一是如实供述可减轻处罚；二是如实交待有利于查证的；三是如实退赃的。

3. 情绪失控、激烈对抗。

应对措施：可采取喝水、抽烟等方式缓解情绪，通过谈论家庭、工作、子女老人等亲情话题，待其情绪稳定后再进入正题。

4. 态度消极、沉默不语、拒不回答任何问题等。

应对措施：亲情感化、政策攻心、心理防范。

5. 心理因素：唐有为担任领导职务多年，年龄近五十岁，心理因素过硬，思维方式及应变能力强，社会经验丰富，应注意其故意制造轻伤、关键点拖延、使用模糊语言、变客为主给审讯人员施压等情况。

附录二：初查报告制作范例

关于对被调查人唐有为涉嫌受贿一案线索初查报告

江检反贪初查〔2015〕1号

一、被调查对象及单位基本情况

（一）被调查人唐有为的基本情况

被调查人唐有为（无曾用名），男，1963 年 10 月 19 日出生，身份证号码450103196310190021，汉族，现任江南省外贸厅外事处正处级调研员，中共党员，现住沿江市于洪区民族大道 163 号城置国际，手机号码为139××××××××。

简历：1980 年参加工作，1986 年 8 月至今，在江南省外贸厅工作，历任科员、副主任科员、主任科员、副处长，2005 年 3 月至 2010 年 3 月任江南省外贸厅综合管理处处长。

家庭情况：妻子许一丹，江南省广播电视大学工作；女儿唐果，现在小学读书。

（二）江南省外贸厅综合管理处基本情况

被调查人唐有为涉案时，所在单位为江南省外贸厅综合管理处，行政编制为三人，处长唐有为，副处长林成功，主任科员常立志。处长负责全面工作，副处长林成功配合处长开展工作，主任科员常立志从事具体工作。

综合管理处的主要职能是江南省外资企业进口自用汽车许可证的审批，具体材料审查由工作人员负责，审批由被调查人唐有为负责，2012 年该处室因内设机构调整被撤销。

二、线索来源

被调查人唐有为涉嫌单位受贿一案线索，由江南省公安厅于 2014 年 12 月 20 日，以江公经侦移字（2014）1 号案件移送函移送江南省人民检察院，江南省人民检察院举报中心于同日收到该线索并备案登记。江南省人民检察院举报中心于 2015 年 2 月 6 日将该线索分流到江南省人民检察院反贪污贿赂局。2015 年 3 月 2 日，江南省人民检察院反贪污贿赂局将该线索交王风范（组织指挥）、赵光明（主办检察官）办理。

三、举报内容

移送线索材料反映，江南省公安厅在办理郑有财（江南省沿江市路歌汽车贸易有限公司经理）涉嫌非法经营一案中，郑有财举报江南省外贸厅综合管理处在办理外资企业进口自用汽车配额许可证业务时，除收取正常费用外，还要求每个许可证缴纳 1 万元的"会费"，2008 年至 2009 年间，江南省沿江市路歌汽车贸易有限公司共缴纳"会费"人民币了 100 万元，该"会费"由江南省外贸厅综合管理处处长唐有为收取，且未给出具任何票据。

四、处理意见

（一）被调查人唐有为涉嫌的主要犯罪线索

1. 2008 年到 2009 年，被调查人唐有为在任江南省外贸厅综合管理处处长期间，以江南省外贸厅综合管理处的名义非法收取江南省沿江市路歌汽车贸易有限公司经理郑有财 100 万元"会费"，形成本处室账外资金，被调查人唐有为作为处室的直接责任人，涉嫌单位受贿犯罪。

2. 江南省外贸厅综合管理处职能是审批江南省外资企业进口自用汽车许可证，唐有为作为处室负责人，负责全面工作，2008年至2009年，在明知郑有财倒卖外资企业进口自用汽车许可证情况下，违反对外贸易合作部、海关总署制定的《外商投资企业投资自用进口汽车管理办法》和江南省对外贸易合作厅、江南省海关制定的《江南省外商投资企业投资自用进口汽车管理办法》的规定，为郑有财违法审批220份许可证，郑有财非法获利920余万元，给国家造成税收损失1810万元，涉嫌滥用职权犯罪。

（二）线索可查性分析

1. 江南省外贸厅综合管理处属于行政机关内设机构，被调查人唐有为系江南省外贸厅综合管理处负责人，个人决定以处室名义收取郑有财100万元"会费"，被调查人作为处室负责人和收取"会费"的直接责任人，涉嫌单位受贿犯罪；2008年至2009年，唐有为违法为郑有财审批220辆进口自用汽车许可证，给国家造成税收损失1810万元，涉嫌滥用职权犯罪。根据中华人民共和国刑事诉讼法规定，该案属于检察机关管辖，本院具有管辖权。

2. 江南省外贸厅综合管理处涉嫌单位受贿犯罪、滥用职权犯罪终止时间为2009年，根据中华人民共和国刑法规定，本案未过追诉时效。

3. 江南省外贸厅综合管理处主要职责是江南省外资企业进口自用汽车配额许可证的审批，被调查人唐有为是行政机关部门的负责人，具有行政审批权，是职务犯罪的多发领域，发生职务犯罪的概率较大；唐有为为郑有财违法审批许可证，主观明知，客观造成国家税款损失1810万元，明显涉嫌滥用职权犯罪。

4. 线索由在押人员举报，举报的内容具体。公安机关对举报内容进行了初步核实，被调查人唐有为承认收取过50万元"会费"，该款由综合管理处支出50万元，剩余50万元去向不明，涉嫌单位受贿犯罪成案性较大。

综上所述，被调查人唐有为涉嫌职务犯罪的案件线索属本院管辖，未过追诉时效，线索成案价值较大，需要进行初查。根据人民检察院刑事诉讼规则之规定，拟提请初查。

五、初查工作方案

（一）初查的目的、方向、范围和调查的问题

1. 初查的目的

核实固定被调查人唐有为涉嫌单位受贿和滥用职权犯罪的证据材料，进一步

拓展被调查人唐有为及其他相关人员是否涉嫌其他职务犯罪。

2. 初查的方向

（1）初查基本方向：

①江南省外贸厅综合管理处涉嫌单位受贿犯罪线索作为本案的优先初查方向，常立志作为江南省外贸厅综合管理处的普通工作人员，情节最轻，责任最小，对常立志的突破应该作为本案的切入点，以收取"会费"是否有法律、法规依据，是否为他人谋取利益为关键点。

②唐有为在 2008 年至 2009 年任省外贸厅综合管理处处长期间，明知郑有财倒卖外资企业进口自用汽车许可证，违反规定，为郑有财审批 220 份许可证，给国家造成税收损失 1810 万元，根据线索可查性分析，唐有为涉嫌滥用职权犯罪明显，作为初查的基本方向。

（2）初查拓展方向：

①被调查人唐有为以处室名义，除收取江南省沿江市路歌汽车贸易有公司经理郑有财 100 万元"会费"外，与郑有财是否还存在其他利益交换，深挖被调查人唐有为和郑有财行受贿线索。

②被调查人唐有为承认收取江南省沿江市路歌汽车贸易有公司经理郑有财 50 万元"会费"，而郑有财在公安机关供述缴纳"会费"数额 100 万元，唐有为是否将差额款 50 万元据为己有，涉嫌贪污犯罪。

③被调查人唐有为任江南省外贸厅综合管理处处长职务长达七年，负责全省外资企业进口自用汽车审批，本人及其特定关系人是否利用其职权索要或者收受贿赂款，涉嫌受贿犯罪及共犯。

④调查被调查人唐有为家庭全部财产数额，家庭合法收入数额，确定被调查人唐有为是否涉嫌巨额财产来源不明犯罪。

（3）初查延伸方向：

①被调查人唐有为在以处室名义，收取江南省沿江市路歌汽车贸易有公司 100 万元"会费"过程中，郑有财是否是被勒索，有没有获取不正当利益，以确定江南省沿江市路歌汽车贸易有公司及郑有财是否构成对单位行贿罪。

②被调查人唐有为除了收取江南省沿江市路歌汽车贸易有公司"会费"外，是否还存在收取其他单位或者个人"会费"的情况，是否还有账外资金，调取所有审批许可证明细加以核实。

③在初查中如发现其他行受贿犯罪线索，固定行贿犯罪证据，追究行贿人的法律责任。

④江南省外贸厅综合管理处在账外资金的保管、使用中是否存在其他职务犯罪。

3. 初查范围和调查的问题

（1）被调查人唐有为身份情况

被调查人唐有为自然情况、居住情况、个人活动规律、车辆物品进出等情况、真实文化程度、法律知识、专业技术情况、是否是人大代表、政协委员，查询被调查人唐有为出行记录，向出入境管理机关调取被调查人唐有为及家庭成员申领护照、通行证及出入境记录资料，尤其注重分析判断被调查人唐有为法律背景信息及法律认知程度对初查工作的影像。

（2）被调查人唐有为身体和心理状态

了解被调查人唐有为健康状况，曾患过何种疾病、身体现状，向医疗机构调取被调查人唐有为及家庭成员住院治疗付费的资料；了解被调查人唐有为性格、心理、可能的隐私和爱好，并对其进行分析判断。

（3）被调查人唐有为家庭成员及社会关系

掌握被调查人唐有为家庭成员之间的相互关系及对其影响程度，预判家庭成员（包括情妇等特定关系人）是否涉及案件，家庭成员中是否有司法人员、法律工作者、"保护伞"人员可以依靠；在保密的基础上通过各种渠道了解被调查人唐有为社会关系，广泛收集相关人员的信息，分析其社会背景。

（4）江南省外贸厅综合管理处信息资料及"会费"收取情况

江南省外贸厅组织机构代码证、财务规章制度，江南省外贸厅综合管理处成立和撤销的时间、职能、人员分工情况、案发时分管领导；江南省外贸厅综合管理处收取"会费"的资料、相关账目和会费的使用情况，收取"会费"是否违反法律法规，是否给国家造成损失及损失的数额。

（5）涉案资金来源及去向

秘密询问江南省沿江市路歌汽车贸易有公司经理郑有财，核实缴纳100万元"会费"的全部过程；分析调查人唐有为行动轨迹，秘密询问林成功、常立志，核实"会费"收取及使用情况，防止其隐匿证据、订立攻守同盟。

（6）被调查人唐有为家庭财产情况

①通过金融机构调取被调查人唐有为及其家庭成员的财产状况，资金来源及资金支出情况，尤其注重大额资金支出情况，查询人民银行的信用平台，全面了解被调查人唐有为及其家庭成员的信贷记录。

②通过房产交易登记机构调取被调查人唐有为及家庭成员购置房产的资料及

资金来源。通过向车辆管理部门调取被调查人唐有为及其家庭成员购置汽车的资料及购买车辆的资金往来票据。

③了解被调查对人唐有为及家庭成员是否在境外购置房产或设有银行账户。

④通过教育管理部门调查被调查人唐有为子女是否在境外学校就读，调取被调查人唐有为子女就学付费的资料。

⑤查明被调查人唐有为及其家庭成员、父母、兄弟姐妹名下是否有公司、企业。

⑥查明被调查人唐有为家庭的全部合法收入和支出情况，是否存在婚外情，及为情人支出金额。

（7）被调查人唐有为的网络、通讯信息

充分利用互联网信息平台，广泛系统地收集网络曝光的被调查人唐有为的信息资料。了解被调查人唐有为是否配置电脑，是否使用微信、QQ 及电子邮箱等，是否使用电子银行，向公安部门调取相关社交工具的聊天记录（提取电子证据时必须严格依照程序进行，有二名公证人员在场，全程录音录像）；调取被调查人唐有为的通话记录及信息，并进行分析，确定同被调查人唐有为关系密切的人和相互的行动轨迹。

（二）初查的人员配备、分工及组织领导

为确保办案工作顺利进行，江南省人民检察院反贪污贿赂局成立以王风范、赵光明、袁方为主要承办人员的专案组。专案组分为三组：第一组为综合技术组，王风范为主承办人，负责秘密调取被调查人唐有为的财产、房产、车辆购置情况，了解被调查人唐有为的社会关系和社会背景，通过技术手段，调取被调查人唐有为的话单，进行话单分析，提取郑有财个人记事本中关于缴纳"会费"的记录，采集被调查人唐有为的网络信息，尤其是网络聊天记录、网络博客等信息，配合综合技术组对相关证人进行询问，调取被调查人唐有为的任职材料。第二组为取证预审组，赵光明为主承办人，负责线索分析、预判，被调查人唐有为本人及家庭成员信息的收集，江南省外贸厅综合管理处的职责分工及"会费"收取、使用情况，提审举报人郑有财转换证据，接触涉案人员形成调查笔录，制作法律文书。第三组为后勤保障组，袁方负责，负责协调初查过程中需要使用的车辆、协调法警、协作医院等相关部门、办案经费的申请、支出、使用工作。

专案组在组长王风范统一指挥下进行初查工作，每组主承办人负责完成具体的初查工作任务，负责准备相关的法律文书及签批手续，同时负责该组调取材料的保管工作。各组每天将当日初查情况向王风范进行汇报，并将调取的材料移交王风范保管，王风范对各组当日初查情况进行汇总、整理、分析，形成阶段性工作成果后逐级向反贪局局长、主管检察长汇报。

（三）办案期限、步骤、方法和措施

1. 办案期限

检察长批准当日即开始初查，拟在19日内初查终结。

2. 办案步骤、方法和措施

（1）第一阶段工作（秘密初查，7日以内）

第一组任务（主承办人王风范）：

①对江南省公安厅移送的案件材料进行分析，制作提请初查报告。

②提审举报人郑有财详细核实举报内容，并向其了解江南省从事同类业务的公司或人员情况，固定好相关证据。

③通过江南省院反贪局侦查指挥中心以及公安部门办案信息管理平台，查询被调查人唐有为个人及家庭成员的户籍、车辆、公民出入境及证件信息。查明被调查人唐有为是否是人大代表、政协委员；为防止打草惊蛇，拟商请公安机关协助配合调取被调查人唐有为的简要经历、任职情况、工作权限、职责等有关资料和情况。掌握其真实文化程度、法律知识等，了解被调查人唐有为身体和心理状况。

第二组任务（主承办人赵光明）：

①调取被调查人唐有为及家庭成员资产、消费情况，是否办理保管箱业务；调取被调查人唐有为个人及家庭成员办理理财、保险业务情况。通过反洗钱中心了解其账户资金是否有流向境外情况，以及通过知情人秘密了解其在国外资产、境外赌博、嫖娼等情况。

②掌握被调查人唐有为主要社会关系以及交往程度。根据案件情况可以隐蔽身份"化装"调查，"跟踪贴靠"，在保证初查秘密进行的同时，保证初查信息准确、无误。

（2）第二阶段工作（外围初查，5日以内）

第一组任务（主承办人王风范）：

①调取江南省外贸厅综合管理处的职责分工、查清为郑有财办理的进口自用汽车配额许可证是否符合规定，到相关部门协调出具损失结果说明。

②调取外贸厅综合管理处审批进口车许可证收费依据及费用去向；江南省外

贸厅关于外资企业进口自用汽车许可相关优惠政策文件；所有涉及的进口汽车许可证审批单，查清申请人与实际使用人的具体情况。

③调取江南省沿江市路歌汽车贸易公司企业工商注册的信息资料。调取江南省沿江市路歌汽车贸易公司成立以来相关账目，查清该公司办理的汽车许可证详细数量和以何企业办理的许可证。

第二组任务（主承办人赵光明）：

①提取郑有财记事本中"会费"缴纳记录。调取被调查人唐有为个人通话记录及手机信息，重点是郑有财案发后，运用话单分析系统、定位系统，查清唐有为对外联络情况以及行踪；核查、甄别与被调查人唐有为通话联系的亲戚、朋友以及与之联系密切的人（情人等）。

②了解被调查人唐有为工作习惯、是否配备电脑、电子信箱及操作使用情况。利用互联网这一虚拟空间开展秘密初查，对存储在网络空间上被调查人唐有为的上网痕迹、上网地址进行查询定位。通过互联网的初查，通过网络的搜索引擎或者社交工具（QQ、微信）掌握需要的信息，采集并提取被调查人唐有为网络聊天记录。

（3）第三阶段工作（快速初查，5—7日）

第一组任务（主承办人王风范）：

①接触并询问涉案人员（接触被调查人唐有为必须经检察长批准），同时由赵光明制作讯问提纲，写明需要查实的问题及讯问对策。对于涉嫌犯罪，且罪行严重的，需要刑事拘留的，按照刑事诉讼法规定办理好相关手续；对于特别重大贿赂犯罪，取证难度较大时，按照刑事诉讼法的规定，对嫌疑人可以采取指定居所监视居住强制措施（7日左右为宜），待情况消除后，变更其他强制措施。

②分析被调查人唐有为是否属于利用职务便利实施职务犯罪、其他关系人是否达到犯罪程度、是否具有依法不追究刑事责任的情形等情况，如果构成犯罪，按照检察院统一业务系统报批相关立案等法律文书手续。

第二组任务（主承办人赵光明）：

预判可能涉案的犯罪数额，调取被调查人唐有为个人或家庭成员购置房产、车辆等大额支出情况，理清被调查人唐有为及家庭成员的资产总额，对需要委托审计、会计鉴定、勘验、鉴定的，及时办理。配合综合技术组对相关证人进行询问，对涉案嫌疑人员到组织部门调取任职文件。

（四）安全防范预案

为了严格依法办案，切实防止在此案办理过程中发生涉案人员自杀、自残、脱逃等事故，特制定安全防范预案如下：

1. 考虑被调查人年龄较大情况，初查中我们重视对涉案对象的病情作详细的了解，接触被调查对象时由协作医院进行体检，随案医生在办案区等候，为其随时诊断，与协作医院保持密切联系，开设绿色通道，救护车待命，确保规范安全文明办案。

2. 通过前期的工作，了解到被调查担任领导职务多年，年龄近五十岁，心理因素过硬，思维方式及应变能力强，所以要对被调查人唐有为心理活动及其表现及时捕捉、分析，根据被调查人唐有为的性格、心态、意识和反应进行引导和化解，防止被调查人唐有为某些心理波动，发展为极端心理，引发不理智的对抗行为。

3. 与被调查人唐有为接触的过程中，必须始终保持检察人员或法警两人以上，被调查人唐有为离开讯问场所时，在其前后分别有办案人员跟随、引导；对涉嫌犯罪疑点较大，有可能进入立案程序并限制人身自由的被调查对象要提前予以控制，防止出现因被惊动或走漏消息而造成自杀、串供或者携款潜逃的局面。

4. 传唤、拘传、看管等工作协调本院司法警察负责，严格执行看审分离制度。传唤、拘传犯罪嫌疑人严格按照刑事诉讼法之规定执行。

5. 案件安全工作由主办检察官王风范负责，是安全防范的第一责任人。主办检察官赵光明、侦查员袁方及法警张某、王某，使用 58 号警车传唤被调查人唐有为到案。到案后由法警张某、王某及医务人员何某进行安检和体检。讯问室内的安全防范工作由赵光明、袁方负责，室外安全防范工作由法警张某、王某负责，外围协调法警支队派员警戒，以防止办案过程中涉案人员自杀、自残、脱逃等责任事故发生。讯问结束根据采取强制措施的方式，另行制定安全防范措施。

（五）办案风险评估和应对措施

为了保证初查工作的顺利进行，保证调查组人员的安全，针对本案的具体情况，提出如下办案风险和应对措施：

1. 初查过程风险防范

（1）调查取证预审组在执行任务的过程中提供的人员信息务必准确，外调和协查事项需经过严格审批，工作人员要吃透案情，备齐法律文书，为了防止银行等金融机构在协查过程中泄密，调查组负责人应和银监委、纪检委沟通协调，利用晚上或者双休日，对需要调查的人员进行查询，待案件取得实质进展后，再到金融机构相关部门有针对性的进行司法查询。

（2）严格依照初查规定收集材料，不违法取证。办案过程中按程序规定请院纪检、监察部门对反贪办案执法进行监督。

2. 案件保密风险防范

（1）专案组成员要认真遵守网络安全保密工作的规定，严禁将含有涉密信息的电脑上互联网、严禁将外网连接打印机、严禁在网络上发布带有秘密级以上的涉密信息，切实做好保密工作。（本院监察室予以全案监督）

（2）在办案过程中封闭对外联络，关闭通信工具，严守保密纪律，严禁泄露案情；在办案中如有人员说情或打探案情等情况，调查组成员及时与办案负责人联系，将说情、打探案情的情况备案登记。（本院监察室予以全案监督）

3. 涉案人员风险防范

（1）针对关键证人的询问，应当密切注意各环节的有序紧密衔接，鉴于被调查人唐有为法律专业背景，反侦查意识较强，一旦获取了关键证据，满足立案标准，立即对被其进行控制，杜绝其外逃、销毁证据、订立攻守同盟。

（2）制定预案，对被调查人的活动范围进行动态监控，发现有外逃可能，立即采取措施。

以上意见妥否，请审示。

附录三：侦查终结报告制作范例

关于犯罪嫌疑人唐有为涉嫌贪污、受贿、单位受贿、巨额财产来源不明、滥用职权一案侦查终结报告

江检职务犯罪侦终〔2015〕1 号

一、犯罪嫌疑人的基本情况

犯罪嫌疑人唐有为（无曾用名、化名），男，1963 年 10 月 19 日生，籍贯江南省全州市，身份证号码是 450103196310190021，出生地江南省全州县，汉族，大学文化，中共党员，现任江南省外贸厅外事处正处级调研员，现住江南省沿江市于洪区民族大道 163 号城置国际，非人大代表和政协委员，联系电话为 139×××××××，无前科。

工作简历：1986 年 8 月至 2005 年 3 月，江南省外贸厅工作，历任科员、副主任科员、主任科员、副处长；2005 年 3 月至 2010 年 3 月，任江南省外贸厅任综合管理处处长（正处级）；2010 年 3 月至今，任江南省外贸厅外事处正处级调研员。

家庭情况：妻子：许一丹，1968 年 10 月 19 日出生，江南省广播电视大学教学；女儿：唐果，2004 年 10 月 19 日出生，小学读书。

江南省外贸厅综合管理处于 2005 年 2 月成立，2012 年 3 月撤销，处长唐有为，主要职能是江南省外资企业进口自用汽车许可证的审批。该处行政编制为三人。处长唐有为负责处里全面工作，副处长林成功配合处长开展工作，主任科员常立志从事具体工作。

二、案件来源及诉讼过程

犯罪嫌疑人唐有为涉嫌单位受贿、滥用职权犯罪一案线索，系江南省公安厅于 2014 年 12 月 20 日，以江公经侦移字（2014）1 号案件移送函，移送江南省人民检察院，江南省人民检察院举报中心同日收到该线索并备案登记。江南省人民检察院举报中心于 2015 年 2 月 6 日将该线索分流到江南省人民检察院职务犯罪污贿赂局，同日，江南省人民检察院职务犯罪污贿赂局交王风范（主任检察官）、赵光明（检察官）办理。2015 年 3 月 2 日，本院组成调查组对该线索开展初查。2015 年 3 月 23 日，本院以涉嫌单位受贿罪对犯罪嫌疑人唐有为立案侦查，同年 3 月 24 日经本院决定，对犯罪嫌疑人唐有为予以刑事拘留，由江南省公安厅执行刑事拘留，2015 年 3 月 30 日，经本院决定对犯罪嫌疑人唐有为决定逮捕，由江南省公安厅执行逮捕，现羁押在江南省沿江市看守所。

经犯罪嫌疑人唐有为本人申请，妻子许一丹聘请江南省伊敏律师事务所高尚、刘里律师在侦查期间为其辩护。

犯罪嫌疑人唐有为涉嫌贪污、受贿、单位受贿、巨额财产来源不明、滥用职权犯罪一案，现已侦查终结。

三、涉嫌的犯罪事实和认定的主要证据

经依法侦查查明：犯罪嫌疑人唐有为在 2000 年 3 月至 2010 年 3 月任江南省外贸厅综合管理处处长期间，涉嫌贪污犯罪，金额为人民币 50 万元，涉嫌受贿犯罪，金额为人民币 50 万元，涉嫌单位受贿犯罪，金额为人民币 100 万元，涉嫌巨额财产来源不明犯罪，金额为人民币 671 万元，涉嫌滥用职权犯罪，造成关

税损失金额为 2260 万元。

（一）涉嫌贪污犯罪事实和认定的主要证据

经依法侦查查明：2008 年 4 月至 2009 年 4 月，江南省外贸厅处长唐有为在审批外资企业进口车辆许可证过程中，决定以综合管理处的名义，在其办公室经手收取郑有财（江南省路歌汽车贸易有限公司经理）"会费"100 万元，并保管。2012 年 3 月，江南省外贸厅综合管理处被撤销时。唐有为将支出剩余的 50 万元"会费"隐匿，据为己有，根据《中华人民共和国刑法》第三百八十二条之规定，涉嫌贪污犯罪。

认定上述事实的证据：

1. 犯罪嫌疑人唐有为的供述

（2015 年 3 月 24 日第一次讯问笔录 P5 页第 2 行至 P10 页第 4 行）："问：什么时间收取的？答：2008 年到 2009 年收取的。问：想一想，收取郑有财多少会费？答：100 万元。问：收取会费谁经手的？答：我经手的。问：郑有财申请办理自用汽车许可证符合规定吗？答：不符合。问：郑有财办理自用汽车许可证有收益吗？答：有。问：收取的会费都由谁保管？答：在我这。问：会费使用由谁决定？答：我决定的。（14：57）问：收取的会费支出了多少钱？答：（沉默 1 分钟）（辩论 3 分钟）花了 50 万元。问：剩下 50 万元干什么用了？答：也是花了。（辩论 10 分钟）有一部分钱存到我个人银行卡上了，有点私心，2010 年处室解散时候，有一点事情扫尾，我看林成功、常立志调往其他处室，后来没有人提到，我就存到我个人银行卡上了。（15：19）问：为什么将单位收取的会费存到个人的银行卡上了？答：有私心，形势严，怕纪委知道，越闹越大。问：你是什么时间这么想的？答：2010 年处室职能终止时。"

证实：唐有为决定以会费的名义向郑有财收取 100 万元，在处室解散时，将剩余 50 万元隐匿，据为己有。

2. 证人证言

（1）郑有财证人证言

（2015 年 3 月 23 第一次询问笔录，P2 页第 5 行至 P2 页第 12 行）："2008 年至 2009 年，我在办理进口汽车许可证时，需要到省外贸厅综合管理处进行审批，在此过程中需要缴一定的费用，但除此之外，每个许可证还另外收取 1 万元的所谓的"会费"，而不给任何票据，我怀疑这里面有问题，因为正常的收费不可能没有票据；问：江南省外贸厅综合管理处以这种会费的形式一共收取了你多少钱？答："总共有 100 万元，因为当时就感觉这笔钱收的不明不白的，所以就留心做了一个记录。"

证实：2008年至2009年，江南省外贸厅综合管理处唐有为以单位名义经手收郑有财"会费"100万元。

（2）林成功、常立志证人证言

①（2015年3月23日林成功询问笔录，P2页第17行至P2页第22行）："这个情况唐有为处长曾经和我说过，处内没经费，平时招待、加班及外出考察没有钱，收点钱可以为处内创一些福利。具体收多少、怎么收我就不清楚了。在综合处临解散的时候，唐有为处长说处内共收50万元钱，都用于各种费用支出了，有单据的费用是40万元，还有10万元的费用没有单据，比如唱歌、洗浴之类的没法弄单据。"

②（2015年3月23日常立志询问笔录，P2页第15行至P2页第22行）："这个情况唐有为处长曾经和我说过，处内没经费，平时招待、加班及外出考察没有钱，收点钱可以为处内创一些福利。具体收多少、怎么收我就不清楚了。在综合处临解散的时候，唐有为处长说处内共收50万元钱，都用于各种费用支出了，有单据的费用是40万元，还有10万元的费用没有单据，比如唱歌、洗浴之类的没法弄单据。"

证实：唐有为向处内其他二人说明处里收取50万元会费，全部用于单位支出。隐匿另50万元。

3. 书证

（1）扣押的支出票据42张、综合管理处支出说明

证实：唐有为经手为综合管理处支出费用50万元。

（2）祁连山、赵一水于2014年9月17日从郑有财处提取的"交款记录"复印件1张

证实：郑有财分十次向唐有为交会费100万元。

4. 电子证据

江南省检察院司法鉴定中心电子物证检验报告，（江）检（技）鉴字〔2015〕第9号，文件"郑有财交款记录.doc"的内容为2008年4月13日至2009年4月21日期间的记录。共10条记录。合计金额为100万元。

证实：2008年4月至2009年4月间，综合管理处唐有为收取郑有财100万元"会费"。

综合认定：根据《中华人民共和国刑法》第91条之规定，江南省外贸厅综合管理处收取的100万元"会费"，应视为公共财物。唐有为利用处室撤销，人

员分流，其他人不知道会费收取和支出之机，将自己收取并保管的100万元会费中50万元隐匿，涉嫌贪污犯罪。

（二）涉嫌受贿犯罪事实和认定的主要证据

经依法侦查查明：犯罪嫌疑人唐有为在2005年3月至2012年3月任江南省外贸厅综合管理处处长职务期间，利用负责审批外资企业进口自用汽车许可证的职务便利，为李冬明（江南省沿江市豪野汽车贸易有限公司经理）在进口自用汽车许可证的审批给予关照。2010年3月，唐有为以被情人纠缠为由，收受李冬明给予的价值50万元宝马汽车一辆，该车登记在明春晓名下使用。

根据最高人民法院、最高人民检察院《关于办理受贿刑事案件适用法律若干问题的意见》第7条规定，犯罪嫌疑人唐有为利用担任外贸厅综合管理处处长的职务便利，在李冬明在进口自用汽车许可证审批上给予照顾，为其谋取利益。授意收受李冬明为其情人明春晓购买的宝马车一辆，应以受贿论处。其情人明春晓（另案处理）明知李冬晓为感谢唐有为在进口汽车许可证的照顾，仍参与购买和收受，应以受贿罪共犯论处。根据《中华人民共和国刑法》第26条、第27条之规定，犯罪嫌疑人唐有为系主犯，情人明春晓系从犯。

认定上述事实的证据：

1. 犯罪嫌疑人唐有为的供述

（2015年3月24日第一次讯问笔录，P12页第11行至P14页第3行）："我和明春晓好了以后，我和表弟喝茶时候说，我被一个小女孩缠上了，我表弟说花钱了事，我当时也同意，后来我打电话和李冬明说，人家不要钱要车，说了一台车的型号，他俩约定好一起去买的这辆车，就是刚才出示的那台车。我表弟和我说了，买这辆车花了50万元。问：李冬明为什么要送给这辆车？答：李冬明也是做汽车贸易的，后来李冬明知道卖进口自用车辆能赚钱，我帮他审批，他是我表弟，我不好意思收会费。到买车的这件事情我想起来向他要，他也爽快答应了。问：你给李冬明审批自用车许可证符合规定吗？答：和规定相违背。问：李冬明送给你宝马车，和你审批自用汽车许可证有关系吗？答：有关系。问：收取李冬明宝马车你是否和明春晓商量过？答：我和明春晓说过这件事情，送给她一件礼物，去了就知道了。问：明春晓是否知道这辆车怎么购买的、什么原因购买的？答：我跟明春晓说过，我让李冬明给她买辆车。问：李冬明为什么给明春晓买车，明春晓清楚吗？答：没有业务关系不可能，办完这件事情没有收取会费。问：你给李冬明批准许可证有利益吗？答：有。"

证实：唐有为利用其职务便利，违反规定为李冬明在进口自用汽车许可证的审批过程中给予帮助，为李冬明谋取利益，并以被被情人缠上需要买车安抚为借口，收受李冬明价值50万元宝马车一辆。

2. 证人证言

（1）李冬明证人证言

（2015年3月23日第二次询问笔录，P2页第4行至P2页第6行）："问：你们公司与省外贸厅是否有业务上的联系？答：我们以前办理外企自用汽车许可证时需要向外贸厅综合管理处提出审批申请，办理相关手续。"（P2页第14行至P2页第23行）（P3页第1行至P3页第23行）："2010年春节前，具体时间记不清了，有一天，我和唐有为喝茶聊天时，唐有为告诉我说，他最近被一个女子缠上了，不好处理，让我帮他想想办法。因为唐有为和我关系比较好，特别是在办理外企自用汽车许可证上帮了我很多忙，所以我一直就想找个机会向他表示一下，我便说给那女的弄点钱，打发一下就行了。问：接着说？答：唐有为当时便告诉我说，和那个女的谈过，那个女的狮子大开口，非要一辆宝马车，要不就告他。我说你放心，我给她买，并向唐有为要了那女的联系方式，后来我和明春晓联系的，一起去宝马4S店买的车，然后将情况告诉了唐有为，给明春晓买的车花了50万元，是我刷卡付的款。"（P4页第1行至4行）："问：这几年你倒卖了多少份外企自用进口汽车许可证、非法获利多少钱？答：我共倒卖了50份外企自用进口汽车许可证，总共挣了260万元。"

证实：李冬明申请外资企业自用汽车许可证需要唐有为审批，唐有为以情人缠上为由，向李冬明提出为其情人明春晓购买一辆宝马车。李冬明按唐有为的要求，支付50万元为明春晓购买宝马车一辆，感谢唐有为在审批进口汽车许可证的上照顾。

（2）明春晓证人证言

（2015年3月23日第一次询问笔录，P2页11行至P2页第18行）："2010年春节前的一天，具体时间记不清了，唐有为告诉我说，有一个叫李冬明的老板和我联系，用我的身份证买辆车，到时我不要多说话，车我可以借来用着，所以也没有多问就答应了。问：接着说？答：后来没多久，李冬明就打电话约我见面，见面后也没太多客套，我俩一起去的宝马4S店，他刷卡付的车款，提车后用我的身份证落户的，我借来开回家的，然后我给唐有为打了电话说了情况。问：这车具体型号是宝马X3，车牌号是M－WG3936。"

证实：唐有为让明春晓和李冬明一起去购宝马车，购车款由李冬明支付，车登记在明春晓名下。

3．书证

（1）机动车注册登记表。

（2）调取证据通知书（回执），江检职务犯罪（2015）7号，明春晓购宝马车付款人为李冬明银行卡转账付款，金额50万元，时间为2010年2月1日。

综合证实：2010年2月1日李冬明付款50万元在沿江市宝马4S店购买的宝马车登记在明春晓名下。

4．电子证据

（1）江南省检察院司法鉴定中心电子物证检验报告，（江）检（技）鉴字〔2015〕第9号，QQ好友信息和聊天记录。

证实：唐有为与明春晓是情人关系，唐有为收受李冬明一辆宝马车，案发后唐有为与明春晓串供过程。

（2）江南省检察院司法鉴定中心电子物证检验报告，（江）检（技）鉴字〔2015〕第9号，文件"#51.jpg"的内容为明春晓开车外游的照片。照片共356条记录，为2010年至2014年的人车照片。

证实：该宝马车为明春晓使用。

（3）江南省检察院司法鉴定中心电子物证检验报告，（江）检（技）鉴字〔2015〕第8号，手机通话记录分析。

证实：唐有为与明春晓、李冬明关系密切，与QQ聊天记录综合证实唐有为与李冬明事后串供。

综合证据分析：唐有为利用审批进口汽车许可证职务便利，为李冬明审批进口汽车许可证，谋取利益，收取李冬明价值50万元宝马车一辆，涉嫌受贿犯罪。

（三）涉嫌单位受贿犯罪事实和认定的主要证据

经依法侦查查明：2008年4月至2009年4月，江南省外贸厅综合管理处处长唐有为，在审批外资企业进口自用汽车许可证过程中，对郑有财的路歌汽车贸易有限公司在办理进口汽车许可证过程中给予关照。并以综合管理处收取"会费"的名义，按照每个许可证1万元的标准，分十次向江南省沿江市路歌汽车贸易有限公司经理郑有财收取人民币100万元，唐有为作为综合管理处处长，个人决定并经手收取会费，既是直接负责人，又是责任人，涉嫌单位受贿犯罪。

根据最高人民检察院法律政策研究室《关于国有单位的内设机构能否构成单位受贿罪主体问题的答复》，国有单位内设机构利用其行使职权的便利，索取、非法收受他人财物并归该内设机构所有或者支配，为他人谋取利益，情节严重的，依据刑法第 387 规定以单位受贿罪追究刑事责任。

江南省外贸厅原综合管理处作为国家行政机关的内设机构，利用审批进口自用汽车许可证的权利，以单位名义收受郑有财 100 万元会费，为郑有财谋取利益，是单位犯罪。其行为触犯了《中华人民共和国刑法》第 387 条之规定，涉嫌单位受贿犯罪，但是江南省外贸厅综合管理处案发前已被撤销，不追究其刑事责任；江南省外贸厅原综合管理处处长唐有为作为部门负责人，个人决定经手收取郑有财会费 100 万元，是直接负责人和责任人，依照单位受贿罪追究相应的刑事责任。

认定上述事实的证据：

1. 犯罪嫌疑人唐有为的供述

（2015 年 3 月 24 日第一次讯问笔录，P5 页第 2 行至 P7 页第 23 行）："答：2008 年到 2009 年度收取的。问：收取会费谁决定的？答：是我决定。问：收取会费都向谁收取的？答：就向郑有财收取的。问：想一想，收取郑有财多少会费？答：100 万元。问：收取会费谁经手的？答：我经手的。问：收取会费是以单位还是以个人收取的？答：以处室名义收取的。问：郑有财申请办理的自用汽车许可证符合规定吗？答：不符合。问：郑有财办理的自用汽车许可证有收益吗？答：有。问：会费使用由谁决定？答：我决定的。（14：57）"

证实：2008 年至 2009 年，唐有为决定经手以综合管理处的名义收取郑有财会费 100 万元。

2. 证人证言

（1）郑有财证人证言

（2015 年 3 月 23 日郑有财第一次讯问笔录，P2 页第 4 行至 P2 页第 12 行）："2008 年至 2009 年，我在办理进口汽车许可证时，需要到省外贸厅综合管理处进行审批，在此过程中需要缴一定的费用，但除此之外，每个许可证还另外收取 1 万元的所谓的'会费'，而不给任何票据，我怀疑这里面有问题，因为正常的收费不可能没有票据；问：江南省外贸厅综合管理处以这种会费的形式一共收取了你多少钱？答："总共有 100 万元，因为当时就感觉这笔钱收的不明不白的，所以就留心做了一个记录。"

证实：2008 年至 2009 年，江南省外贸厅综合管理处向郑有财收取"会费"100 万元的事实，且未给郑有财出具任何票据。

（2）林成功、常立志证人证言

①（2015 年 3 月 23 日林成功询问笔录，P2 页第 17 行至 P2 页第 22 行）："这个情况唐有为处长曾经和我说过，处内没经费，平时招待、加班及外出考察没有钱，收点钱可以为处内创一些福利。具体收多少、怎么收我就不清楚了。在综合处临解散的时候，唐有为处长说处内共收 50 万元钱，都用于各种费用支出了，有单据的费用是 40 万元，还有 10 万元的费用没有单据，比如唱歌、洗浴之类的没法弄单据。"

②（2015 年 3 月 23 日常立志询问笔录，P2 页第 15 行至 P2 页第 22 行）："这个情况唐有为处长曾经和我说过，处内没经费，平时招待、加班及外出考察没有钱，收点钱可以为处内创一些福利。具体收多少、怎么收我就不清楚了。在综合处临解散的时候，唐有为处长说处内共收 50 万元钱，都用于各种费用支出了，有单据的费用是 40 万元，还有 10 万元的费用没有单据，比如唱歌、洗浴之类的没法弄单据"

证实：综合管理处收取过 50 万元会费及全部支出的事实。

3. 书证

（1）江南省外贸厅江外发字（2005）1 号文件

证实：江南省外贸厅综合管理处职能是江南省外资企业进口自用汽车许可证的审批，处长唐有为负责处里全面工作。

（2）祁连山、赵一水于 2014 年 9 月 17 日从郑有财处提取的"交款记录"复印件 1 张

证实：郑有财从 2008 年至 2009 年分十次向唐有为交会费 100 万元。

4. 电子证据

江南省检察院司法鉴定中心电子物证检验报告，（江）检（技）鉴字〔2015〕第 9 号，文件"郑有财交款记录 . doc"的内容为 2008 年 4 月 13 日至 2009 年 4 月 21 日期间的记录。共 10 条记录。合计金额为 100 万元。

证实：2008 年 4 月至 2009 年 4 月间，综合管理处共收取郑有财 100 万元"会费"。

综合证据分析：江南省外贸厅综合管理处利用审批进口汽车许可证工作的职权，唐有为决定并经手收取郑有财会费 100 万元，为郑有财谋取利益，涉嫌单位受贿犯罪。江南省外贸厅综合管理处于 2012 年 3 月撤销，不追究其刑事责任。唐有为系综合管理处的直接负责人和直接责任人，应以单位受贿犯罪追究刑事责任。

（四）涉嫌巨额财产来源不明犯罪事实和认定的主要证据

经依法侦查查明：经过检察机关调取证据证明，唐有为家庭现有财产（房产两处，购房款共计231万元，汽车1辆，购车款共计35万元，银行存款600万元），唐有为家庭支出50万元，为明春晓宝马车维护、保险支出20万元，合计金额为936万元。唐有为及妻子许一丹合法收入共计215万元，贪污50万元，合计265万元。差额部分671万元，唐有为不能说明合法来源。犯罪嫌疑人唐有为身为国家机关工作人员，其财产明显超过合法收入，差额巨大。根据《中华人民共和国刑法》第395条之规定，涉嫌巨额财产来源不明犯罪。

认定上述事实的证据：

1. 犯罪嫌疑人唐有为的供述

（2015年3月24日第一次讯问笔录，P15页第7行至P18页第1行）："问：（出示唐有为家庭600万元银行存款书证、两套房产信息、一辆汽车落户登记证明、唐有为及其妻许一丹单位出具的收入证明、家庭支出50万元证明）你仔细看一下，以上信息属实吗？答：（经辨认）属实。问：（现在咱们计算一下资产差额部分）银行存款600万元；房产共计231万元；一辆帕萨特车35万元购买。你的合法收入合计金额215万元，宝马车维护费用、装饰费用10万元，宝马车保险费用5万元，扣除贪污单位公款50万元，你的非法收入为671万元。你的资产和收入差额部分能说清楚合法来源吗？答：现在我想不清楚了，以后我补充。"

证实：犯罪嫌疑人唐有为无法说明家庭财产671万元巨大差额的来源。

2. 证人证言

许一丹证人证言（2015年3月23日第一次询问笔录，P2页第3行至P2页第14行）："我们家现有两套住房，一套是我们现在所住的城置国际，另一套是在星源北路的房子，具体手续都是我丈夫唐有为办理的，听他讲两套房子花了200多万元；另外，我们家还有一辆帕萨特车在唐有为的名下，是我丈夫经手买的，具体花了多钱我不太清楚，此外，我家还有多少存款我就不清楚了，因为平常都是我丈夫唐有为理财，我们两人的收入都放在一起；问：你家的收入有哪些？答：主要是我们的工资收入，我现在既是学报的总编，也在学校代课，收入多一些，但具体多少，也没算过；至于唐有为的收入，我从没问过他，不太清楚。"

证实：唐有为家庭财产有两套房子、一辆车，存款由唐有为掌握，收入来源是工资。

3. 书证

（1）中国农业银行江南省分行协助查询（回执），江检职务犯罪查询〔1〕号，唐有为、许一丹、唐果存款总额为 600 万元人民币。

证实：唐有为家庭存款数额为 600 万元。

（2）沿江市车辆管理所调取证据通知书（回执），销售不动产统一发票。

证实：唐有为有住房两套，交易金额分别为 96 万元和 135 万元，合计金额为 231 万元。

（3）沿江市房管局调取证据通知书（回执），机动车注册登记表。

证实：唐有为名下有一辆帕萨特汽车，销售价格为 35 万元。

（4）沿江市宝马车 4S 店调取证据通知书（回执）。

证实：李冬明于 2010 年 2 月为明春晓购宝马车付款 50 万元，从 2010 年到现在，该车保养、装饰等花费 15 万元。

（5）中国人民财产保险股份有限公司沿江市支公司调取证据通知书（回执）。

证实：2010 年至今，宝马车交纳保险费为 5 万元。

（6）唐有为和许一丹二人所在单位出具的《收入证明》。

证实：唐有为的家庭合法收入总计为 215 万元。

（7）《关于唐有为家庭支出的情况说明》。

证实：唐有为家庭支出为 50 万元。

综合证据分析：唐有为身为国家机关工作人员，资产明显超出其合法收入，且不能说明来源，差额巨大，涉嫌巨额财产来源不明犯罪。

（五）涉嫌滥用职权犯罪事实和认定的主要证据

经依法侦查查明：2005 年 3 月至 2010 年 3 月，唐有为任江南省外贸厅综合管理处处长，负责外商投资企业自用汽车进口许可证的审批工作，2008 年至 2009 年，违反江南省对外贸易经济合作厅、江南省海关制定的《江南省外商投资企业投资自用汽车管理办法》和对外贸易经济合作部、海关总署制定的《外商投资企业自用进口汽车管理办法》规定，在明知郑有财和李冬明违法倒卖外资企业自用汽车进口许可证的情况下，仍为郑有财、李冬明违反规定办理 270 辆进口汽车许可证，共造成关税损失 2260 万元，致使国家利益遭受重大损失，情节特别严重。根据《中华人民共和国刑法》刑法第 397 条之规定和最高人民法院、最高人民检察院《关于办理渎职刑事案件适用法律若干问题的解释（一）》第 3

条的司法解释，涉嫌滥用职权犯罪。

认定上述事实的证据：

1. 犯罪嫌疑人唐有为的供述

（2015年3月24日第一次讯问笔录，P15页第7行至P18页第1行）："问：你的部门职责？答：审批企业进口自用汽车许可证。问：审批企业进口自用汽车许可证有相关的法律法规规定吗？答：国家有规定，外贸部、外贸厅都有相应的文件，主要为了鼓励外商投资，按照外商投资数额的大小给予一定的指标，可以免除关税的优惠，必须企业自用。问：你给郑有财和李冬明两家公司审批企业进口自用汽车许可证违反规定吗？答：违反规定，他俩是倒卖，不是企业自用。问：给国家造成多少损失，你清楚吗？答：不清楚，肯定有，给国家肯定造成了损失。问：审批的时候你清楚吗？答：是的。问：给李冬明和郑有财是亲自审批的吗？答：是的。问：造成国家损失结果由谁承担？答：我有私心在里面，由我承担。"

证实：唐有为负责外资企业进口自用车许可证审批，明知违反规定，为郑有财、李冬明审批270台进口车辆许可证，给国家造成损失。

2. 证人证言

（1）郑有财证人证言

（2015年9月17日公安局第六次讯问笔录，P2页第16行至P2页第22行）："问：唐有为知道你办理进口汽车许可证进行倒卖的事吗？答：知道，正因为这样，他才收的钱，我们也不敢说，如果真是给外企自用他就不敢收了。问：他是怎么知道你办证倒卖的？答：我是冒充给外企办证的，他要是去外企一核实就露馅了，咱们这里倒卖外企自用进口汽车许可证都是公开的秘密，经常请他吃饭娱乐，心照不宣而已。"

证实：唐有为明知郑有财违法倒卖外资企业自用汽车进口许可证的事情。

（2）李冬明证人证言

（2015年3月23日第二次询问笔录，P2页第1行至P2页第3行）："问：沿江市豪野汽车贸易公司经营范围、性质是什么？答：公司营业执照的经营范围是国产汽车及零配件销售，这个公司是我个人独资的有限责任公司。"（郑有财2015年3月23日第一次讯问笔录，P3页第4行至第7行）："问：沿江市路歌汽车贸易公司经营范围有哪些、公司是什么性质的？答：这个公司是我个人的独资公司，营业执照的经营范围是国产汽车及零配件经销。"

证实：李冬明的豪野汽车贸易有限公司和郑有财的路歌汽车贸易公司是个人独资企业，不是外资企业，不具备申请外资企业自用汽车许可证条件。

3. 书证

（1）江南省对外贸易经济合作厅、江南省海关制定的《江南省外商投资企业投资自用汽车管理办法》；对外贸易经济合作部、海关总署制定的《外商投资企业自用进口汽车管理办法》。

证实：江南省外商投资企业自用进口汽车实行免税制度，只可自用，不可买卖，和按标准配备，不得超标准审批。

（2）江南省海关出具的《涉嫌走私的货物、物品偷逃税款海关核定证明书》江关（2014）256 号和江南省海关出具的《涉嫌走私的货物、物品偷逃税款海关核定证明书》江关（2014）258 号。

证实：唐有为违反规定为郑有财、李冬明审批 270 辆进口汽车许可证，造成关税损失 2260 万元。

综合证据分析：唐有为身为国家机关工作人员，明知违反规定，审批进口汽车许可证，造成关税损失 2260 万元，致使国家利益遭受重大损失，情节特别严重，涉嫌滥用职权犯罪。

（六）认定犯罪嫌疑人唐有为主体身份证据

1. 犯罪嫌疑人唐有为常住人口登记卡、许一丹、唐果的常住人口登记卡。

证实：犯罪嫌疑人唐有为具备刑事责任能力，唐有为的妻子为许一丹，唐有为女儿为唐果。

2. 江南省外贸厅《关于黄海等同志的任职决定》，江外党字（2005）1 号；江南省外贸厅职能配置、内设机构和人员编制方案，江外通字（2005）1 号文件；江南省外贸厅江外通字（2012）3 号通知文件；综合管理处的岗位职责。

证实：2005 年 3 月 1 日至 2012 年 3 月 1 日，唐有为任江南省外贸厅综合管理处处长。负责江南省外资企业进口自用汽车许可证的审批工作。

综合证据分析：唐有为具有国家机关工作人员身份，2005 年至 2012 年任江南省外贸厅综合管理处处长，负责江南省外资企业进口自用汽车许可证的审批工作。

（七）对本案证据进行审查的情况

李冬明第一次询问笔录（2015 年 3 月 23 日 15 时 00 分至 23 日 15 时 50 分，P2 页第 18 行）："这些问题你要是说不清，把你的孩子老婆都抓起来。"（P2 页第 20 行至 P3 页第 4 行）"你要是想不起来，我们找明春晓与你对质一下你敢吗？答：我敢。问：明春晓、李冬明你俩到一起来，刚才李冬明说他买辆车因不是本地户口借你的身份证给车落的户，这辆车一直由李冬明使用，明春晓这个情况属实吗？答：李冬明买车用我身份证给车落户情况属实，因为他没有本地户口，这个车一直由李冬明使用不对，偶尔我也借来用一用。问：李冬明，明春晓说她偶尔也借用一下你的车情况属实吗？答：对，明春晓偶尔借用一下我的车。"

根据中华人民共和国刑事诉讼法和人民检察院刑事诉讼规则之规定，严禁刑讯逼供和以威胁、引诱、欺骗以及其他非法方法收集证据，不得强迫任何人证实自己有罪。询问证人应当个别进行。采用威胁、非法方法收集的证人证言，应当予以排除。李冬明第一次询问笔录（2015 年 3 月 23 日 15 时 00 分至 23 日 15 时 50 分）采用了威胁和询问证人李冬明、明春晓同时进行，属非法证据予以排除。

四、需要说明的问题

（一）查封、扣押犯罪嫌疑人财产情况

1. 对唐有为在中国农业银行江南省分行存款 600 万元予以冻结，冻结日期为 2015 年 3 月 25 日至 2015 年 9 月 25 日。

2. 扣押明春晓宝马汽车一辆，车牌号为 M – WG3936。

（二）郑有财是否涉嫌单位行贿犯罪或行贿犯罪的问题

郑有财为倒卖外资企业进口自用汽车配额许可证，为谋取不正当利益，向综合管理处交纳 100 万元"会费"，其行为是否涉嫌对单位行贿犯罪，拟在后期侦查工作中进行重点核实。

（三）李冬明是否涉嫌行贿犯罪的问题

李冬明按照犯罪嫌疑人唐有为编造的借口，给予其情人明春晓购买价值 50 万元宝马车一辆，其行为是否涉嫌行贿犯罪，拟在后期侦查工作中进行重点核实。

（四）明春晓是否涉嫌共同受贿犯罪的问题

犯罪嫌疑人唐有为在 2005 年 3 月至 2012 年 3 月任江南省外贸厅综合管理处处长职务期间，利用负责审批外资企业进口自用汽车许可证的职务便利，为李冬明（江南省沿江市豪野汽车贸易有限公司经理）在进口自用汽车许可证的审批给予关照。2010 年 3 月，唐有为以被情人纠缠为由，收受李冬明给予的价值 50 万元宝马汽车一辆，该车登记在明春晓名下使用。

五、相关说明及建议

根据最高人民法院、最高人民检察院《关于办理受贿刑事案件适用法律若干问题的意见》第 7 条规定，犯罪嫌疑人唐有为利用担任外贸厅综合管理处处长的职务便利，在李冬明进口自用汽车许可证审批上给予照顾，为其谋取利益。授意收受李冬明为其情人明春晓购买的宝马车一辆，应以受贿论处。其情人明春晓明知李冬晓为感谢唐有为在进口汽车许可证的照顾，仍参与购买和收受，应以受贿罪共犯论处。根据《中华人民共和国刑法》第 26 条、第 27 条之规定，犯罪嫌疑人唐有为系主犯，情人明春晓系从犯。拟另案处理。

律师对于本案的意见：伊敏律师事务所高尚、刘里律师对认定犯罪证据没有异议，但考虑犯罪嫌疑人唐有为认罪态度和积极退赃，建议从宽处理。

上述犯罪事实清楚，证据确实、充分，足以认定。

犯罪嫌疑人唐有为如实交待涉嫌单位受贿犯罪和滥用职权犯罪，无自首、立功等情节。

六、定性、处理意见和法律依据

综上所述，犯罪嫌疑人唐有为在担任综合管理处处长职务期间，利用负责保管其收取"会费"的便利，以隐匿手段非法将江南省外贸厅综合管理处公共财产 50 万元据为己有，其行为已触犯《中华人民共和国刑法》第 382 条第 1 款之规定，涉嫌贪污犯罪。

犯罪嫌疑人唐有为在 2005 年 3 月至 2012 年 3 月任江南省外贸厅综合管理处处长职务期间，利用负责审批发放外资企业进口自用汽车许可证的职务便利，为李冬明谋取利益，收受价值 50 万元宝马车一辆，其行为触犯《中华人民共和国刑法》第 385 条第 1 款的规定，涉嫌受贿犯罪。

江南省外贸厅综合管理处作为国家行政机关的内设机构，利用其行使审批权的便利，向郑有财索取 100 万元财物归该内设机构占有、支配，并为郑有财谋取利益，情节严重，其行为触犯了《中华人民共和国刑法》第 387 条之规定，涉嫌单位受贿犯罪，应依照单位受贿罪追究相应的刑事责任，但江南省外贸厅综合管理处已被撤销，不再承担相应的刑事责任，江南省外贸厅综合管理处原处长唐有为作为承担行政审批职能的国家机关部门负责人，应依照单位受贿罪追究相应的刑事责任，犯罪嫌疑人唐有为的行为已触犯《中华人民共和国刑法》第 387 条第 1 款之规定，涉嫌单位受贿犯罪。

犯罪嫌疑人唐有为身为国家机关工作人员，个人财产与合法收入差额合计为671万元，明显超过其合法收入，差额巨大，且不能说明合法来源，其行为触犯《中华人民共和国刑法》第395条第1款规定，涉嫌巨额财产来源不明犯罪。

犯罪嫌疑人唐有为任江南省外贸厅综合管理处处长，负责外商投资企业自用汽车进口许可证的审批工作期间，2008年至2009年，违反规定，明知郑有财和李冬明违法倒卖外资企业自用汽车进口许可证的，仍为其办理270辆进口汽车许可证，共造成关税损失2260万元，致使国家利益遭受重大损失，情节特别严重。其行为触犯《中华人民共和国刑法》刑法第397条之规定，涉嫌滥用职权犯罪。

依照中华人民共和国刑事诉讼法和人民检察院刑事诉讼规则之规定，拟将犯罪嫌疑人唐有为涉嫌贪污、受贿、单位受贿、巨额财产来源不明、滥用职权犯罪一案移送本院公诉处审查起诉。

后　记

好几个假期及整个辛丑年春节没有休息，每天在书桌前十几个小时赶写这本书。又一个新学年即将开学，急需这本书作教材，监察机关业务培训也需要一个系统的实务教程，这些原因成就了本书的出版。

这本职务犯罪调查实务教程特点在于系列、实务、周密，是笔者几十年来在基层检察机关侦查部门、直辖市检察机关侦查部门、最高检察机关侦查部门办案、指导、指挥、研究的经历、经验基础上的思考、总结。本教程突出重点、环环相扣、言之有物、通俗易懂，对高校相关专业学生而言，可以在进入工作岗位前打下这方面的基础；对有一定办案基础的同志而言，可以学以致用，边学边用，拓展视野，起到一看就懂、一学就会、一用就灵的作用。

本书在写作过程中，得到了著名专家学者何家弘、冯晓辉、张彪等的指点和帮助，在此表示由衷的感谢。本书的出版得到了中国检察出版社的大力支持，在时间比较紧的情况下，完成了立项、编审、校对、付印、发行等大量工作，在此一并表示衷心的感谢。

作者

2021 年 3 月 15 日于上海